ケース 管理会計

Case Management Accounting

櫻井通晴
伊藤和憲 [編著]

中央経済社

■執筆者/執筆分担一覧

櫻井　通晴（専修大学名誉教授）	編集，第1章，第5章	
伊藤　和憲（専修大学商学部教授）	編集，第14章，第15章	
新江　孝（日本大学商学部教授）	第2章	
伊藤　武志（大阪大学社会ソリューションイニシアティブ教授）	第3章	
志村　正（文教大学名誉教授）	第4章	
梅田　宙（高崎経済大学経済学部准教授）	第6章	
田坂　公（福岡大学商学部教授）	第7章	
渡辺　康夫（ビジネス・ブレークスルー大学大学院教授）	第8章	
松村　広志（東京農業大学生物産業学部准教授）	第9章	
﨑　章浩（明治大学経営学部教授）	第10章	
山田　義照（玉川大学工学部准教授）	第11章	
奥　倫陽（東京国際大学商学部教授）	第12章	
岩田　弘尚（専修大学経営学部教授）	第13章	
伊藤　克容（成蹊大学経済学部教授）	第16章	
青木　章通（専修大学経営学部教授）	第17章	
内山　哲彦（青山学院大学教授）	第18章	
小酒井正和（玉川大学工学部教授）	第19章	
関谷　浩行（北海学園大学経営学部准教授）	第20章	
谷守　正行（専修大学商学部准教授）	第21章	
大西　淳也（財務省財務総合政策研究所客員研究員）	第22章	
藤野　雅史（日本大学経済学部教授）	第22章	

は し が き

　管理会計は，経営戦略や事業計画を策定し，予算管理，業務活動のコントロールなどを行ううえで，経営者にとって不可欠な学問体系である。管理会計を駆使することで，企業の経営者は適切な戦略策定，経営上の意思決定および業績評価を行うことができるようになる。管理会計の特徴を一言で表現すれば，管理会計とは，マネジメントのためのツールであるということができよう。

　従来，管理会計は主として企業の製造業の経営者によって活用されてきた。しかし現在では，製造業だけでなく，顧客対応が必要となる流通業，ホテル，航空会社などにもその適用範囲が拡がってきている。さらに，管理会計は企業だけでなく，銀行，政府，自治体などの公的機関，独立行政法人，病院，大学などにもその応用範囲が拡がってきた。加えて，その対象も，製品など有形資産だけでなく，無形のサービス，ソフトウェア，ブランド，レピュテーション（評判），組織における人的資源の有効活用にまで広がってきた。

　本書は，以上の現状に鑑みて，管理会計の基礎をかみ砕いて解説しているだけではなく，新たな管理会計の展開の考察や日本の実態に基づく説明を行っている。本書の特徴は，次の3点にある。

1　管理会計の基礎概念をわかりやすく解説していること
2　近年の新たな展開をもれなく考察対象としていること
3　すべての章で，管理会計のケースを用いて説明がされていること

　本書は，主として大学の商学部，経営学部，経済学部の学生と大学院生，企業の中堅幹部，とくに経理部，経営企画部で仕事をしている経営者にとって真に役立つ著書となりうるように執筆されている。

　本書の構成は，3部からなる。第1部では，管理会計の骨格部分となりうる内容がわかりやすく描かれている。この第1部を読むことで，読者は管理会計の基礎知識を習得できるであろう。

　第2部では，管理会計の新展開が考察されている。この第2部の内容は，1980年代の後半以降から現代に至るまでの著しい理論的展開を遂げた管理会計のテーマが考察されている。大学院生にとっては，新たな研究の手掛りが得ら

2 はしがき

れるであろう。

第3部では、領域別の管理会計が考察されている。最初の3つの章では、顧客、経営者・従業員、ITに関して、最後の3つの章では、病院、銀行、行政管理会計が考察されている。授業で使うには、学生のニーズに合わせて講義内容を選択することもできよう。

講義のテキストとして使う場合、2単位科目であれば第1部を講義に、第2部と第3部を発展問題として後期に使用することができる。4単位科目であれば、すべての章を講義やゼミナールに使い、ときに復習として課題提出や中間テストなどを行うこともできよう。学生と教師のためには、2018年4月以降、練習問題を中央経済社のHPの本書の紹介欄から入手することができる。

本書の執筆にあたっては、㈱中央経済社 代表取締役社長 山本継氏、編集担当取締役専務 小坂井和重氏のお世話になった。記して、感謝の意を表したい。

本書の読者が1人でも多く、管理会計を正しく理解し、企業実践に活用されることを望みたい。

2017年初秋

編集責任者

櫻 井　通 晴
伊 藤　和 憲

目　　次

はしがき

第1部　管理会計の基礎

第1章
管理会計の現代的意義

- 1　企業の経営者と管理会計　*2*
- 2　財務会計と管理会計　*5*
- 3　会社のガバナンス体制とコントローラー制度　*7*
- 4　管理会計担当者の倫理規定　*9*
- 5　管理会計の体系と本書の構成　*10*

第2章
経営戦略とマネジメント・コントロール

- 1　経営戦略の意義　*13*
- 2　戦略の3つの側面　*14*
- 3　ポーターの戦略論と管理会計　*17*
- 4　マネジメント・コントロールの意義　*20*
- 5　マネジメント・コントロール論の展開　*22*
- 6　インテルにおける戦略創発とマネジメント・コントロール　*25*

第3章
中期経営計画と利益計画

- 1　はじめに　*28*

2　目　次

2　中期経営計画と利益計画の経営上の役割　*28*

3　中期経営計画と利益計画における企業価値の創造　*29*

4　利益計画の活用　*33*

5　中期経営計画の更新とレビュー　*38*

6　味の素㈱グループの3つの中期経営計画策定事例　*40*

7　ま と め　*42*

第4章

予算管理

1　予算管理の意義と予算の機能　*44*

2　予算管理と責任会計制度　*45*

3　予算管理のプロセス　*46*

4　予算編成の手順と流れ　*48*

5　予算編成の方法　*50*

6　予算差異分析　*53*

7　脱予算管理　*55*

8　バッファロー社の予算管理　*56*

第5章

経営意思決定支援の管理会計

1　管理会計は経営者の意思決定に役立つ　*58*

2　経営意思決定のための増分分析　*60*

3　設備投資計画に必要な意思決定情報　*61*

4　設備投資モデルの決定と実行のプロセス　*63*

5　設備投資の経済性計算　*64*

6　プロジェクト・コントロール　*68*

目　次　3

第6章
コストマネジメント

1　はじめに　*71*

2　標準原価計算による管理　*71*

3　ライフサイクルコスティング　*77*

4　在庫管理　*78*

5　品質コストマネジメント　*80*

6　ミニ・プロフィットセンター　*82*

7　ま と め　*86*

第7章
原価企画

1　はじめに　*87*

2　原価企画誕生の背景　*87*

3　原価企画の特徴　*88*

4　原価企画の実施プロセス　*91*

5　原価企画における目標原価の範囲の捉え方　*93*

6　原価企画に用いられる主要なツール　*94*

7　原価企画のインフラ　*94*

8　原価企画の課題　*97*

9　ま と め　*100*

第8章
事業部制管理会計

1　事業部制とは　*102*

2　カンパニー制　*103*

4 目　次

    3　事業部損益計算書と業績評価　*104*

    4　本社共通経費の配賦　*106*

    5　振替価格　*107*

    6　事業部貸借対照表と業績評価　*110*

    7　ケーススタディ：パナソニックのカンパニー制　*112*

第9章
経営分析

    1　はじめに　*116*

    2　経営分析とは　*116*

    3　収益性分析　*117*

    4　安全性分析　*124*

    5　利益計画と損益分岐点分析　*126*

    6　ま と め　*131*

第10章
日本の管理会計の実態

    1　はじめに　*132*

    2　日本における管理会計技法の導入状況　*132*

    3　日本企業における予算管理の実態　*135*

    4　ま と め　*139*

目　次　5

第2部　管理会計の新展開

第11章
ABCによる製品戦略，原価低減，予算管理

1　はじめに　*142*

2　製品戦略のためのABC　*142*

3　原価低減のためのABM　*150*

4　予算管理のためのABB　*154*

第12章
バランスト・スコアカード

1　はじめに　*157*

2　バランスト・スコアカードの役割　*157*

3　バランスト・スコアカードのフレームワーク　*158*

4　バランスト・スコアカードの運用　*161*

5　バランスト・スコアカードの導入成果　*163*

6　バランスト・スコアカード導入のケース　*165*

7　ま　と　め　*167*

第13章
レピュテーション・マネジメント

1　はじめに　*168*

2　コーポレート・レピュテーションとは何か　*168*

3　コーポレート・レピュテーションの測定　*171*

4　戦略的レピュテーション・マネジメント　*173*

5　ダイムラー社のレピュテーション・マネジメントの事例　*177*

6　目　次

　　　6　ま　と　め　*181*

第14章

インタンジブルズ・マネジメント

　　　1　はじめに　*183*
　　　2　インタンジブルズと戦略の関係　*183*
　　　3　インタンジブルズとは何か　*184*
　　　4　インタンジブルズの体系と研究のアプローチ　*186*
　　　5　事例によるインタンジブルズのマネジメント　*189*
　　　6　ま　と　め　*191*

第15章

統合報告と管理会計

　　　1　はじめに　*193*
　　　2　統合報告の目的と管理会計　*193*
　　　3　IIRCフレームワークの基本概念　*195*
　　　4　エーザイの価値創造プロセスの可視化　*199*
　　　5　ま　と　め　*202*

第16章

組織間管理会計

　　　1　はじめに　*203*
　　　2　組織間管理会計の意義　*203*
　　　3　組織間管理会計の源流　*206*
　　　4　組織間管理会計の問題領域　*208*
　　　5　組織間管理会計の理論的背景：取引コストの経済学　*214*

第3部 領域別の管理会計

第17章
顧客管理会計

1 はじめに *220*

2 インタンジブルズとしての顧客資産の意義 *221*

3 顧客別収益性管理 *221*

4 顧客別収益性管理の発展 *224*

5 顧客別収益性管理の問題点 *229*

6 バランスト・スコアカードによる両者の関連づけ *230*

第18章
人的管理会計

1 はじめに *234*

2 コストとしての人 *235*

3 経営資源としての人 *236*

4 インタンジブルズとしての人 *237*

5 企業価値創造と人 *242*

6 ケース *244*

第19章
IT管理会計

1 はじめに *249*

2 ITマネジメントと管理会計上の課題 *249*

3 IT投資評価の方法と課題 *250*

4 情報資産の定義とレディネス評価 *252*

8 目 次

    5　BSCを活用したIT投資の資本予算管理　*255*

    6　ま と め　*258*

第20章
病院管理会計

    1　はじめに　*260*

    2　経営環境の変化と病院経営　*260*

    3　医療の質の向上に資する管理会計手法　*263*

    4　ま と め　*269*

第21章
銀行管理会計

    1　はじめに　*271*

    2　銀行管理会計の現状　*272*

    3　ケースによる研究　*278*

    4　銀行管理会計の方向性　*282*

    5　ま と め　*283*

第22章
行政管理会計

    1　はじめに　*285*

    2　基本的な業績概念　*285*

    3　戦略レベルの業績管理　*287*

    4　業務レベルの業績管理　*292*

    5　ま と め　*296*

目　次　9

■付　　録　複利現価表　*299*
　　　　　　年金現価表　*300*
■索　　引　*301*

第1部

管理会計の基礎

2 第1部 管理会計の基礎

第1章

管理会計の現代的意義

1 企業の経営者と管理会計

　企業は，適正利益の確保を中心的な課題として，企業価値創造を主要な目的
としながら，持続的な存続，成長，発展を図っている組織体である。経営者は
この企業目的を達成するために経営戦略を策定し，意思決定を行い，計画を実
施し，業績を評価する。管理会計は，経営者が経営管理を行ううえで必要な経
営活動の実施を支援するために，経営者に必要な情報を提供する。

1.1　企業の目的

　企業の目的は，利潤極大化にあると考えられることがある。しかし，企業は
利益さえあげていればそれで事足りるとするわけではない。企業はすぐれた製
品を低価格で市場に提供し，従業員に仕事と生活を保証し，経営者の育成を図
り，ステークホルダー（stakeholder：利害関係者）との対話（engagement：エン
ゲージメント）に基づく公正な利益の配分が必要である。

　このようなことから，わが国では，企業の主要な目的は利益の極大化ではな
く，「企業価値の創造」（creation of corporate value）にあると考える経営者が
多い。その影響もあって，管理会計でも，企業の目的を企業価値の創造ないし
増大に求める見解が多くの経営者の支持を集めている。

1.2　企業価値とは何か

　企業をどうみるかについて，Yoshimori（1995, p.33-44）は，株主利益中心の
アメリカ・イギリスを中心とする一元的利益概念，ドイツ・フランスのように

資本と労働の利益均衡の実現を意図する二元的利益概念，日本の経営者の間でよくみられるように，従業員を中心的なステークホルダーとしつつも株主や銀行など他のステークホルダーをも考慮する多元的企業概念があるという。この経営者の見解の相違が，企業価値への見方に影響を及ぼしている。**図表1-1**を参照されたい。

[図表1-1]　米英と日本の企業経営者の企業価値の見方の相違

米英の経営者の主要な見解	日本の企業経営者の一般的な見解
企業価値 ÷ 株主価値 ├ 株式時価総額 ├ 利　益 └ 将来キャッシュフローの現在価値	企業価値 ↑ 経済価値 ← 顧客価値 ← 社会価値　組織価値 例：経常利益 キャッシュフロー ／ 例：顧客満足 品質，機能，性能 ／ 例：社会貢献 寄付，環境保護 ／ 例：組織文化 革新能力，リーダーシップ

出典：筆者作成。

図表1-1で，米国の企業経営者は，企業価値を株主価値と同一視することが多い。企業価値を株式時価総額，利益と考える経営者も多くみられるが，グローバル・スタンダードは，将来キャッシュフローの現在価値である。一方，日本の経営者で企業価値を株主価値と考える経営者は少ない。多くの企業経営者は企業の価値は人材（組織価値），社会への貢献（社会価値），顧客対応（顧客価値），利益（経済価値）など企業価値を多元的な価値からなるとみる。伊藤他（2014, pp.1-13）は，組織価値が社会価値に，社会価値が顧客価値に，顧客価値が経済価値に影響を及ぼすことを実証した。ただ，近年の株主重視の傾向の高まりにより，日本の経営者の間にも英米型への変化の潮流が表れ始めている。

1.3　経営者の役割

　経営者（management）の役割は，企業価値の創造という企業目的を達成すべく，戦略を策定し資源配分に関する意思決定を行い，経営活動を行うことにある。具体的には，経営者は企業価値の創造に向けて，設定したビジョンに従った適切な経営戦略を策定し，経営戦略に従って経営計画を設定し，業務活動を監督・指揮し，業績を評価する。

4　第1部　管理会計の基礎

　経営活動は，基本的には，経営理念（management philosophy）を念頭に置いて，ビジョン（組織体の目的や目標を導き将来のあり方を示す，1つの挑戦目標）をもとに経営戦略を策定し，策定された経営戦略に基づいて，計画（plan）を設定し，実施（do）し，実施結果をチェック（check）し，是正のための行動（action）をとるというプロセスの循環からなる。このプロセスをPDCA（ピー・ディー・シー・エー）のサイクルという。この関係を，管理会計の中心的な手法である予算管理と関連づけて図解すれば，**図表1-2**のようになる。

[図表1-2]　経営活動とマネジメント・サイクル

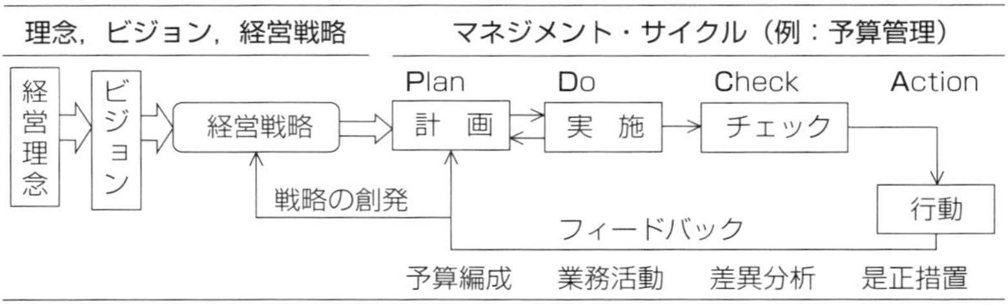

出典：筆者作成。

　図表1-2で，企業は経営理念を念頭に，ビジョンを実現するために経営戦略が樹立される。予算はその経営戦略に立脚した中期経営計画に基づいて設定される利益計画（ないし業務計画）をもとに編成される。業務活動が実施されると差異分析が行われて業績評価が行われる。差異分析の結果から是正措置（corrective action）がとられ，その結果は次期の計画にフィードバックされる。経営戦略の修正や戦略の創発（現場からの戦略の実現）が行われる。

1.4　経営計画とコントロール

　経営管理機能のうち，計画の樹立と実績の検討・評価という機能は，経営計画とコントロールの機能である。これらの機能は，概念上，計画設定とコントロールに区分して説明することができる。

(1)　**計画設定**　　計画設定（planning）とは，目的を達成するためにとられるべき一連の行動を意識的に決定することをいう。管理会計目的のため，計画設定はプロジェクト計画と期間計画とに区分することができる。

プロジェクト計画（project planning）とは，将来の活動に関する意思決定に到達するプロセスをいい，個々の独立の事項について行われる臨時的な意思決定を意味する。たとえば，新しい工場を建設するか否かの計画は，典型的なプロジェクト計画に属する。期間計画（period planning）とは，企業または企業の特定のセグメント（たとえば，事業部）の将来の総合的活動についての計画を経営者が特定期間にわたって組織的に設定する計画である。たとえば，工場を建設するかどうかの決定はプロジェクト計画であるのに対し，建設した工場で本年度の予算を編成するのは期間計画である。

(2) **コントロール**　コントロール（control：統制）とは，計画に従って行われた経営活動を監視していくことである。先の例で言えば，編成された予算と実績を対比させて予算差異分析を行うのは，コントロール機能に属する。

以上，プロジェクト計画，期間計画およびコントロールの機能のうち，プロジェクト計画は経営意思決定に関係する。一方，期間計画とコントロールのことは，業績管理会計，またはマネジメント・コントロール（management planning and control）と呼称されている。

2　財務会計と管理会計

会計（accounting）とは，主に投資家や経営者の行う意思決定のために，組織体の経済的データを，主として貨幣尺度を用いて測定，伝達するシステムである。会計は企業の実態を伝達する企業の言語である。

2.1　会計の適用範囲

会計が最もよく利用されまた研究が進んでいるのが，株式会社を主体とする企業に適用される企業会計（business accounting）である。しかし会計は，行政，自治体，公益法人，学校法人，医療法人など，非営利の組織にも適用される。公企業会計，環境会計，社会会計などの領域もある。

2.2　財務会計と管理会計

財務会計（financial accounting）とは，期間損益計算を行って配当可能利益を

6　第1部　管理会計の基礎

算定するとともに，投資家や債権者など外部のステークホルダー（利害関係者）に投資意思決定に必要な情報を提供する会計である。

　管理会計（management accounting）とは，企業内部の経営者のために，戦略の策定と実行を支援するとともに，計画とコントロールを行うことで，経営上の意思決定と業績評価を目的とする会計である。内部報告会計とも言われる。両会計の違いを一覧表示すれば，**図表1-3**のとおりである。

[図表1-3]　財務会計と管理会計

	利用者	報　告　書	目　的	適 用 対 象	法　規　制	情報特性
財務会計	外部	財務諸表（主に過去）	会計責任の解除	企業，その子会社，関係会社	会社法，金融商品取引法，税法	正確性検証可能性
管理会計	内部	予算・標準等（過去，将来）	効率と効果性	製品，プロジェクト，責任実体	なし	有用性，目的適合性，迅速性

出典：筆者作成。

(1)　**情報の主要な利用者**　　財務会計の主要な利用者は外部のステークホルダー（投資家，金融機関，税務署など）である。管理会計の主要な情報利用者は内部の経営管理者（トップ，ミドル，ロワー・マネジメント）である。

(2)　**目　的**　　財務会計の主要な目的は資金提供者である投資家等に，過去の一定期間の財務業績を報告して会計責任を果たすことである。他方，管理会計の主目的は，受託された資本の効率向上と効果的（有効）利用に関係する。

(3)　**適用対象と報告書の種類**　　財務会計の主要な報告対象は主として過去のデータからなる財務諸表の提供である。他方，管理会計では，過去・将来の製品，プロジェクト，責任実体に関する戦略策定，計画とコントロールを行う。

(4)　**適用対象**　　財務会計の主要な報告対象は，親会社だけでなく子会社の財務業績を含む，企業実体（business entity）の財務業績である。一方，管理会計では，企業実体だけでなく次の実体の業績もまた測定・伝達の対象になる。

　　①　製品実体：製品・サービス
　　②　プロジェクト実体：プロジェクト

③　責任実体：事業部，工場，部門，課

(5)　**法規制**　　財務会計では，投資家には金融商品取引法，企業や金融機関に対しては会社法，税務署の課税目的には税法という法規制が強制されている。

(6)　**情報特性**　　財務会計では，とくに正確性，検証可能性が要請される。管理会計では，有用性，目的適合性，迅速性が重視される。

3　会社のガバナンス体制とコントローラー制度

コーポレート・ガバナンス（corporate governance：企業統治）とは，企業の経営が法令に違反するなど間違った戦略や行為をしないように監督する組織，制度，仕組みのことをいう。ガバナンスと似た用語ではあるが，法令順守を含意するコンプライアンス（compliance）とは区別されるので，注意が必要である。

3.1　日本の株式会社のコーポレート・ガバナンス体制

コーポレート・ガバナンスに不可欠の機関は，会社の最高の意思決定機関である株主総会である。株式会社では毎年1回，一定の時期に定時株主総会が開かれ，取締役，監査役の選任や解任などの決定が行われる。株主総会で選任された取締役によって，取締役会が構成される。取締役会で選任された代表取締役が会社を代表して業務を執行する。監査役設置会社では，監査役は株主総会で選任され，監査役と監査役会は取締役会および代表取締役の業務執行を監査する。委員会設置会社は，報酬委員会，指名委員会，監査委員会からなる。

監査役会の監査のほかに，株式会社では外部の会計監査人（公認会計士または監査法人）による会計監査が義務づけられている。さらに，代表取締役によって選任された内部監査人が，内部監査を担当する。2008年度からは内部統制報告書の内閣総理大臣への報告が義務づけられている。

3.2　内部統制組織

内部統制組織（internal control system）とは，その本来の意味で，整然たる会計組織を備えて正確な会計記録を作成するとともに，内部監査組織により経常的な監査を行い，会計記録の信頼性を確保することを意味する。その具体的

8　第1部　管理会計の基礎

な内容は，内部牽制組織と内部監査からなる。

　内部牽制組織（internal check system）とは，不正・誤謬の発生を防止するよう仕組まれた組織をいう。人による内部牽制と機械による内部牽制がある。会計帳簿係と現金出納係を区分するのは人による内部牽制で，共謀がない限り，不正を防ぐことができる。機械化は単純なミスを防ぐことができる。

　内部監査（internal audit）とは，経営管理者への奉仕のために，会計記録，制度，手続きおよび業務の効率性・有効性を監査する企業内部の独立の評価活動である。具体的には，会計記録の正確性を吟味するとともに会計処理の適否と不正・誤謬の存否を検討する会計監査，企業内に定められている規定・手続きが企業の実情に即して適正であるかを検討する制度監査，および会計以外の業務を対象としてその効率性と有効性の検討を行う業務監査からなる。

　内部監査を担当するのが，内部監査人である。内部監査人は，会社法上の監査役，外部監査を担当する公認会計士と有機的に協力して監査を行う。

3.3　J-SOX法と「財務報告に係る内部統制の評価及び監査の基準」

　2001年にアメリカのエネルギー会社エンロン社が破綻し，世界的な会計事務所，アーサーアンダーセンでの不正会計処理が発覚し崩壊した。そこでアメリカ政府は，2002年に議員立法でSOX法（Sarbanes-Oxley Act）を成立させた。

　持ち株比率の過小記載を理由に上場廃止に追い込まれた西武鉄道事件は，財務諸表の虚偽記載が日米に共通する問題であることを認識させた。その結果，SOX法の日本版（J-SOX法），「財務報告に係る内部統制の評価及び監査の基準」が制定され，2008年度から日本企業に導入された。J-SOX法に基づく内部統制の目的は，①業務の有効性及び効率性，②財務報告の信頼性，③事業活動に関わる法令の順守，および④資産の保全にある。それ以来，上場企業はJ-SOX法に基づく内部統制が義務づけられ，毎期実施されている。

3.4　コントローラー制度

　管理会計の最高の担当責任者は，アメリカでコントローラー（controller）と言われる，管理会計を担当するバイスプレジデントである。日本でいえば経理部長がこれに相当する。日本の経理部には，通常，会計・決算課，予算課，税

務課，原価管理課，子会社関係会社経理課などが置かれている。管理会計の役割には，ビジョンや戦略の策定，中期経営計画，設備投資計画，その他個別的な経営意思決定などがある。**図表1-4** を参照されたい。

[図表1-4]　管理会計担当者の主な役割

経 理 部	経営企画部
会計・決算	ビジョンの策定
予算管理	経営戦略の策定
税　　務	中期経営計画
原価管理	設備投資計画
子会社・関係会社管理	個別的経営意思決定

出典：筆者作成。

　従来，約半数の日本企業が財務機能とコントローラー機能を包含して，経理部と呼んでいた。予算課を経理部のなかに含む企業もあったが，経営企画室などの名称で経理部とは区分している企業も少なくなかった。

　最近，わが国では社長や会長に相当するCEO（chief executive officer：最高経営責任者）に対応させて，経理と財務を包括する経理財務の最高責任者として，CFO（chief financial officer：財務担当重役）を置く企業が数多くみられるようになった。CFOは従来の意味での財務部長の役割だけでなく，経理部長の上位に位置する経理・財務の最高責任者として位置づけられる。

4　管理会計担当者の倫理規定

　会計担当者の行動は，社会的に多大な影響を及ぼす。そのため，管理会計担当者といえども，一定の倫理規範に従って会計処理を行うべきである。アメリカ管理会計担当者協会（IMA）を参考にして，日本の管理会計担当者が順守すべき倫理規範を考察する。

(1)　専門的能力

　ビジネス・スクール卒業の専門家を多数抱えたアメリカ企業とは違って，職務のローテーションが頻繁に行われるわが国の管理会計担当者は，一般に，管理会計の専門的知識に欠ける者が少なくない。専門的知識の修得は，管理会計担当者にとって倫理上の問題だけでなく必須の条件でもある。

(2) コンプライアンス

管理会計担当者は，法令を順守するだけでなく，社会規範や企業倫理に反する行為を行ってはならない。機密保持（confidentiality）は，管理会計においても，重要な倫理規範である。競争会社を利するような行為は慎むべきである。

(3) 誠 実 性

会計人にはとくに誠実性（integrity）が求められる。誠実であることは，洋の東西を問わず，人間として必要な要件でもある。戦略の策定や計画の設定に当たって，ステークホルダーの将来展望に誤った情報を提供してはならない。

(4) 信 頼 性

客観性を保持するには，①情報を公正かつ客観的に伝達すること，②必要と思われる情報はすべて洩らさずに開示すること，および③情報の遅れ，欠陥があれば速やかに関連部署に報告することが要請される。

5　管理会計の体系と本書の構成

管理会計の体系は，生産管理会計，営業管理会計，財務管理会計という領域別体系から始まった。次いで，経営管理機能に基づく計画会計，統制会計（P&Cの会計）の体系が多くの研究者と実務家の支持を集めた。一方，経営の目的観に立脚した意思決定会計，業績管理会計も提唱されてきた（櫻井，2015，pp.9-34）。

5.1　戦略のもつ重要性の増大と管理会計の体系

現代の企業では，経営戦略や企業の個別的な意思決定の重要性が日増しに高まりつつある。そのため，戦略の策定と実行のツールとしてのバランスト・スコアカードも先進的な企業によって活用されるようになった。以上の結果，中期経営計画と予算管理などの利益管理，広義の原価管理としてのコストマネジメントや戦略的原価管理としての原価企画とABC（activity-based costing：活動基準原価計算）の重要性を増大させた。

5.2　管理会計の対象の拡大と管理会計の体系

伝統的な管理会計では，製造業の管理が中心であった。現代の管理会計の対

象は，製造業だけでなく，ホテル，航空会社，病院，行政といったように，非製造業にも適用範囲が拡がっている。レピュテーション（評判），インタンジブルズといった無形の資産が財務業績に及ぼす影響の測定（櫻井，2011）も管理会計の対象になってきた。さらに加えて，組織内の管理会計だけでなく，組織間管理会計も管理会計での主要な研究課題になりつつある。その結果，管理会計の体系も，組織文化，価値観，ガバナンス構造なども包括した「パッケージとしてのマネジメントコントロール・システム」（新江・伊藤（克），2010，pp.151-160）の必要性が高まってきた。

5.3　本書における管理会計体系

　本書で伝統的管理会計は，コストマネジメント，予算管理，中期経営計画，経営意思決定，設備投資計画，事業部制会計，経営分析で考察している。戦略と管理会計では，経営戦略の他，バランスト・スコアカード，原価企画，ABC，統合報告の管理会計において戦略との関係で考察している。資産管理別のテーマでは，顧客管理会計・人的管理会計・IT管理会計において論じられている。対象領域では，病院・銀行・行政という3領域の管理会計が検討されている。無形のものでは，レピュテーション・マネジメントとインタンジブルズのマネジメントが考察されている。

5.4　ケース

　本章の最後のページで，日本では経理部門のユニークな特徴としてよく知られているパナソニックの経営理念と経理部の役割をみてみる。

[参考文献]
新江孝・伊藤克容（2010）「マネジメント・コントロール概念の再検討―コントロール手段の多様化をめぐる問題を中心に―」『原価計算研究』Vol.34, No.1。
伊藤和憲・関谷浩行・櫻井通晴（2014）「コーポレート・レピュテーションによる財務業績への影響」『会計プログレス』日本会計研究学会，No.15。
櫻井通晴（2011）『コーポレート・レピュテーションの測定と管理』同文舘出版。
櫻井通晴（2015）「現代の管理会計にはいかなる体系が用いられるべきか？―マネジメントコントロール・システムを中心に―」『経営学論集』第99号。
Yoshimori, Masaru（1995），Whose Company Is It, The Concept of the Corporation in Japan and the West, Long Range Planning, Vol.28, No.4.

パナソニック㈱グループにおける
経営理念と経理部門の役割

　当社には，松下幸之助創業者の物の見方・考え方（社会観，人間観，経営観）を土台にまとめられた経営理念があります。当該経営理念は，会社の基本目的・存在意義（綱領），社員のあり方（信条・遵奉すべき七精神）という形にまとめられており，あらゆる経営活動の進め方の基本となっています。経営幹部をはじめ各組織責任者は，経営理念が実践できているかどうかを，常に反省し，必要があれば改善することを徹底的に行う組織運営をしなければなりません。

　この組織運営の推進体制は，事業部制を根源とする自主責任経営にあり，当該自主責任経営を支える具体的な経営管理制度として，中期計画制度，事業計画制度，決算制度，標準原価計算制度，資金管理制度，出資配当制度，賦課費制度，CCM・ROE，業績評価制度，内部統制制度等が位置づけられています。経理部門は，これらの経営管理制度を基礎にして，常に経営の実態を掌握・報告するとともに，経営体質強化および方向づけに関して積極的に提言するなど，経営に役立つことが課されています。すなわち，「経営の羅針盤」および「経営者の良き女房役」としての役割が求められています。

　経理部門の具体的な役割は，当社の経理方針に，以下のとおり示されています。経営に役立つこと，基本を守り厳正を期すること，経営計画を柱に体質強化に貢献すること，決算を指針とし経営の良化に取り組むこと，資金効率を高め財務の健全化をはかること，業務の効率化を推進し情報を活用すること，と続き，経理社員の心構え，よき経理社員とは，で結ばれています。換言すれば，当社の経理部門は，単に財務会計の領域だけに留まることなく，管理会計の領域まで，その役割をしっかり果たさなければなりません。このように当社では，経営管理制度から経理部門だけでなく各部門の役割に至るまで，経営理念実践のために存在すると言っても過言ではありません。

　※CCM（Capital Cost Managementの略）＝税引前利益－投下資本コスト

文責：パナソニック㈱アプライアンス社 経理センター　上席主幹 岩本寿彦

第2章

経営戦略とマネジメント・コントロール

1　経営戦略の意義

　軍事用語として生まれた戦略という言葉は，今日の企業経営においては，非常に重要な役割をもっている。それには実に多様な意味があるが，その本質は環境適応にあり，その点を具現化しているツールにSWOT分析がある。

1.1　経営戦略とは何か

　経営戦略とは，企業目的の達成のためにどのように環境適応するかを長期的な視点から示す基本的なフレームワークである。長期経営計画も戦略と同様に長期的視点をとっているが，それは厳密には戦略とは異なる。長期経営計画は，戦略を実行するためにそれを具体化するものであって，その主な関心は企業内部に向けられているからである。

1.2　多様な戦略の意味

　ミンツバーグらによると，戦略には5つ意味（戦略の5P）がある。すなわち，①計画（plan）としての戦略，②行動様式（pattern）としての戦略，③市場での位置づけ（position）としての戦略，④企業観（perspective）としての戦略，⑤策略（ploy）としての戦略である（Mintzberg et al., 1998, pp.9-15）。

　計画としての戦略は「意図した戦略」であり，経営者が将来を見据えて意図的に作り上げる戦略である。行動様式としての戦略は「実現された戦略」であり，企業の過去を振り返ってみて，時を超えてみられる一貫した行動を戦略として捉えるものである。市場での位置づけとしての戦略は，その製品を特定の

14　第1部　管理会計の基礎

市場にどう位置づけるかという具体的な市場ポジションに着目した戦略で，ポーター（Porter, 1980, 1985）の戦略論がその代表例である。企業観としての戦略は企業の基本理念に着目したもので，企業のあるべき姿として戦略をとらえる。策略としての戦略は競合他社の裏をかこうとする計略としての戦略を意味する。

1.3　SWOT分析

　戦略における環境適応のアイデアを具現化しているツールにSWOT分析がある。SWOT分析は戦略策定に際し，企業内部の要因である強み（strengths）と弱み（weaknesses），企業外部の要因である機会（opportunities）と脅威（threats）を評価し，内的要因と外的要因の適合を図ろうとするものである（**図表2-1**を参照）。

[図表2-1]　SWOT分析

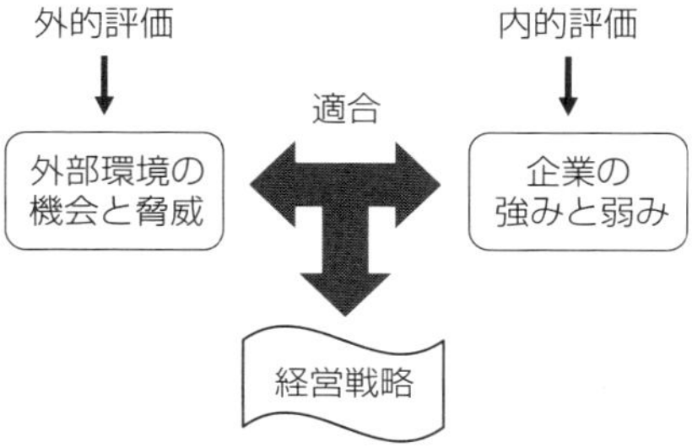

外的評価　　　　　　　　　内的評価

適合

外部環境の機会と脅威　⬌　企業の強みと弱み

経営戦略

出典：筆者作成。

2　戦略の3つの側面

　戦略には大別して3つの側面がある（de Wit, 2017, p.5）。すなわち，①戦略の具体的な中味は何か（＝戦略の内容），②戦略はどのように作られ実行されるか（＝戦略プロセス），③戦略はどのような状況下に置かれているか（＝戦略の状況），という問題である。

2.1 戦略の内容

　戦略の内容（戦略コンテンツ）は戦略の具体的な中味を意味し，戦略とは何か，戦略はどうあるべきかという，戦略のうち"what"の側面である。戦略の内容は集約のレベル（事業レベル，全社レベル，企業ネットワーク・レベル）に応じて，(1)事業戦略，(2)企業戦略，(3)企業間戦略に分けられる。

(1)　**事業戦略**　　事業戦略は，特定の事業領域において，どのように競争優位性を構築して競合他社との競争に勝つかについての戦略であって，競争戦略ともいわれる。ポーターによると，競争優位性の構築は市場を出発点にするべきであるとされる（詳しくは後述する）。別の見解としては，企業が所有する資源を出発点とするものもあり，その代表例が資源ベースの戦略論である。その考えによると，価値があって，稀少で，模倣できず，代替品が存在しないような資源を企業がうまく活用することで，競争優位性は獲得される。

(2)　**企業戦略**　　多角化企業では，各事業でどのように競争に勝つかだけでなく，そもそもどの事業に参入すべきかが検討されなければならない。企業戦略はそのような企業の範囲と方向性を定めるもので，どの事業分野に参入するか，各事業に資源をどう配分するかといった企業全般に関する戦略である。そのための代表的な手法としては，ボストン・コンサルティング・グループの事業ポートフォリオ・マトリックスがある。

　事業ポートフォリオ・マトリックスは，業界の成長率とマーケットシェアの2軸から事業を性格づけ，**図表2−2**のように「花形」，「金のなる木」，「問題児」，「負け犬」に分類し，その性格に応じて資金の全社的な配分を考えていこうとするものである。「金のなる木」からは，シェアを維持するのに必要な再投資額以上の資金が生み出される。「問題児」はシェアを高めないと，いずれ「負け犬」（清算対象の事業）となってしまう。シェアを高めるには巨額の資金を要し，それには「金のなる木」から得られた資金を投入する。「花形」は魅力的な事業であるが，競争は激しく多額の追加投資も必要になる。高いマーケットシェアを維持できれば，いずれ「金のなる木」となるが，シェアが低下すれば「負け犬」となる。

[図表2-2] ボストン・コンサルティング・グループの事業ポートフォリオ・マトリックス

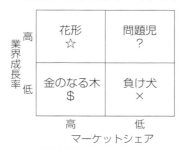

出典：筆者作成。

(3) **企業間戦略**　戦略の具体的な中身を考えていくうえでは，一企業の範囲を超えて，その企業を取り巻く他の企業との関係がどうあるべきかについても検討されなければならない。すなわち，業務提携のように他の企業と協力関係を構築するのがよいのか，あるいは一定の距離を保ち続けるのがよいのかといった問題である。このような他の企業との関係性に関するものが企業間戦略である。なお，第16章で考察する組織間管理会計は，企業間戦略との関係でみると，他企業との協力関係を構築しようとするものである。

2.2　戦略プロセス

戦略プロセスは，どのように戦略が作られ実行されるか，それに誰が関与するかという，戦略のうち"how"と"who"の側面である。

戦略プロセスについて伝統的には，まず経営者が「戦略策定（strategy formulation）」し，その後，他の組織成員がそれを「実行」すると理解されてきた。ここで，経営者がその意図に基づいて計画する戦略を「意図した戦略」という。しかし，途中で計画が変わったり中止されたりして，意図が実現しないで終わることもある（＝「実現しなかった戦略」）。他方，実際に「実現された戦略」についてみると，経営者が意図した戦略を熟考して取り組んだ結果，実現した場合（＝「熟考戦略」）もあるが，それ以外に，現場の組織成員による予定外の取組みをきっかけにして意図しないところから戦略が創発してくる場合もある（＝「創発戦略」）。熟考的であれ創発的であれ，戦略が実現されるプロセスを

第2章　経営戦略とマネジメント・コントロール　17

「戦略形成（strategy formation）」という。このように，現実の企業で戦略がいかに形成されてくるかを観察してみると，伝統的な理解のように戦略の策定と実行とは必ずしも明確に区別できるわけではない。

2.3　戦略の状況

　戦略の状況（戦略コンテクスト）は戦略の内容とプロセスを取り囲む環境をいい，戦略はどのような状況下（企業内と企業外）に置かれているか，という戦略のうち "where" の側面である。戦略の状況には，企業内の (1) 組織の状況と，企業外の (2) 業界の状況がある。

(1)　**組織の状況**　　組織の状況で，特に戦略との関係で着目すべき点は，環境適応を図る際において，経営者および他の組織成員がどのような役割を果たしている状況にあるのかということである。その1つの場合としては，経営者が組織を完全に掌握し，意図した戦略に合うように組織構造を形作っている状況がある。その際には，経営者が計画した戦略をその意図どおりに実行するために，それにふさわしいように（後述する）マネジメント・コントロール・システムが設計され運用されることになる。

　　別の場合としては，各組織成員による自発的な秩序形成が許容されており，そのなかで新たな戦略が創発されている状況がある。その際のマネジメント・コントロールには，戦略の創発に対する役割が期待される。したがって，この場合には，組織成員による自発的な取組みをある程度許容するような形で，マネジメント・コントロール・システムは設計され運用されることになる。

(2)　**業界の状況**　　戦略は企業が環境適応をはかるためのものである。それゆえ，外部環境をよく理解することが不可欠である。特に，競争の舞台である業界がどのような状況にあるのか，すなわち業界の状況を知ることが重要である。業界の状況を分析するための代表的な方法に，ポーターの5つの競争要因モデルがある。

3　ポーターの戦略論と管理会計

ポーターの戦略論は戦略マネジメントの領域だけでなく，管理会計の領域に

18 第1部 管理会計の基礎

おいても大きな貢献を果たしている。

3.1 5つの競争要因モデル

　競争の根源は業界の経済的な構造のなかにあり，その構造が企業の潜在的な収益性に大きく影響する。すなわち，あまり魅力的でない業界に属している企業であれば，そもそも儲かる可能性は低いということである。業界の経済的な構造を定めている要因には，①新規参入の脅威，②代替品の脅威，③顧客の交渉力，④供給業者の交渉力，⑤既存の同業他社との競争，の5つがある。この5つの競争要因が弱いほど魅力的な業界であり，その業界に属する企業の潜在的な収益性は高い。

3.2 基本戦略

　同じ業界に属していても，競争上有利な市場ポジションにある企業ほど高い業績を達成できる。競争優位性を構築して有利な市場ポジションを確立するための基本的な考え方を基本戦略という。

　競争優位性は，企業が顧客に対して同業他社よりも優れた価値を提供することから生じる。そのためには，①同等の製品を同業他社より安い価格で顧客に提供するか，あるいは②同業他社より高い価格であればそれを相殺して余りあるほどの特異な製品を顧客に提供するか，のいずれかが必要である。前者が低コスト，後者が差別化による競争優位性である。そして，この2種類の競争優位性とターゲットとする市場の大きさとの組合せで，企業が業界で平均以上の業績を達成するための基本戦略としては，①コスト・リーダーシップ戦略，②差別化戦略，③集中戦略（低コスト集中か差別化集中）の3つがある。

3.3 価値連鎖

　低コストないし差別化という競争優位性の源泉を企業内部に見つけ出すには，企業を1つのまとまりとしてとらえるのではなく，購買，製造，出荷，販売など，顧客にとって価値ある製品を創造するための諸活動（＝価値活動）の連なりとして，企業を理解する必要がある。そのような価値活動の連なりが価値連鎖（バリューチェーン）である。

3.4 コストドライバー

　原価低減は，競争優位性として低コストを追求する場合だけでなく，差別化を追求する場合にも重要となる。なぜなら，原価が高ければ結果的にその分だけ利益が減ってしまうからである。原価態様（原価が変化する有り様）に影響する要因がコストドライバー（原価作用因）であり，それには①企業規模や垂直的統合の範囲，過去の経験，製品の多様性など企業の基本構造に関する「構造的コストドライバー」，および②継続的改善への取り組み，品質，操業度，供給業者との連携などの業務の遂行能力に関する「遂行的コストドライバー」がある。原価低減のためには，これらのコストドライバーをうまく管理することが必要となる。

3.5 経営戦略と管理会計

　シャンクとゴビンダラジャンによって提唱された「戦略的コストマネジメント（strategic cost management）」は，ポーターの戦略論を明示的に取り入れている（Shank and Govindarajan, 1993）。その具体的な手法としては，(1) 価値連鎖分析（バリューチェーン・アナリシス），(2) 戦略的ポジショニング分析，(3) コストドライバー分析の3つがある。

(1) **価値連鎖分析**　　ポーターが提唱する価値連鎖という観点から，あるべきコストマネジメントのあり方を検討するものである。

(2) **戦略的ポジショニング分析**　　コンティンジェンシー理論[注1]の立場から，競争優位性として低コストを追求するか，あるいは差別化を追求するかに応じて，それにふさわしいコストマネジメントのあり方を検討するものである。

(3) **コストドライバー分析**　　原価低減のために，コストドライバーを識別し，管理しようとするものである。

　他方，シモンズらによって戦略的管理会計（strategic management accounting）が提唱されているが，それは管理会計の一領域として位置づけるべきであろう（櫻井, 2015, p.578）。

20　第1部　管理会計の基礎

4　マネジメント・コントロールの意義

4.1　コントロール概念

　マネジメント・コントロール（management control）とは，経営者による計画とコントロール（planning and control）を意味する。経営戦略との関係に着目すると，策定された戦略が適切に実行されるようにマネジメント・コントロールが行われる。

　コントロール（統制）とは，実際の状況が目標とする状況から外れないようにすること（keeping things on track）である（Merchant, 1985, p.1）。その中心は，①目標を定め，②実際の状況を測定し，③それを目標に照らして評価し，④必要であれば修正行動をとる，というサイバネティック・コントロールである。たとえば，エアコンによる室温のコントロールでは，①エアコンの温度設定がなされたら，②実際の室温を測定し，③設定温度よりも室温が高いことが判明すれば，④冷風を出す，というプロセスでコントロールが行われる。

　ただし，そのような単純なコントロールとマネジメント・コントロールとは異なる。なぜなら，マネジメント・コントロールは，外部環境と相互作用している「オープン・システム」であり，協働する人々の集まりである企業という"組織"を対象としているからである。このため，マネジメント・コントロールでは，目標設定段階において，目標とする状況をどのように達成するのかを明確にしておく必要があり，結果的に，計画も重要な役割を果たす。このため，management controlは，厳密には management planning and control と呼ぶべきものである。また，環境が変化してしまえば，事前の計画そのものが不適切となるので，目標未達自体は必ずしも悪いことではなく，評価段階においては柔軟性が求められる。そして，マネジメント・コントロールは，階層構造に配置されつつも自由意志をもった"人間"を対象としているため，修正段階においては，エアコンのような機械的な修正行動ではなく，人々に影響を及ぼしてその行動を望ましい方向へと導くことしか実質的にはできない。特にこの点から，マネジメント・コントロールの本質は，上位者から下位者に対する影響活動にある（伊丹, 1986, p.21）とされる。

4.2 アンソニーのマネジメント・コントロール論

　マネジメント・コントロール論の基礎は，1965年にアンソニー（Anthony）によって築かれた。アンソニーはマネジメントの体系として，計画と統制とに大別する従来の見解を基礎としながらも計画と統制とが密接に関連し合っている場合もあることを踏まえて，①戦略策定[注2]，②マネジメント・コントロール，③オペレーショナル・コントロール[注3]の３つに分けるフレームワークを提案した（**図表2-3**を参照）。

[図表2-3]　アンソニーのマネジメント・コントロール論

```
┌─────────────────────────────┐
│          戦略策定             │
└─────────────────────────────┘
              │
              ▼
┌─────────────────────────────┐
│   マネジメント・コントロール    │
└─────────────────────────────┘
              │
              ▼
┌─────────────────────────────┐
│  オペレーショナル・コントロール  │
└─────────────────────────────┘
```

出典：筆者作成。

　戦略策定は，新しい戦略を意図的に作り上げることである。これに対して，マネジメント・コントロールは，策定された戦略を実行するために下位者に影響を及ぼすことである。オペレーショナル・コントロールは，特定の課業（タスク）が効果的かつ効率的に遂行されるようにすることである。オペレーショナル・コントロールは，一定のルールに準拠することによって行われるので，時にNC（数値制御）工作機械のように人を介在しないことも可能であるが，マネジメント・コントロールでは人に対する影響活動を必ず伴う。

　この伝統的なアンソニーの見解の特徴であり欠陥でもあるのは，策定された戦略を単に実行するためのものとしてマネジメント・コントロールを捉えている点にある。**図表2-3**では，戦略策定からマネジメント・コントロールへの下向きの矢印の部分がその該当箇所である。

22 第1部 管理会計の基礎

5 マネジメント・コントロール論の展開

5.1 サイモンズのコントロール・レバー論

　サイモンズによるとマネジメント・コントロール・システムには，(1) 経営理念のシステム，(2) 事業境界のシステム，(3) 診断的コントロール・システム，(4) 相互作用的コントロール・システムの4つがある (Simons, 1995)。

(1) **経営理念のシステム**　　組織全体の方向性を大まかに設定し心理的モチベーションを付与するためのポジティブなメッセージである。具体的には社是・社訓やスローガン，公式に表明される思想や経営哲学などである。

(2) **事業境界のシステム**　　組織成員の自発的な行動に対して一定の制限を設けるための仕組みであり，具体的な事業領域を定め，組織成員の自由な探索活動が許容される分野を限定する。たとえば，特定の事業や地域に資源を集中するために，それ以外の領域への参入を認めない規定などである。

(3) **診断的コントロール・システム**　　意図した戦略を効率的に実行するための手段であって，目標達成を動機づけ，その進捗状況を継続的に監視し，報酬算定の基礎となる。具体例としては予算や標準による例外管理がある。

(4) **相互作用的コントロール・システム**　　戦略を左右する重要事項について上位者が下位者へ頻繁に問いかけることによって，下位者が刺激を受けて情報収集や実験的な取組みを積極的に行い，結果として組織学習を促進しようとする仕組みである。それら下位者の自発的な取組みのなかから，新たな戦略の創発が期待される（**図表2-4**を参照）。具体例としては，部下との対話の手がかりとして予算を用いる場合などがある。

　このサイモンズのコントロール・レバー論には2つの特徴がある。第1に，たとえば同じ予算というシステムであっても，その使い方によって，診断的にも相互作用的にもなるとされている点である。アンソニーによる伝統的なマネジメント・コントロール論で想定されてきた使い方は，診断的コントロールのみである。第2に，マネジメント・コントロールは，単に策定された戦略を実行するためのものとしてではなく，戦略の創発に対しても影響しうることが明

[図表2-4] 相互作用的コントロール・システム

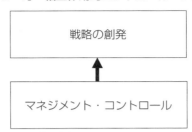

出典：筆者作成。

示的に加味されている点である。**図表2-3**のアンソニーの見解との対比でいえば、**図表2-4**のように、マネジメント・コントロールから戦略の創発への上向きの矢印が追加されることになる。

5.2 コントロール・パッケージ論

マネジメント・コントロールに関するサイモンズの理解では、効率性と創造性という両立が難しい問題に、複数の手段（4つのコントロール・レバー）を適切に操作して取り組むことが想定されている。すなわち、効率性のためには事業境界システムと診断的コントロール・システム、創造性のためには経営理念のシステムと相互作用的コントロール・システムがその役割を担い、それら複数の手段をうまく組み合わせて全体としてその両立を目指す。

このように、マネジメント・コントロールについて、それをコントロール手段の総合体（パッケージ）として全体として機能するとの理解が、最近では注目を集めている。これがパッケージとしてのマネジメント・コントロールのとらえ方（コントロール・パッケージ論）である。

5.3 マネジメント・コントロールの具体的な仕組み

コントロール・パッケージ論に基づいてマネジメント・コントロールを考えると、そこには実に多様な仕組みが含まれることになる。最も広く解釈すれば[注4]、そこには、①業績評価システムのみならず、②経営計画、③管理機構、④組織文化までもが含まれる（Malmi and Brown, 2008）。

24　第1部　管理会計の基礎

　マネジメント・コントロールの中核的な仕組みは業績評価システムであり，企業予算や報酬システムも含まれる。業績評価の基礎となる尺度としては，利益や投資利益率のような財務尺度のほか，マーケットシェア，製品品質，顧客満足度のような非財務尺度もある。財務尺度と非財務尺度を組み合わせた業績評価システムの代表例は，バランスト・スコアカード（balanced scorecard：BSC）である。

　経営計画には，短期事業計画と中長期経営計画がある。管理機構には，組織構造や，たとえば資源配分のための方針・手続きなどがある。組織文化には，経営理念によるコントロールなどがある。経営計画，管理機構，組織文化はいずれも組織成員に影響を及ぼすため，マネジメント・コントロール・システムであるとされる。

　前述のようにアンソニーによる伝統的な見解では，戦略の効率的な実行のみに焦点が当てられていたが，マネジメント・コントロールの範囲を広くとらえ，その多様な手段を適切に組み合わせて全体として機能させることによって，効率性だけでなく戦略創発などの創造性も同時に追求することが可能となる。

5.4　経営戦略とマネジメント・コントロールの関係性

　伝統的な理解では，策定された戦略を所与として，それを実行するプロセスとしてマネジメント・コントロールが位置づけられてきた。環境変化が予測可能な場合には，このような熟考的な戦略プロセスでよいが，環境変化が激しい場合には，現場での実験的な取組みや臨機応変な対応から，戦略が創発されることが重要となる。

　マネジメント・コントロールは戦略の実行を担うものであり，そのような現場での実験的な取組みにも影響するので，結果的に，新たな戦略の創発に対しても何らかの影響を及ぼしうる。たとえば，目標必達の形でタイトなコントロールを行うのであれば，意図したとおりに戦略を実行することはできても，戦略の創発はほとんど期待できないであろう。他方，コントロールしつつも，余裕資源が確保されていたり，目標からの逸脱がある程度は許容されたりする状況であれば，組織成員の創意工夫に富んだ自由な取組みのなかから新たな戦略が創発してくる可能性が高まる。

6 インテルにおける戦略創発と
マネジメント・コントロール

1968年に創立されたアメリカの半導体メーカーであるインテルでは，1980年代に，中心的な市場ポジションをメモリーからマイクロプロセッサーへと変える戦略転換が行われた（Burgelman, 2002）。当初，経営者が意図した戦略は，引き続きメモリー事業を重視しようというものであった。ところが，そのような経営者の意図に反して戦略転換が行われた。

まず，インテルでは，資源配分（工場の生産能力の配分）の基準が，製品単位当たりの利益率の大小によって決定されていた。これは希少資源である生産能力から得られる利益を最大化しようとして設定されたものであった。当初は，メモリーの利益率が高かったが，日本企業がメモリー事業へと進出し競争力を高めるにつれて，インテルでは，徐々にメモリーの利益率は低下していった。他方で，マイクロプロセッサーについてインテルは独自の市場ポジションを確立しつつあり，その利益率ははるかに高くなっていった。結果として，その資源配分の基準によって，経営者が重視したメモリーよりも，収益性に勝るマイクロプロセッサーへと，工場の生産能力が徐々に配分されるようになっていった。つまり，経営者の意向にもかかわらず，そのマネジメント・コントロール・システムに従って，現場の工場ではマイクロプロセッサーの生産へと重点が移行していったのである。

さらに，インテルでは，創業以来，オープンな討論を奨励するルール（知識に基づく意見は地位に基づく権限に勝る）が経営者自らによっても実践され，それが組織文化として定着していた。このため，経営者の考えに対して，ミドルの管理者層であっても根拠があれば異議を唱える余地があった。上記のように，利益率というデータによれば，メモリーと比べマイクロプロセッサーの市場における優位性は明らかであった。したがって，そのデータをもとにして，ミドルの管理者には経営者を説得する機会が与えられていた。

このようなインテルにおけるメモリー中心からマイクロプロセッサー中心への戦略転換について，本章で紹介した概念に基づいて考察してみる。

第1に，この戦略転換は，経営者の意図によって行われたものではなく，現

場から創発してきたものである。元々，マイクロプロセッサーは，顧客からの開発委託を受けて意図せずに生まれた製品であった。

第2に，この戦略転換に際しては，マネジメント・コントロール・システムが大きな働きをした。具体的には，利益率に基づく資源配分基準およびオープンな組織文化である。

第3に，この戦略転換に際して，マネジメント・コントロール・システムがパッケージとして機能した。すなわち，利益率はメモリーよりもマイクロプロセッサーのほうが高いという客観的データを突きつけられても，当初，経営者はそのメモリー事業へのこだわりから，なかなかその現実を認めようとはしなかった。けれども，最終的には，オープンな組織文化という伝統に従って，経営者はその見解を改めていった。つまり，資源配分基準と組織文化のパッケージによって，戦略転換がなされていったのである。

[注]

注1　コンティンジェンシー理論は，「どのような場合にも当てはまる理想的な組織構造が存在する」という命題に対し疑問を投げかけるものである。すなわち，「企業の状況要因に応じて，それにふさわしい組織構造は異なる」とされたり，「状況要因と組織構造とが適合している場合には企業業績は高い」とされたりする。

注2　当初は，戦略策定ではなく，戦略計画（strategic planning）と表現されていた（Anthony, 1965, p.15)。

注3　課業（task）コントロールとも言われるが，その対象には課業以外に，活動やプロセスも含まれるので，課業コントロールという表現は誤解を生みやすいと思われる（櫻井，2015, p.579)。

注4　より狭く，それを公式的なシステムに限定する見解もある。あるいは，公式的なものであっても，組織構造を含めない見解もある。なお，このような広義の捉え方には，問題点も指摘されている（櫻井，2015, p.210)。

[参考文献]

伊丹敬之（1986）『マネジメント・コントロールの理論』岩波書店。

櫻井通晴（2015）『管理会計〔第六版〕』同文舘出版。

Anthony, R. N. (1965), *Planning and Control Systems: A Framework for Analysis*, Division of Research, Graduate School of Business Administration, Harvard University, (高橋吉之助訳『経営管理システムの基礎』ダイヤモンド社, 1968年)。

Burgelman, R. A. (2002), *Strategy Is Destiny: How Strategy-making Shapes a Company's Future*, Free Press, (石橋善一郎・宇田理訳『インテルの戦略—企業変貌を実現した戦略形成プロセス』ダイヤモンド社, 2006年)。

de Wit, B. (2017), *Strategy Synthesis: For Leaders* (5th ed.), Cengage Learning.

Malmi, T. and D. A. Brown (2008), Management Control Systems as a Package: Opportunities, Challenges and Research Directions, *Management Accounting Research*, Vol. 19, No. 4, 287-300.

Merchant, K. A. (1985), *Control in Business Organizations*, Ballinger.

Mintzberg, H., B. Ahlstrand and J. Lampel (1998), *Strategy Safari: A Guided Tour through the Wilds of Strategic Management*, Free Press,（斎藤嘉則監訳『戦略サファリ』東洋経済新報社, 1999年）。

Porter, M. E. (1980), *Competitive Strategy: Techniques for Analyzing Industries and Competitors*, Free Press,（土岐坤・中辻萬治・服部照夫訳『競争の戦略』ダイヤモンド社, 1982年）。

Porter, M. E. (1985), *Competitive Advantage: Creating and Sustaining Superior Performance*, Free Press,（土岐坤・中辻萬治・小野寺武夫訳『競争優位の戦略―いかに高業績を持続させるか』ダイヤモンド社, 1985年）。

Shank, J. K. and V. Govindarajan (1993), *Strategic Cost Management: The New Tool for Competitive Advantage*, Free Press,（種本廣之訳『戦略的コストマネジメント―競争優位を生む経営会計システム』日本経済新聞社, 1995年）。

Simons, R. (1995), *Levers of Control: How Managers Use Innovative Control Systems to Drive Strategic Renewal*, Harvard Business School Press,（中村元一・黒田哲彦・浦島史恵訳『ハーバード流「21世紀経営」4つのコントロール・レバー』産能大学出版部, 1998年）。

28　第1部　管理会計の基礎

第3章

中期経営計画と利益計画

1　はじめに

　中期経営計画は，企業の経営戦略をもとに作成される。1973年の石油危機以前には，日本企業では通常5年の長期計画（5年〜10年）が多くの企業によって設定されていた。しかし，ビジネスの先を読めなくなった1970年代初頭以降は，通常は3年の中期経営計画を導入する企業が増えてきた。現在では，中期計画と言えば，3年に定着している。中期経営計画を受けて，年度の総合計画としての利益計画（1年）が立案される。利益計画をもとに，予算が編成される。

2　中期経営計画と利益計画の経営上の役割

2.1　中期経営計画と利益計画の役割

　中期経営計画は，今後3年間に亘る達成可能な製品別，地域別の売上高，収益・費用計画として設定する企業が多くみられる。中期経営計画が企業において果たしている役割は，経営戦略を実現すべく，製品戦略として実現可能な計画となることである。

　利益計画については，NAA（1964, pp.12-16）から長期利益計画の著書（および翻訳）が出版されたこともあって，長期利益計画を立案する企業が多くみられたが，石油危機以降は長期利益計画を設定する企業が激減し，利益計画といえば，1年の利益計画を含意することが多くなっている。その理由は，日本では1970年代以降は経済環境の変化が激しくなり，長期にわたる利益の見通しが困難になってきたからである。

2.2 中期経営計画，利益計画の実態

産業経理協会の調査（2016, pp.14-33）によれば，現在，長期経営計画を立案している企業は，わずか18.8%（181社中34社）でしかなかった。他方，中期経営計画を策定している企業は，87.2%（180社中157社）であった。

利益計画（短期利益計画）の立案をしている企業は7割弱（68.5%：184社中126社）であったのに対して，予算管理を実施している企業は100%に近い数値（98.9%：184社中182社）であった。

2.3 期間計画とプロジェクト計画

中期経営計画，利益計画，予算はいずれも期間計画である。既述のとおり，通常，中期経営計画は3年の，利益計画は1年の計画である。予算編成も1年を基準とした計画である。

企業では，このような期間計画の他に，各種のプロジェクト計画がもたれる。設備投資計画，新製品計画，技術開発計画，要員計画などがそれである。これらの計画はプロジェクトの性質によってその期間が異なる。10年の設備投資計画もあれば，7年の設備投資計画もあるといった具合である。予算管理の主要な役割の1つは業績評価にあるのに対して，プロジェクト計画では計画設定のプロセスで各種の意思決定が重要になることから，前者を中心に業績評価会計，後者を意思決定会計として特徴づけることもある。

3 中期経営計画と利益計画における企業価値の創造

3.1 中期経営計画と利益計画における企業価値のあり方

企業価値をもって株主価値と解するとともに，企業の主目的は株主の利益を増大することが企業の目的だとする見解がある。他方，企業にとって株主は大切であるが，企業は顧客，従業員，株主，銀行，取引先，社会など多様なステークホルダーのための存在であるとみる見解もある。後者の見解によるときには，企業価値は株主価値の向上だけではなく，組織価値（例：社員教育），社会価値（例：社会貢献），顧客価値（例：顧客満足），経済価値（例：利益）から

30　第1部　管理会計の基礎

なると考える。また，利益計画では，適正利益の確保を目指すことになる。

　中期経営計画と利益計画の立案においては，事業計画のポートフォリオのなかでどの事業を推進すべきかの選択に当たって，株主価値だけを追求すべきか，それとも多様なステークホルダーの企業価値を高めるかの検討も求められる。

　多くの企業では，経営計画で扱う対象は，**図表3-1**のように，複数の事業のポートフォリオと本社機能となる。

[図表3-1]　本社機能と事業ポートフォリオ

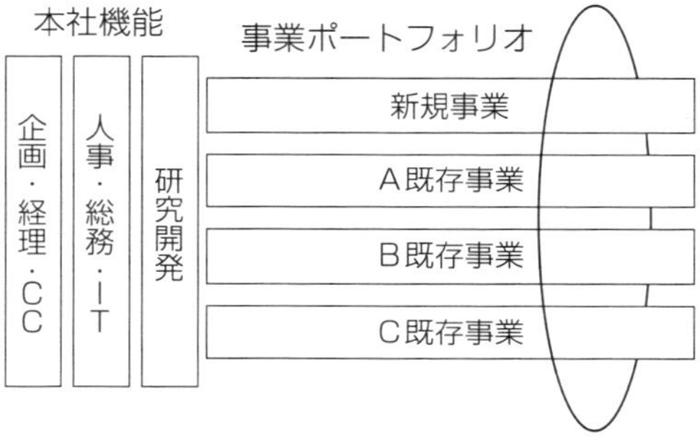

本社機能　　事業ポートフォリオ

企画・経理・CC　　人事・総務・IT　　研究開発

新規事業
A既存事業
B既存事業
C既存事業

※CC：Corporate Communication，IT：Information Technology
出典：筆者作成。

　より具体的に計画の対象をみてみると，事業ごとの計画や詳細な計画では，その事業における製品・サービス，市場・顧客，生産拠点がどのようであるかという現状を捉え，今後どのような姿を実現するかとその実行方法であるビジョンおよび戦略を前提にそれを具体化する（**図表3-2**）。

　商品・顧客・地域という事業領域（ドメイン）には，その企業や事業が作り出す顧客提供価値と，生産や研究開発，営業・マーケティングの仕組みであるビジネスモデルが含まれる。競争相手との関係といった事業環境の現状を踏まえ，それらのビジョン・戦略を計画で具体化する。

　事業や事業領域，商品，顧客，地域，技術，生産といった区分は，実は，利益計画にも関連する。商品や顧客はそれぞれ，利益の構造が異なる。商品が異なればもちろん材料や価格は異なるし，同じ商品でも異なる価格がつく。とはいえ，類似の商品や顧客も存在するし，まったく特徴が異なるものもある。それらをある程度の類似性でくくった単位が，次頁の事業その他の区分である。

[図表3-2] 計画対象となる顧客提供価値とビジネスモデルという範囲

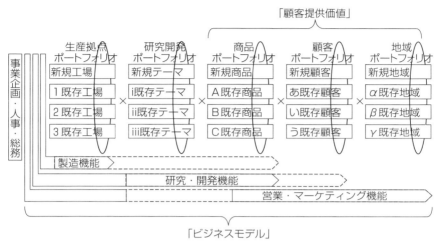

出典：筆者作成。

3.2 経営戦略，中期経営計画，利益計画，予算の関係と中長期目標

　経営戦略に立脚して中期経営計画が立案され，これに基づいて利益計画が設定され，それをもとに予算が編成されると述べた。これは**図表3-3**上側のように示すことができる。利益計画と予算の関係については，第4章でも説明する。

[図表3-3] 計画立案の流れ（その1）：一般的な流れ

出典：筆者作成。

　図表3-3下側は，中長期目標の位置づけである。経営戦略を策定することで中長期ビジョンが定まり，そして中期経営計画が策定されるのが一般的な流れとなる（①）。しかし，中長期目標は経営戦略だけによって決まるわけではなく，その企業に予想される業績が，ステークホルダーの期待する水準やその

業界や事業に求められる水準を下回っている場合には、経営戦略やその事業の実力と関わりなく、ストレッチな目標が求められる。その場合には、経営戦略の立案の前に、特に財務的な中長期目標（値）を仮にでも設定する必要がでてくる（②）。さらには、中期経営計画を立案している時点で中長期経営目標を調整しなければならない状況もありうる。それが③である。

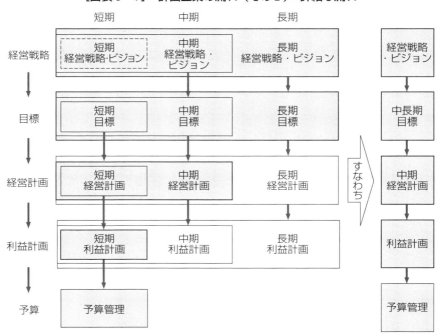

[図表3－4] 計画立案の流れ（その2）：詳細な流れ

※この場合の予算は、短期の総合期間計画としての予算のこと。
　設備投資のための資本予算といった長期にわたる計画は存在するが、図には示していない。
出典：筆者作成。

戦略から予算管理に至るまでの計画立案の流れは、**図表3－4**のとおりである。ただし、しだいに事業の先が見通しづらくなってきたことで、現在では長期経営計画や長期利益計画は作られなくなり、現在では**図表3－4右**（**図表3－3**と同様の流れ）のように計画が立案されるようになった。

第3章　中期経営計画と利益計画　33

4　利益計画の活用

　利益計画（profit planning）は，中期経営計画を前提に，現在では通常，1年計画として編成される。利益計画における利益目標は，利益額（売上総利益，営業利益，経常利益など），売上高利益率，資本利益率（ROI）などで表される。

4.1　CVP関係と利益

　中長期の経営戦略とその戦略に基づく施策を前提にして利益計画を立案するにあたり，しばしばCVP（cost volume profit）関係が活用される。CVP関係とは，製品・サービスの生産・販売量あるいは売上高といった操業度（ボリューム）に，変動費，利益が比例する関係である。ここでは操業度を売上高と考える。また総費用は変動費と固定費に分けられる。

　このCVP関係は便利なツールであるが，同時に，とても簡単な計算で成り立っている。以下でそれを示していく。

　　　　売上高－総費用＝利益　　　　　　　　　　　　　　　　　　式(1)

　総費用は変動費と固定費に分かれるので，

　　　　売上高－（変動費＋固定費）＝利益　　　　　　　　　　　　式(2)

　固定費を右辺に移すと，

　　　　売上高－変動費＝固定費＋利益　　　　　　　　　　　　　　式(3)

　売上高と変動費は，操業度である売上高に比例関係にある。したがって，「売上高－変動費」から計算される利益も売上高に比例する。この利益を限界利益（marginal income）と呼び，限界利益÷売上高は限界利益率である。単位当たり限界利益ないし貢献利益は，操業度が1単位増えるといくら利益が増えるかを示す重要な指標である。

　　　　限界利益＝固定費＋利益　　　　　　　　　　　　　　　　　式(4)

　さて，式(3)は以下のように変形できる。

$$\text{売上高}\left(1 - \frac{\text{変動費}}{\text{売上高}}\right) = \text{固定費} + \text{利益} \qquad 式(5)$$

　変動費÷売上高は変動費率である，以上から，売上高は，式(6)のように固定費，変動費率，利益という3つの要素から導き出せることがわかる。なお，

34 第1部 管理会計の基礎

限界利益率は（1－変動費率）であるので，式(7)のようにも表すことができる。

$$売上高＝\frac{固定費＋利益}{1－変動費率} \qquad 式(6)$$

$$売上高＝\frac{固定費＋利益}{限界利益率} \qquad 式(7)$$

式(3)の左辺の利益を右辺に移項すると，売上高－変動費－利益＝固定費になる。右辺を売上高でくくると，式(8)が導かれる。

$$売上高\left(1－\frac{変動費}{売上高}－\frac{利益}{売上高}\right)＝固定費 \qquad 式(8)$$

利益÷売上高は売上高利益率である。また，変動費÷売上高は変動費率である。それゆえ，売上高は式(9)で表すことができる。

$$売上高＝\frac{固定費}{1－変動費率－売上高利益率} \qquad 式(9)$$

式(6)，(9)において利益や売上高利益率がゼロのとき，以下の式(10)が導かれる。CVP関係において利益や利益率がゼロになる操業度（ここでは売上高）を，損益分岐点（break-even point）と呼び，この計算式によって損益分岐点における売上高を導くことができる。

$$損益分岐点売上高＝\frac{固定費}{1－変動費率} \qquad 式(10)$$

なお，損益分岐点売上高の比率を，損益分岐点比率と呼ぶ。

また，財務的な安全性を把握するために安全余裕率を使う。安全余裕率は，損益分岐点比率を使って以下のように表すことができる。

$$安全余裕率＝1－損益分岐点比率 \qquad 式(11)$$

たとえば損益分岐点比率が70％なら安全余裕率が30％で，売上高が20％下がってもまだ利益がでる。一方，損益分岐点比率が90％なら安全余裕率は10％しかなく，したがって売上高が20％下がると赤字になる。

なお，第9章では，経営分析の立場から改めて簡単に利益計画の説明と，損益分岐点と利益図表，直接原価計算との関係，目標ROEに基づく利益計画の計算例を示している。参照されたい。

4.2　CVP関係の利益計画への活用：売上高，費用，利益の作り込み

　これらのCVP関係式を利益計画に活用する。CVP関係式を使えば，目標となる利益額や利益率が存在する場合に，たとえばその目標利益の達成に必要な売上高を算定できる。一方で，予想される売上高がわかれば，固定費ないし変動費率に許される上限が捉えられる。特定の利益（率）の値を目標としたときに，売上高や固定費，変動費率に求められる値がきまる。

　まず目標売上高の算定から説明する。目標を利益額にする場合，式(6)について，固定費と変動費率をそれぞれ予定固定費と予定変動費率とすると，目標利益達成に必要な売上高が算定できる。

$$必要売上高 = \frac{予定固定費 + 目標利益}{1 - 予定変動費率} \qquad 式(12)$$

　また目標を売上高利益率とするなら，式(9)を式(13)のように表すことができる。

$$必要売上高 = \frac{予定固定費}{1 - 予定変動費率 - 目標売上高利益率} \qquad 式(13)$$

　ここで目標利益の達成を目指す式(12)において，必要売上高達成が困難で，予想売上高が前提となれば，予定変動費率と予定固定費に必要な削減幅も捉えられる。そうなると，今度は，実際にそれらの数値が達成可能であるかが問題となる。目標売上高利益率の場合も，同様の考え方となる。

　しかし，企業は競争市場のなかにあり，また株主や従業員をはじめする多くのステークホルダーの期待に応えなければならないと考えると，目標利益率の達成は容易ではない。

　だからこそ，それらの達成のために経営戦略や施策という経営上の工夫が必要になる。そういった工夫が考案できたら，売上高，固定費，変動費率を再計算する。その再計算によって，目標としている利益や利益率が達成できるかどうかを確認する。

　この検討に使う計算式は式(5)の変形である。利益については以下の式(14)ないし(15)である。

$$利益 = 売上高 \times (1 - 変動費率) - 固定費 \qquad 式(14)$$

36　第1部　管理会計の基礎

$$\text{利益} = \text{売上高} \times \text{限界利益率} - \text{固定費} \qquad\qquad \text{式(15)}$$

売上高利益率については式(16)，(17)を使い，それが達成できるかを確認する。

$$\text{売上高利益率} = 1 - \text{変動費率} - \frac{\text{固定費}}{\text{売上高}} \qquad\qquad \text{式(16)}$$

$$\text{売上高利益率} = \text{限界利益率} - \frac{\text{固定費}}{\text{売上高}} \qquad\qquad \text{式(17)}$$

これを繰り返し，経営戦略や施策を含めた1つの利益計画に仕上げていく。

4.3　直接原価計算の利益計画への役立ち

　直接原価計算（direct costing）は，原価を，操業度と正比例的に変動するものと固定的なものとに区分し，原価計算上の手続きは変動直接費および変動間接費をもって製品原価の計算を行う。原価計算制度では，製品原価の計算は全部原価計算によって行われ，主に直接原価計算は管理会計目的で実施される。

　ただし，前項における費用の固定と変動への分解は，製造原価に限らない。売上原価，製造原価だけでなく，販売費及び一般管理費といった総費用が対象となる。なお，費用の固定と変動への分解において，変動費，固定費だけではなく，準変動費，準固定費もあるが，ここでは解説を省略する。

　直接原価計算の利用目的は，利益計画への活用，個別施策・計画の意思決定，価格設定，原価管理にある。

4.4　利益計画の流れ

　利益計画を設定するにあたっては，**3.1**で述べたように，事業別に利益計画を設定するのに適切な単位ごと，すなわち事業ごとや商品，顧客，地域，生産拠点といった区分の設定が必要になる。端的に言えば，程度の差こそあれCVP関係が利用しやすい区分が必要になる。

　広義の利益計画の流れは，①目標利益（率）の仮設定，②財務・利益構造の確認，③利益計画の実施，④経営戦略・施策の利益計画への組み込み，⑤事業リスクとリスク対策の検討である。③および④がCVP関係を使った狭義の利益計画である。

　具体的には以下のとおりである。まず1つ目のステップの「利益目標の仮設

定」は，当初に経営戦略，中長期目標，中期経営計画といった方向性をうけた
ガイドラインとしての目標に基づき，目標利益（率）を仮設定する。

第2の「財務・利益構造の想定」では，実績情報を参考にして予想の売上高，
予定固定費，予定変動費率を捉え，財務・利益構造を想定する。現状のビジネ
スモデルや予想される事業環境の変化を前提とした翌年以降の財務・利益構造
の見積りである。現実にはこの段階では目標利益（率）達成に届かないことが
多いが，逆に達成できるなら5つ目のステップに進めばよい。

第3の「利益計画の立案」では当初の仮目標である目標利益（率）を置き，
CVP関係に基づく式(12)，(13)を活かすなどして，必要売上高と予想される売
上高のギャップや，固定費や変動費率に求められるレベルと予定の値との
ギャップを検討する。これらのギャップが小さければ第5ステップに進んでよ
いが，ギャップが大きければ，その克服のためには経営戦略・施策の追加や修
正，改善が必要となる。

第4の「経営戦略・施策の利益計画への組み込み」は，経営戦略・施策を追
加し修正する場合に行う。これらの経営戦略・施策を実行した場合の売上高・
費用・投資等による財務的な効果を検討したうえで，それを初期の財務・利益
構造に組み込んで，新しい構造をつくる。このときCVP関係式(14)から式(17)
を使う。ギャップが克服され，目標利益（率）が達成される見込みになればよ
し，そうでなければ経営戦略・施策の再検討や追加が必要になる。このステッ
プは繰り返し行われることが多い。

最後の5番目の「事業リスクとリスク対策の検討およびリスク実現時の対応
準備」では，環境の改善や競争相手の参入などで売上高，価格，数量，コスト，
投資が変化するとしたらどうなるか，現時点でどんな対策を考えるか，実際に
起こったときにはどう対応するかといったことを検討する。リスクを真剣に検
討すると，経営戦略や施策の不足が露呈し，また前のステップに戻る必要があ
るが，それは現実を認識することであり，健全な経営管理だと言える。

4.5　中期経営計画と利益計画の関係，そして利益計画と予算の関係

中期経営計画と利益計画の関係については，経営戦略が中期経営計画におい
て実行計画として具体化され，その中期経営計画に基づき利益計画が作られる

38　第1部　管理会計の基礎

と述べた。予算との関係では，利益計画が予算編成方針という予算編成のためのトップダウンの指針となり，それをうけて各部門がボトムアップで予算編成を行う。しかしこの流れは必ずしも一直線ではなく，前の段階に戻ることも多い。これは4.4の流れを確認すればわかる。

　実際，利益計画段階で目標利益（率）が達成できないとわかったとき，利益計画から経営戦略や中期経営計画の策定に戻る。経営戦略や施策が不十分だからである。いくら利益を計算しても答えは出ない。また予算編成の段階から利益計画に戻るのは，ボトムアップで予算を積み上げても，当初の利益計画上の目標利益（率）が達成できないと判明したときである。その場合でも結局，経営戦略や施策が不十分であり，やはり利益計画からさらに前段階に戻る。

　利益計画段階で目標利益（率）が達成できないと考えれば，目標利益（率）を引き下げるという対応もできる。そうすれば計算上の辻褄はあう。しかし目標利益（率）を含む目標が，ステークホルダーからの要求レベルを前提にして作られていれば，その当初の本来の目標をないがしろにすることはできない。

　とはいえ現実的ではない利益（率）を目標にし続けるよりも，確実に達成を約束できるように目標を引き下げ，本来の目標については今後達成できるように努力する方針もある。一方で，本来の目標は引き下げずに達成を目指すという判断もある。この場合，現状では達成困難な目標なのだから，経営戦略や施策を継続して検討することが必要になる。経営陣はどちらの道を選ぶかを決めたうえで，社内外に説明して理解を求める必要がある。

5　中期経営計画の更新とレビュー

5.1　中期経営計画の更新

　中期経営計画の更新の方法には，従来から固定方式とローリング方式がある。固定方式とは，計画期間が終了したら次の計画期間の開始となる形態である。

　たとえば計画期間が3年の場合，固定方式では，まず第1期の中期経営計画が1年目から3年目まで実行され，その最終年度に第2期の中期経営計画が策定されて，4年目から6年目まで実行される。一方，ローリング方式（rolling-stone method）では，毎年，一定の計画期間の計画をつくる。上記と同じ計画

期間3年の場合，毎年，期間3年間の中期経営計画がつくられ，その計画の初年度の短期利益計画が，予算編成方針に反映される。

環境の変化があまり激しくない環境に置かれている企業は固定方式をとり，環境変化が比較的大きい場合には，ローリング方式をとることが多い。しかしそれぞれにメリットとデメリットがある。固定方式のメリットは，固定方式では計画期間という一定の間，同じ中期経営計画が継続して使われるため，変わらない目標や内容を基礎にすれば，組織や組織成員が個々の目標の設定や目標達成のための行動が行いやすく，また目標と内容，実績を比較がしやすい。しかしこのメリットは，内外の環境変化によって，当初の計画が現実に合わないものになってしまうとデメリットにかわり，まったく意味のない計画になる。

一方で，ローリング方式のメリットは，毎年計画を作り替えるため，環境変化には適応しやすいことである。しかしデメリットは，毎年，中長期の目標や内容が変わるため，実績と比較する目標がいくつも生まれてしまい，中長期の振り返りが難しくなる。また，中期経営計画立案の回数が固定方式の数倍になり煩雑さと工数が格段に増えることである。

固定方式でも，現実には環境変化への対応が必要になるため，期間は固定しておくが内容を毎年や必要に応じて修正したり，大きな環境変化があった場合には新しく中期経営計画をつくるといった方法をとっているのが大半である。

5.2 中期経営計画のレビュー

年度の経営管理を担う予算制度では，予算実績の比較やそこでの問題解決についてのレビューは，多くの場合月次に行う。それに対し，期間3年でつくられる中期経営計画の実行状況のレビューは，四半期ごとや半期ごとに行う。

この中期経営計画のレビュー時には，①事業環境変化と従来の経営戦略の実行状況を前提とした計画期間における業績予測ないし計画期間にかかわらない一定の期間後の業績予測，②業績予測の根拠である従来の経営戦略の実行状況と実行における問題とその解決策，③それらに基づく経営戦略・ビジョンや目標の妥当性と，経営戦略や施策の充足度についての判断，④新しい経営戦略やビジョン，新しい施策の検討がなされる。

実際，①の短期中長期の業績予測が，年度予算や中長期目標と大きく乖離す

40　第1部　管理会計の基礎

る場合には，予算の組み直しや中長期目標の変更が必要になるし，中期経営計画の作り直しも必要になる。これは④にあたる。業績予測と目標の乖離が小幅でおさまる場合には，予算上の目標や中長期目標の変更は行わず，戦略や予算の中身を変えるだけで対応できる。これで中期経営計画が修正されたことになるが，実務的にはあえて修正の事実も内外に行わないこともある。

6　味の素㈱グループの3つの中期経営計画策定事例

　本章では中期経営計画（以下，中計とする）事例として，経営戦略・ビジョンという内容面ではなく定量的目標面に焦点を当て，味の素㈱の例をあげる(注1)。

　味の素㈱グループは，2011年度〜2013年度，2014年度〜2016年度，2017年度〜2019年度という期間3年間の固定式の中計の策定・実行を続けている。各中計では各中計期間内の目標だけでなく，それ以降の長期の目標（実際には「目指したい姿」。コミットメントではないことを示していると考えられる）が設定されている。これは財務指標の長期目標である。**図表3−5**には3つの中計における中長期の目標をまとめ，実績値も示した。

　財務指標の項目の主なものは，営業利益，営業利益率，ROE（return on equity，自己資本利益率），EPS（earning per share：1株当たり純利益），株式時価総額である。当初の中計にはなかったEPSや時価総額の指標が加わってきたのは，株主利益重視のあらわれであろう。2017−2019中計ではブランド価値指標や非財務指標も拡充されている。非財務指標としては，ESG（environmental, socialand governance：環境，社会，ガバナンス）を反映し，味の素㈱グループらしい指標が設定されている。

　目標ないし目指したい姿の財務指標値は，2011-2013中期経営計画では，中期経営計画期間の最終2013年度（3年後）と，2016年度（6年後），達成年度を決めない長期の「目指したい姿」の3つを設定している。2014-2016中期経営計画では，最終2016年度（3年後）と2020年度以降（7年後以降）の「目指したい姿」の2つを設定している。「目指したい姿」の指標値は2011-2013中計と同じである。直近2017年2月発表の2017-2019中期経営計画では，最終2019年度（3年後）と2020年度以降（4年後以降）の「目指したい姿」の2つを設定

[図表3-5]　味の素グループの3つの中期経営計画における中長期の目標

	中長期のビジョン									
	定性の目標		定量の目標（及び実績）							
	言葉でのビジョン・目標表現	相対的・順位表現	指標	2010年度 2011/3期	2013年度 2014/3期		2016年度 2017/3期		2019年度 2020/3期	2020年度 2021/3期
				（実績）	目標	（実績）	目標	（実績）	目標	目標
2011-2013年度中計（2011発表）	確かなグローバル・カンパニーへ	グローバル食品メーカートップ10へ	営業利益	694億円	870億円	620億円	1000億円+α	815億円	–	1500億円～
			営業利益率	6.8%	7%	6.1%	8%	7.4%	–	10%～
			ROE	5.0%	8%	7.1%	10%	7.4%	–	10%～
			EPS	43.6円	–	70円	–	77.83円	–	–
			時価総額	–	–	–	–	–	–	1.5兆円～
2014-2016年度中計（2014発表）	確かなグローバル・スペシャリティ・カンパニーへ	グローバル食品メーカートップ10へ	営業利益	694億円	–	620億円	910億円	815億円		1500億円
			営業利益率	6.8%	–	6.1%	8%	7.4%		10%
			ROE	5.0%	–	7.1%	9%	7.4%		10%～
			EPS	43.6円	–	70円	100円	4.2%成長 77.83円		150円
			時価総額	–	–	–	1兆円～	1.3兆円		1.5兆円～
			ブランド価値	–	–	–	–	US$650百万		–
2017-2019年度中計（2017発表）	確かなグローバル・スペシャリティ・カンパニーへ	グローバル食品企業トップ10クラス入りへ	営業利益	694億円	–	620億円		815億円	1240億円	1370億円
			営業利益率	6.8%	–	6.1%		7.4%	9.8%	10%
			ROE	5.0%	–	7.1%		7.4%	–	10%～
			EPS	43.6円	–	70円		4.2%成長 77.83円	–	年二桁成長
			時価総額	–	–	–		1.3兆円	–	1.5兆円～
			ブランド価値	–	–	–		US$650百万	–	US$1500百万～

出典：味の素㈱社資料（注）から筆者が作成。

している。ただ，2020年度（2021年3月）は今から4年後であり，それ以前の中計の「目指したい姿」の財務指標値と比べて，より現実的な値に調整されている。このように味の素㈱では，2016年や2020年という期限を固定した長期目

標を設定した上で，固定の中期計画を複数回続ける形式をとる。

　味の素㈱グループでは，長期の定性目標と定量の財務目標，すなわち長期目標が極めて一貫している。それには資本市場も安心できるし，社員も安心して目標を目指すことができる。

　すでに期間を終了している2つの中期経営計画の目標と実績を比べると，両方とも目標を達成できていない。それは味の素㈱としては残念なことだろう。しかし目標未達成は，批判の対象というより，ストレッチな目標を提示した勇気を顕彰すべきことかもしれない。目標とは，業績をできる限り向上させるために設定するものであって，株価予測のための道具ではない。投資家やアナリストが目標未達成を批判する理由が，会社が提示した目標を基準に株価を高く予想し，実績が低くなった結果として株価が下がることに起因しているなら，自らが企業の実力が読み取れなかったわけであり，かなり身勝手な批判である。

　実際，味の素㈱の実績の利益水準はしだいに向上している。また**図表3-5**は中期計画最終年度の目標と実績の比較であるが，それ以外の年度には実績が目標を上回ったタイミングもある。企業の業績は内外から建設的に対話的に批判すべきであるが，その批判の理由は，実績が業界における平均的なTSR（total shareholder return：株式総利回り）^{（注2）}といったベンチマークより低かったり実績が改善していない場合であって，目標未達成ではない。その意味で，同社の業績は評価されてよい。

　なお，経営戦略・ビジョンの内容面を補足すると，味の素㈱の中期経営計画の外部発表は，他社と比較して極めて詳細で，とても参考になる。アミノ酸に関連する技術を強みに商品業界でも独自の地位を確立しており，また経営陣が情報開示に前向きだからこそ，戦略的な情報がかなり具体的に示されている。

7　ま　と　め

　本章ではまず，中期経営計画と利益計画について，経営における役割と実態，意義を明らかにした。そして経営戦略，中期経営計画，利益計画，予算の関係を，中長期目標との関連を含めて解説した。利益計画については特に，活用の前提となるCVP関係，そして直接原価計算の役立ちを説明したうえで，実際の計画立案の流れを示した。中期経営計画の更新やレビューについても解説し

第3章 中期経営計画と利益計画 43

た。

　中期経営計画の好事例として，味の素㈱グループのケースを示した。同社グループの3期にわたる中期経営計画では，長期的な目標をあげている。同社はまだそのレベルには至ってはいないようであるが，この数年来，着々と実績を向上させてきている。

［注］

注1　味の素㈱の情報は以下の資料による（それぞれ2017年6月10日閲覧）。
　　　・2011-2013，2014-2016，2017-2019の「中期経営計画説明会社長プレゼンテーション資料」https://www.ajinomoto.com/jp/ir/event/midium_term.html。
　　　・「統合報告書2016」https://www.ajinomoto.com/jp/ir/library/annual.html。
注2　TSR（株式総利回り）は，株式を購入したときの投資対効果を示す。ある時点に購入された株価を投資と考え，一定期間後までに得られたキャピタルゲインとその期間内の配当からのリターンを合わせた金額を効果としたときに計算される投資対効果をいう。

［参考文献］

青木茂男（1976）『現代管理会計論』国元書房。
櫻井通晴（2015）『管理会計〔第六版〕』同文舘出版。
産業経理協会「企業予算制度」調査研究委員会編（2016）『産業經理・別冊　調査シリーズ
　　Ⅳ　わが国企業における予算制度の実態調査報告書』産業経理協会。
GSIA（2016），*Global Sustainable Investment Review*，GSIA.
NAA（1964），Long-Range Profit Planning, *NAA Research Report*, No.42.

44　第1部　管理会計の基礎

第4章

予算管理

1　予算管理の意義と予算の機能

　利益計画は，トップマネジメントの基本方針や経営戦略を会計数値で表現したものである。企業予算（一般に，予算と言う）は，業績管理を目的として，利益計画で示された基本的枠組みをもとに，部門責任者による参加を求めながら，企業全体として整合性のある業務執行計画として編成された経営管理の手法である。

1.1　予算管理とは

　企業予算は，企業の経営活動の計画を計量的に表現したマネジメント・コントロールの手法である。企業予算は，主に予算編成と予算統制から構成される。伝統的な呼称であった予算統制と区別するため，企業予算のことは，最近では，予算管理（budgeting, budgetary planning and control）と呼ばれている。予算は短期的な利益目標を成功裏に達成するための総合的管理の手法である。予算は利益計画を財務数値によって表現したものである。予算管理は予算目標を設定し，それを達成するためのプロセスを指す。わが国のほぼすべての企業（産業経理協会の調査では99.8%）で予算管理を実施している。

　予算編成では，どこに，どれだけ資源を投入するかを計画する。その際には，全体最適化の観点から部門間の調整や他の計画との整合性が図られる。予算統制では，予算目標達成の進捗状況を確認するために定期的に予算と実績とを比較し（予実比較），予算差異を明らかにし，差異の原因が分析されて必要に応じて是正措置がとられる。ときに予算の統制機能を強調するために，予算管理

は予算統制（budgetary control）とも言われる。予算は業績評価基準としても採用され，動機づけの手段ともなる。

1.2 利益計画と予算の関係

利益計画と予算編成との関係について，2つの見解がある。第1は，利益計画は予算編成の過程そのものに直接織り込ませて設定されるべきであって，予算編成自体が利益計画の具体的手段であるとする。第2は，経営戦略会議を中心としてあらかじめ利益計画を立て，それから予算編成方針を定め，それに基づいて各部門を中心にして部門予算を編成する。

第1の方式では，トップマネジメントの意向がそのまま予算の編成に繋がる反面，現場の声を経営に反映しにくい。他方，第2の方式では利益計画を予算編成に反映するとともに，部門責任者は現場の声をより効果的に反映させることができるようになる。日本企業の実態は，従来は「短期利益計画を予算編成の基礎としている」企業が多数を占めていたが，最近ではアメリカ企業のように，「短期利益計画を予算としている」企業が増加傾向にある。

2 予算管理と責任会計制度

2.1 責任会計制度とは

責任会計（responsibility accounting）とは，会計制度を管理上の責任に結び付け，職制上の責任者の業績を明確に規定し，経営管理上の効果をあげるように工夫された会計制度である。

責任会計制度では，責任センター別に業績が測定・記録され，定期的に予算と実績を比較した報告書が責任センター（responsibility center）の管理者に提供される。その情報を各責任センターの管理者が是正措置をとるかどうかの判断材料とする。責任会計制度では，責任センターに焦点を当てて，管理可能下にある業績の結果を計画値である予算と対比・測定する。

2.2 責任センター

典型的な責任センターは，原価センター，利益センター，投資センターに区

46　第1部　管理会計の基礎

分される。

　原価センター（cost center）は，原価目標の達成に管理責任を有する責任セ
ンターである。自己の管理下にある部門で発生した原価にのみ責任を負う組織
である。製造部門や工場などは原価センターの例である。

　利益センター（profit center）は，利益目標の達成に管理責任を有する責任
センターで，原価だけでなく収益に対する管理責任をもつ。事業部制組織は利
益センターになる。

　投資センター（investment center）では，経営者は原価や利益だけでなく，
投資効率も管理対象になる。投資権限を付与された事業部や，カンパニー制に
おける各カンパニーが投資センターになる。投資センターの業績目標としては，
投資利益率（return on investment：ROI）や残余利益（residual income：RI）が
活用される。

　以上，原価センター，利益センター，投資センターの関係を図示すると，そ
れぞれの責任センターでの評価の関係は，**図表4-1**のようになる

[図表4-1]　責任センターと評価の重点

センター	評価の重点
原価センター	原価
利益センター	利益＝収益－原価
投資センター	投資利益率＝利益／投資額×100

出典：筆者作成。

3　予算管理のプロセス

　予算管理のステップを示すと**図表4-2**のようになる。すなわち，①短期利
益目標の設定，②予算編成方針の示達，③部門予算の編成，④実施，⑤予算と
実績の比較（予実比較）と差異分析，⑥是正措置の各ステップである。

　図表4-2に示すように，予算編成は経営トップが策定した予算編成方針か
らスタートする。予算編成方針は経営トップが来たるべき予算期間について抱
いている経営見通しの大枠を示した意思表明書である。利益計画に基づいて全
社的な視点から作成される。予算編成方針では，来期の売上高目標や利益目標，

設備投資計画，資金調達計画などが示される。通常，予算期間は1年であるが，半年や四半期とする企業もある。

[図表4-2] 予算管理プロセス

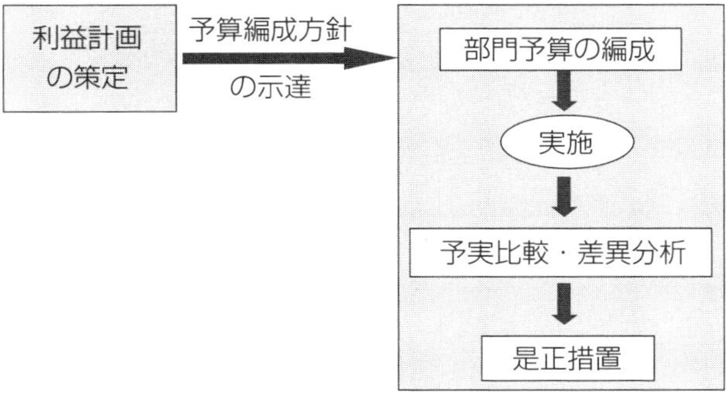

利益計画
の策定

予算編成方針
の示達

部門予算の編成
↓
実施
↓
予実比較・差異分析
↓
是正措置

出典：筆者作成。

　予算編成は調整のプロセスでもある。全社的な「目標利益」（当期純利益や自己資本利益率（ROE）など）を達成するためには部門間の行動計画が整合性をもっていなければならない。その整合性を図るための手法こそが予算なのである。つまり，予算は各部門が目標利益という共通の到達点に向かって業務を進めていくための具体的な数値目標となる。**図表4-3**に示すように，予算は利益目標をブレークダウンしたものであるから，経営トップによる予算編成方針との整合性が取れていなければならないし（垂直的調整），各部門予算間での調整（水平的調整）がなされていなければならない。このようにして，全体最適化が図られることになる。予算は人間の行動を制約するという意味でときにス

[図表4-3] 予算の整合性と調整

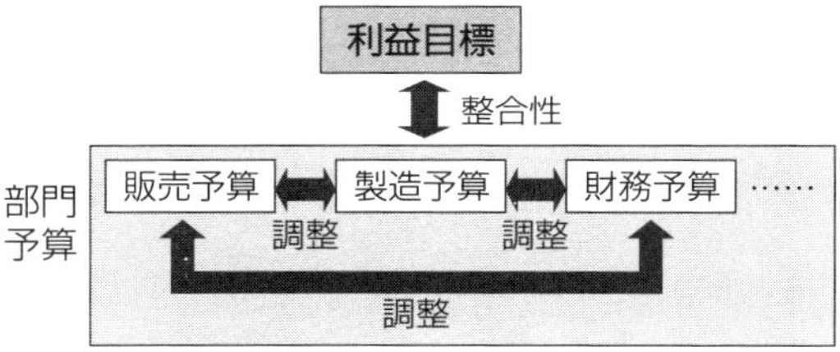

利益目標

整合性

部門
予算

販売予算 ←→ 製造予算 ←→ 財務予算 ……
調整　　　　　調整
調整

出典：筆者作成。

トレート・ジャケット（拘束衣）と揶揄されることもあるが，上手に活用すれば，目標を達成するためのすぐれた管理道具となる。

予算管理プロセス（P.46参照）において，④〜⑥のステップが予算統制である。予算目標の達成度合いは定期的（たとえば1カ月ごと）に把握され，その結果は予算執行責任者に報告される。この予実比較による予算目標値との差異は予算差異であり，必要に応じてその原因が分析され是正措置がとられる。

4　予算編成の手順と流れ

4.1　予算編成の手順

予算編成の手順には，トップダウン型予算，ボトムアップ型予算，および折衷型予算が考えられる。トップダウン型予算は経営トップがすべての予算を編成し，それらを部門に伝達する，割当て型予算となる。これに対して，ボトムアップ型予算は部門で自主的に編成し，それを積み上げて予算を作成する。折衷型予算はトップダウン型予算とボトムアップ型予算の両者の編成手順を加味したものとなる。**図表4-4**は折衷型予算の一例を図示したものである。

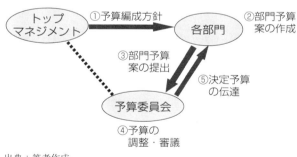

［図表4-4］　予算編成の手順（折衷型予算）

出典：筆者作成。

図表4-4では，まず経営トップが来期の売上目標や利益目標，経済見通し，経営方針などからなる予算編成方針を策定し，各部門に提示する（①）。各部門は予算編成方針に基づいて自部門の予算案を編成する（②）。続いて，各部門から提出された部門予算案（③）を総合し，トップや部門長が参加する予算

委員会やヒアリングによって審議・調整が図られ（④），最終的に予算が確定し，決定予算が各部門に伝達される（⑤）。部門予算案の総合化や調整は経理部予算課などが担当する。

トップダウン型の予算編成は経営トップの意向が全面的に反映され，部門間の調整のための時間を要しないので迅速に予算が編成できるものの，各部門の要望が反映されないため，場合によっては現場情報が入手できず現実味の欠けた予算が編成されたり，下部層の不満が強まる恐れもある。これとは逆に，ボトムアップ型の予算編成は，下部層の要望や現場情報を反映した予算を編成できる。ただし，この方式によると，部門間の調整に時間がかかりすぎるという欠点がある。

4.2　予算編成の流れ

損益予算の編成は，**図表 4 - 5** に示すように，モノの流れとは逆に，一般には，売上高予算からスタートする。次期の販売予測を行い製品別の売上高予算がまず編成される。次に，生産計画・在庫計画が作成され，それに基づいて，材料購買予算や製造費用予算が作成される。製造費用予算は，直接材料費（原料費）予算，直接労務費予算，製造間接費予算などに細分化される。直接材料費予算と直接労務費予算には利用可能であれば標準原価が組み込まれる。広告費予算や研究開発費予算については，販売費・一般管理費予算に含めて作成されたり，独立した予算として編成されることもある。

［図表 4 - 5］　予算編成の流れ

出典：筆者作成。

財務予算は次期の計画を財務的（資金的）な視点から編成される。財務予算では，販売活動，製造活動，その他の活動を行うのに必要な資金について総額的に計画する。製品の売買活動は通常は信用取引によって決済されるので，売上債権の回収と仕入債務の支払をタイミング的に計画することは資金繰り上重

50　第1部　管理会計の基礎

要である。一般に，予算見積は各月ごとになされ，これらを積み上げて年次予算が編成される。

　損益予算と財務予算は経常的に設けられる予算であり，部門や事業部等の責任センター別に編成される。一方，資本予算（capital budgeting）は資本支出予算とも呼ばれ，内容的には採択された設備投資の支出に関する計画である。詳細は第5章で考察する。

5　予算編成の方法

　予算編成の方法として，本節では，固定予算と変動予算，ローリング予算，参加的予算，および予算スラックについて述べる。

5.1　固定予算と変動予算

　製造間接費予算や販売費予算を編成する方法には固定予算と変動予算がある。これは，実際操業度が予算上の計画操業度（以下，予定操業度）と異なるとき，実績と比較される予算額を計画段階で設定した予算額とするか，それとも実際操業度に修正した予算額とするかということである。前者が固定予算（static budget），後者が変動予算（flexible budget）である。コントロール目的のためには変動予算の採用が推奨される。なぜなら，現場の責任とならない原因（販売予測の失敗など）で発生した差異を現場責任者の業績報告書から除外する効果があるからである。変動予算には，公式法と実査法がある。

　図表4-6の左図が固定予算，右図が公式法による変動予算である。固定予算では，実際操業度がどうであれ，予定操業度で決定された予算額が実績と比較される目標値となる。一方，変動予算（公式法）では実際操業度に応じて次の公式で算定された修正予算額が目標値となる。

　　　修正予算額＝（操業度当たり変動費予算額×実際操業度）＋固定費予算額

　たとえば，製造間接費予算において，予定操業度が5,000時間（直接作業時間），予定操業度における予算額が固定費1,575,000円，変動費2,400,000円，実際操業度が4,750時間であったとき，修正予算額は次のように求められる。

　　　2,400,000円／5,000時間×4,750時間＋1,575,000円＝3,855,000円

　実査法は多桁式変動予算とも呼ばれ，基準操業度（予定操業度）を100％とす

[図表4-6] 固定予算と変動予算

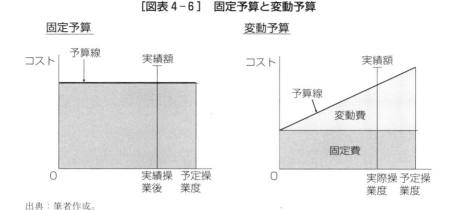

出典：筆者作成。

る種々の操業度において費目ごとに予算が見積もられる。公式法と比べて，予算編成に手間とコストを要するが，公式法よりも実態に近似した予算編成が可能となる。

5.2 ローリング予算

予算はさまざまな前提のもとに作成される。特に，当初予想していた経済見通しや経営環境などが変化し，その前提が崩れた場合には，当初の予算を修正しないと予算としての実効性が失われる。予算は弾力的でなければならないといわれるのはこうした理由による。環境適応型予算が求められる。

これに対する解決策の1つとして，ローリング予算（rolling budget）がある。これは転がし予算とも呼ばれ，たとえば，四半期や半年ごとに当初予算を見直し，経過した期間の予算を外し新たな期間を含めて予算を改めて編成し直す方法である（**図表4-7**参照）。見直しの期間は環境変化のスピードによって異なる。当初予算によって業績評価を行う会社ではこの方法は採用しにくいという難点がある。また，情報の収集と予算の修正に必要な時間と手数を要する。

足立・篠原（2016）は，環境変化に対してローリング方式により予算修正を行って対処している総合繊維メーカーのセーレン社のケースを取り上げている。同社では半期単位で年次計画が見直され，予算が修正されている。各組織（事業部門，工場等）において期中の事業環境の変化を加味した半期分の修正予算

[図表 4-7] ローリング予算

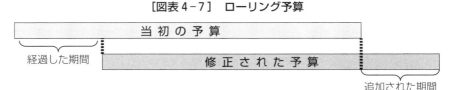

出典：筆者作成。

案が毎月策定され部門会議に報告される。部門会議では，修正予算案と当初予算との差の妥当性が議論される。修正予算案（修正計画案）は，前月実績と直近の環境変化を織り込んで修正された今後5カ月分の修正予算を合算したもので，それと上半期の当初予算とが比較される。

5.3 参加的予算

従来の行動科学的知見によると，予算への参加つまり参加的予算は予算執行責任者の予算目標を自己の目標として内在化させ，目標達成を動機づけるのに有効とされる。また，現場の管理者を予算に参加させることにより，経営トップが知り得ない最新の現場情報を収集することができる。現場情報は顧客の生のニーズを知る上で重要である。

しかし，予算参加にはいくつかの問題点も指摘されている。たとえば，擬似参加（pseudo-participation）といって，真剣に自己の目標設定に取り組まなかったり，自己の希求水準を偽って申告するという問題もある。希求水準（aspiration level）という言葉は心理学の用語で，自分が達成したいと望んでいる主観的目標のことである。一般に，自己の希求水準を上回る成績を取ると次の希求水準は上昇し，達成できないときは下降する。この希求水準を偽って達成しやすい目標を設定するのが予算スラックである。

5.4 予算スラック

予算スラック（budgetary slack）とは，一般に，業務遂行に必要とされる以上の資源（資金，人材，設備など）を獲得することと定義される。予算スラックはときに予算の水増しと呼ばれることもある。もっと具体的に述べると，自己の予算目標を達成しやすくするために，売上予算目標は過少に，費用予算目

標は過大に設定することである。予算未達のときの責任追及を回避するため，あるいは次の予算目標設定に備えて余力を残して達成するために行われる。

予算スラックが形成されるのは，予算への参加に加えて，情報の非対称性が存在するからである。往々にして，部下の管理者は現場の情報に精通しているが，上司の管理者はこうした情報を持っていない場合がある。この情報の欠如に乗じてスラックが形成される。

予算スラックの形成は資源を無駄遣いし本来の企業業績を低めるという結果をもたらす。こうした批判に対して，予算スラックは，予算の達成がノルマあるいは必達目標とされるような企業文化にあっては，予算達成へのプレッシャーやストレスを緩和し，会計不正を防止する効果があるという指摘もある（志村，2010）。

6　予算差異分析

予算統制では，定期的に予実比較が実施され，予算達成状況が責任センター別に把握される。予算と実績との差額が予算差異であり必要に応じてさらにその原因が分析される。その結果を受けて，是正措置がとられる。このように，予算統制段階における管理会計の役割は，予算差異の算出とその原因を明らかにし，それを関係責任者に報告することにより，注意喚起を促し是正措置をとるためのフィードバック情報を提供することである。

6.1　売上高予算差異

予算差異には，売上高予算差異や製造費用予算差異などがある。売上高予算差異は，売上高予算と実際の売上高との差であり，次の算式により販売価格差異と販売数量差異とに分解される。

　　販売価格差異＝（実際価格－予定価格）×実際販売量
　　販売数量差異＝（実際販売量－予定販売量）×予定価格

たとえば，1月のX製品の売上高予算が予定販売量390個，予定販売価格が1,200円であったとする。その月は需要の落ち込みがあって，それをカバーするために販売価格を1,080円にまで引き下げ410個販売した。この場合，売上高差異は次のように分析される。

54 第1部 管理会計の基礎

売上高差異 （410個×1,080円）－（390個×1,200円）＝－25,200円（不利）

販売価格差異 （1,080円－1,200円）×410個＝－49,200円（不利）

販売数量差異 （410個－390個）×1,200円＝24,000円（有利）

6.2 製造費用予算差異

製造費用予算額と実際製造費用との差は製造費用予算差異である。直接材料費差異，直接労務費差異，製造間接費差異に分解され，さらに原因別に細分化される。直接材料費差異は製造量差異，価格差異，数量差異（消費量差異）に，直接労務費差異は製造量差異，賃率差異，作業時間差異に，製造間接費差異は予算差異，能率差異，操業度差異に細分される。これら製造費用予算に標準原価を組み込んでいる場合にはその差異の算定は標準原価差異の場合と同じである。製造量差異は予定生産量と実際生産量との差から生ずる差額である。以下に，直接材料費差異と直接労務費差異の分解のみを示す。

≪直接材料費差異≫

製造量差異＝（予定生産量－実際生産量）×1個当たりの予定消費量
　　　　　　×予定価格

価格差異＝（予定価格－実際価格）×実際消費量

数量差異＝（実際生産量における予定消費量－実際消費量）×予定価格

≪直接労務費差異≫

製造量差異＝（予定生産量－実際生産量）×1個当たりの予定作業時間
　　　　　　×予定賃率

賃率差異＝（予定賃率－実際賃率）×実際作業時間

作業時間差異＝（実際生産量における予定作業時間－実際作業時間）
　　　　　　×予定賃率

なお，製造間接費製造量差異は操業度差異に類似する。

たとえば，1月のX製品の実際生産量が430個であったとする（予算では420個）。A材料の予算では，X製品の1単位当たりの予定（標準）消費量が12kg，予定価格が15円，実際の価格が16円，実際消費量が5,280kgであるときの直接材料費差異は次のように算定される。

製造量差異 （420個－430個）×12kg×15円＝－1,800円（不利）

価格差異　（15円－16円）×5,280kg＝－5,280円（不利）

数量差異　（430個×12kg－5,280kg)×15円＝－1,800円（不利）

以上の差異情報は，責任会計制度により責任センター別に測定され，管理者に定期的に報告される。

7　脱予算管理

2000年代に入って，スウェーデンやノルウェーなどの北欧の企業を中心に，予算を採用しない経営，脱予算管理（beyond budgeting）が提唱されてきた（Hope and Fraser, 2003）。予算は，編成時に予想される事業環境を前提に作成される。予算目標は各部門の業績評価基準となる。部門管理者の報酬が当初編成された部門予算（当初予算）の達成度によって決定される固定業績契約の場合，前提の変化があっても当初予算を修正することが困難なため，予算硬直化をもたらすという弊害が指摘される。さらには，固定業績契約がないとしても，予期しなかった環境変化が頻繁に発生する場合などは，これに対して柔軟に対処できず，予算が時代遅れとなる事態も生じうる。また，前述のように予算スラックなどの問題を引き起こす。

このような予算への批判に対して，現行の予算管理を改良するアプローチと，予算を廃止し，まったく新たなマネジメント・モデルを開発するアプローチが主張されている。後者のアプローチが脱予算管理である。予算管理に代わる管理手法として，四半期ローリング予測，バランスト・スコアカード（balanced scorecard：BSC），活動基準予算管理（activity-based budgeting：ABB）などを活用する。

わが国企業の中にも，当初の予算と実績との比較によって業績評価されることを約束する固定業績契約を採用しているという理由から，あるいは予算が修正されると利益計画との関連性が希薄になるという理由からこれを修正しない企業もある。それでも予算は採用されている。また，東京証券取引所が要求する決算短信などで売上高や営業利益などの予想値の開示を求める場合，投資家がこの数値を企業の公約のように重視する限りでは，予算は依然としてコントロールのツールとして有効と考えられる（志村, 2007, pp.147-148）。

次節では，脱予算管理に移行しなくとも，当初予算を維持しながら現場の創

56　第1部　管理会計の基礎

意工夫により環境変化に迅速に対処している企業例を取り上げる。

8　バッファロー社の予算管理

　バッファロー社のケースを堀井（2015）に基づいて紹介していきたい。バッファロー社はメルコ・ホールディングの100％子会社で，主にメモリー，ストレージなどのコンピュータ周辺機器を開発・製造・販売している。同社は自社工場をもたない，いわゆるファブレス企業である。同社の市場環境は競争企業が多く不確実性が高い，顧客ニーズが多様で製品ライフサイクルが短いという特性をもっている。

　バッファロー社の事業本部にはメモリー事業部，ストレージ事業部など4つの事業部と営業本部，管理部等があり，それぞれの事業部には開発グループとマーケティング・グループがある。マーケティング・グループが現行製品の管理，予算管理の業務などを担当する。同社の予算期間は1年である。

　予算編成のベースとなるのは現行の製品ラインアップと将来の製品ラインアップの製品計画を記載した製品ロードマップである。製品ロードマップは製品カテゴリーごとに作成され，現行製品のラインアップ（製品の仕様・コンセプト，型番）とともに，新製品の市場への投入時期，製品の位置づけ（仕様・コンセプト），現行製品については売価および月当たりの販売台数などが記載されている。予算編成時における現状の製品ロードマップを予算目標達成のための行動計画として，市場規模の予測，獲得したいシェア目標，部材の価格動向とそれに伴う販売価格などのマーケティング戦略，新製品開発戦略を組み合わせて予算が編成される。予算は製品ごと，製品カテゴリーごとに編成され，売上高，売上総利益，市場シェアの予算目標が設定される。

　このようにしてマーケティング・グループが設定した予算目標は，経営上層部によって承認されるが，そのレベルはストレッチ度のきわめて高いものである。したがって，その達成のためには，新製品開発戦略やマーケティング戦略などの具体的な方策を考え出さなければならない。その結果，予算目標達成のプレッシャーはきわめて強く，事業部における予算達成の意識は非常に高い。

　マーケティング・グループでは，半年・1年の売上・利益目標が月ごとの目標，さらには日々の目標へと細分化され，その進捗状況による予実管理が日々の仕

事として重要視される。こうした日常的な予実管理によって，変化の激しい競争環境において，市場の予期せぬ変化に柔軟に対応しつつ，予算目標の達成を可能にしている。

なお，月に一度，事業戦略会議および営業会議が開催され，予算と実績および実績見込みをもとに経営上層部によって厳しく会計コントロールが行われる。また，予算の見直しは半期ごとに行われるが，基本的に大きな変更はない。環境変化に対しては製品ロードマップの更新（毎月の事業戦略会議で更新が承認される）によって対処がなされるが，製品ロードマップが変更されたとしても，当初の予算目標は固定され必達目標として達成されなければならない。そのための創意工夫を懲らした方策（たとえば，価格引き下げによる販売力の強化や販売戦略の変更など）がマーケティング・グループには求められる。

バッファロー社の予算管理は，競争環境が激しく不確実性の高い企業にとって一つの予算のあり方を示唆している。同社のマーケティング・グループは売上目標とともに売上総利益目標の達成も求められ，商品企画や部材調達，受注計画，現行製品の管理等の広範な権限を有する利益センターとして機能する。同社の予算管理では，予算を市場環境に合わせるという従来のような受動的な予算のあり方ではなく，環境に予算を合わせるという能動的・主体的な取り組みを志向している。それによって，現場の予算目標達成に向けた創造性の発露の結果として新たな戦略を創発する仕組みを備えている。市場環境が激しく変化したり不確実性の高い状況下では予算が全く役に立たないとする脱予算管理支持者の批判に見事に応えているケースと考えられる。

[参考文献]

足立洋・篠原巨司馬（2016）「事業環境の変化と予算修正―部門の行動計画と予算目標の対応関係に着目して―」『メルコ管理会計研究』第9巻，pp.29-41。

櫻井通晴（2015）『管理会計〔第六版〕』同文舘出版。

志村正（2007）「予算不要論の問題点」，櫻井通晴・伊藤和憲編著『企業価値創造の管理会計』同文舘出版，pp.139-150。

志村正（2010）「予算スラックに関する一考察」『経理研究』中央大学経理研究所，No53，pp.142-152。

堀井悟志（2015）『戦略経営における予算管理』中央経済社。

Hope, J. and R. Fraser（2003），*Beyond Budgeting*, Harvard Business School Press，（清水孝監訳『脱予算経営』生産性出版，2005年）。

58　第1部　管理会計の基礎

第5章

経営意思決定支援の管理会計

1　管理会計は経営者の意思決定に役立つ

　経営者には将来の経営方針や経営戦略を策定するための経営上の意思決定を行うという役割がある。会計学で，意思決定（decision making）は，大別して投資家による投資意思決定と，企業の経営者による経営意思決定という2つの領域に区分できる。管理会計は，経営者による経営意思決定に貢献する。

1.1　経営意思決定とは何か

　経営者は，経営を遂行するにあたって，種々の代替案のなかから最も妥当な方策を選択する。経営者の行う代替案のなかからの選択のことは，意思決定とか経営意思決定（managerial decision making）と言われる。

　意思決定とは代替案のなかからの選択を意味する。意思決定プロセスは，通常，①問題の識別と明確化，②問題解決のための諸代替案の探索と列挙，③諸代替案の計量化と意思決定モデルの作成，④諸代替案の評価，そして，以上の手続きを経た上での，⑤経営者が裁決を下す，というプロセスからなる。

　管理会計担当者が適切な意思決定をするうえでとくに重要性をもつのは，③と④とである。すなわち，管理会計担当者は他部門からの協力を得て意思決定に必要な問題の識別と明確化および代替案の探索と列挙をした後，自らが意思決定モデルを作成し，数値をあてはめ，代替案の評価を行う。

1.2 意思決定のプロセスと情報の活用

経営意思決定のための会計情報としては，見積原価情報とビジネスの予測情報等が提供される。その際，少なくとも注意すべき3つの事項がある。

(1) **将来の原価情報の必要性**　原価情報としては，将来への予測の基礎として実際原価データが用いられる。しかし，意思決定のためには実際原価それ自体は限界がある。将来の増分収益，原価，利益の予測情報が必要である。

(2) **正確性より目的適合性**　意思決定のためのデータは，できる限り正確であることが望ましい。しかし，正確ではあるが目的への適合性を失ったデータは，ラフではあっても目的への適合性のある情報よりも劣る。

(3) **計量的・定性的データ**　意思決定は計量的データだけでなされるのではない。計量的データは，定性的データで補足する必要がある。仮に工場の建設計画案であれば，地域住民の反対，部品供給の不安，カントリー・リスクなどの情報は計量的データ以上に重要性をもつ。

図表 5-1 は，経営意思決定における予測情報の役割について概観している。

[図表 5-1]　原価データと経営意思決定モデル

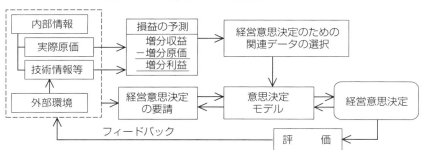

出典：AAA（1969, p.48）を参考にして，筆者作成。

経営企画部など管理会計を担当する部門では，典型的には**図表 5-1** で図解される経営意思決定モデルに基づいて，各種の経営意思決定を行う。

60　第1部　管理会計の基礎

2　経営意思決定のための増分分析

　代替案選択の計量的分析では，ある代替案の採択によって収益または原価がどれだけ増加または減少するかが問題となり，どの代替案を選択しても変わらない収益または原価は代替案の評価に含めない。意思決定のために行われる変動値だけの分析のことを，増分分析（incremental analysis）という。差額原価収益分析とも言われる。

2.1　増分分析の方法と原価

　増分分析では，代替案の採択が収益の額や投資の額に変化をもたらすことがなく，原価のみに変化を与える性質のものであれば，一般に増分原価だけを計算し，代替案のうちいずれが最も有利な案であるかを分析する。代替案の採択が収益と原価の双方に影響をもたらすのであれば，増分収益から増分原価を差し引いて増分利益を計算し，代替案を評価する。式(1)を参照されたい。

　　　増分収益－増分原価＝増分利益　　　　　　　　　　　　　　　　　　式(1)

　たとえば，夜間授業のない大学で夜間の市民講座を開くにあたり，市民講座の経済性を検討することになったとする。増分収益は，参加者からの受講料である。増分原価には，外部から招聘した講師の講師料，専任教授の場合は講座担当による追加支出額，市民講座専任の事務員給料，照明・暖房費，資料作成費などが含まれる。開講の意思決定では，増分収益から増分原価を差し引いた増分利益がプラスかマイナスかが意思決定のための有力な判断資料となる。

2.2　経営意思決定のための原価

　原価計算制度から導かれる原価は，支出原価という本質をもつ。支出原価は過去の貨幣支出を直接・間接に結びつけてとらえた概念であり，財務諸表の作成という目的には最も有用である。

　意思決定のためには，支出原価は将来の予測の基礎になることはあるにしても，過去情報そのままでは将来の意思決定に役立ちえない。将来の意思決定のためには会計制度を離れた経済計算ないし特殊原価調査が必要である。そのため，「異なる目的には，異なる原価」（Clark, 1923, p.181）が必要になる。

2.3 典型的な意思決定のための原価——機会原価と増分原価，埋没原価

　機会原価（opportunity cost）とは，諸代替案のうちの1つを受け入れ他を断念した結果失われる利益のことをいう。機会原価は断念した機会の利益である。機会原価には会計上の利益だけでなく，計量化は可能ではあるが会計上の利益ではない便益も含まれる。たとえば，ある会社の経営企画部担当者が管理会計のセミナーに出席しないことによる機会原価は，出席したら達成できたであろう業務の改善提案とそれによる昇進の機会を失うことである。

　増分原価（incremental cost）は，意思決定の結果変化する原価である。代替案を計量的に評価するには，増分収益から増分原価を差し引いた増分利益をもって意思決定を行う。増分原価の代替的表現として，差額原価の用語が用いられることもあるが，差額原価もまた，経営活動の変化の結果生じる原価の変動値を意味する。意思決定に関係のない原価のことは，埋没原価（sunk cost）という。回収が難しい機械・設備の減価償却費は，典型的な埋没原価である。

3　設備投資計画に必要な意思決定情報

　設備投資計画は，典型的なプロジェクト計画である。プロジェクト計画を推進するには，戦略的意思決定のための情報が必要となる。その情報を提供するのは，管理会計担当者の重要な役割の1つである。

3.1 設備投資計画に必要な情報

　経営者が設備投資意思決定を行う際に，経営者には次の情報が必要となる。
- (1)　内部，外部の環境に関する的確な情報。具体的には，生産能力，競争会社の状況，利用可能な資金，自社の技術力，顧客の動向など。
- (2)　競争会社への影響と市場の反応。たとえば，新製品の導入が競争会社に及ぼす影響，予想される市場の反応など。
- (3)　過去の類似環境について，対応の方法，実績，係わり方。過去の類似の事業への係わりとか損益状況や企業での反応などを事前に調査する。
- (4)　目標水準と成果との関係。戦略的意思決定によって予測される成果，損益への影響など，可能な限り成果を計量的に表現する。

62　第1部　管理会計の基礎

(5)　工場建設のための立地条件を検討するのに必要な情報を提供する。

　経営者は以上の情報をもとに環境の構造的変化を認識し，成長の強みと機会，弱みと脅威を摘出する。そのうえで，自社の経営能力，資源配分のあり方，潜在的能力などの評価に基づいて，最終的な意思決定を行う。

3.2　キャッシュフローの予測

　キャッシュフローを予測するには，まず初めに，設備投資に必要な総投資額を予測することが必要となる。現在一時的に使用していない設備や建物を活用するときには，当該設備や建物の購入見積額を総投資額に含める。

　次に，設備の経済命数にわたって得られる年々のキャッシュ・インフローを予測する。それは，設備投資プロジェクトによって得られる年々の収益が業務費用を超える額で，税引後の（現金の）利益である。

　さらに，処分時の正味増分キャッシュフローを予測する。ただし，そのキャッシュフローは税法上の残存価額ではなく，プロジェクト終了時の残存資産の処分によって生じることが見込まれる正味のキャッシュフローである。

3.3　現在価値と利子

　現在受け取る貨幣額は，将来受け取る同一の貨幣額よりは高い価値をもつ。たとえば，現在所持している10,000円は5年後に受け取る10,000円よりも価値が高い。物価変動を考慮外におけば，現在の貨幣価値と，将来の価値とは利子相当額だけ価値が異なる。仮に，利子率を10％として，毎年10,000円ずつ受け取る貨幣額の現在価値（つまり，将来受け取る貨幣額の現在における価値）を算出すると，それは37,907円になる。**図表5-2**を参照されたい。

　現在価値（PV）と将来の価値（FV）との関係を一般式で表そう。利子率をr，年数をnとすると，現在価値を従属変数として，現在価値を計算するための一般式を導くことができる。式(2)を参照されたい。

$$PV = FV \times 1 / (1 + r)^n \qquad\qquad 式(2)$$

　将来の価値を現在価値に変換することを割引（discount）という。仮に割引率を10％とすれば，1年目の複利現価は9,091円，2年目は8,264円である。式

第5章　経営意思決定支援の管理会計　63

[図表5-2]　毎年1万円（利子率10%），将来の5年間の現在価値

年	キャッシュフロー		係数		現在価値
1	10,000円	×	$1/(1+0.1)$	=	9,091円
2	10,000円	×	$1/(1+0.1)^2$	=	8,264円
3	10,000円	×	$1/(1+0.1)^3$	=	7,513円
4	10,000円	×	$1/(1+0.1)^4$	=	6,830円
5	10,000円	×	$1/(1+0.1)^5$	=	6,209円
合計					37,907円

出典：筆者作成。

(2)における r の計算結果は，市販の複利現価表からも得ることができる。年々同一のキャッシュ・インフローがある場合，各年度の複利現価の累計額である現在価値は，年金現価表から入手できる。前例の現在価値合計37,907円は年金現価表では10%の欄のところで，5年目で交差した数値から読みとれる。

3.4　資本コスト

　資本コスト（cost of capital）とは，資本の利用から生じる価値犠牲のことをいい，将来の収益・費用を現在価値に引き直す割引率または切捨率の働きをする。独立案件の設備投資意思決定では，投資から得られる収益率が切捨率としての資本コストより大であるか否かによって，投資案の採否が決定される。資本コストは企業の最低期待収益率ないし切捨率を表す。

　企業が設備投資を行うには，借入金だけでなく，各種の源泉（新株発行，銀行借入れ，社債発行，留保利益など）から資金が調達される。設備投資意思決定では，加重平均資本コスト（weighted average cost of capital：WACC）が用いられる。実務で加重平均資本コストは「ワック」と言われる。加重平均資本コストは当該企業の資本を構成する資本源泉ごとの資本コストを，各資本源泉の金額の総資本額中に占める割合によってウエイトづけして計算される。

4　設備投資モデルの決定と実行のプロセス

　設備投資では，戦略をもとに，潜在的な投資機会を探索する。探索された案

64　第1部　管理会計の基礎

件の定義づけ，提案部署を中心にして第一次の審査を行う。次に，経営企画部で詳細な分析を行ったうえで，トップの承認を得る。設備投資が実行される過程でモニタリングが行われ，実行された設備投資に関して事後監査が実施される。監査の結果は，将来に向けてフィードバックされる。

　図表5-3は，Northcott（1998, p.10）を参考に，典型的な設備投資モデルの決定プロセスを簡潔に描いたものである。

[図表5-3]　設備投資モデルの決定と実行のプロセス

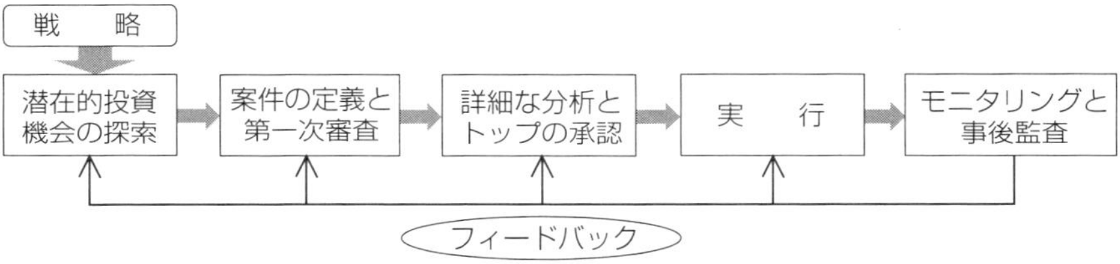

出典：Northcott（1998, p.10）.

　設備投資意思決定で，最も重要性の高い意思決定は，案件の定義と第一次審査，および詳細な分析とトップの承認である。次節では，このテーマに応えるため，設備投資の経済性計算の方法を考察する。

5　設備投資の経済性計算

　設備投資の経済計算法としては，一般に，投資利益率法，回収期間法，DCF法（discounted cash flow：割引キャッシュフロー）として知られる内部利益率法，および現在価値法が用いられる。日本では回収期間法が多く用いられてきたが，理論的にはDCF法が最も望ましい方法であるとされている。

5.1　投資利益率法

　プロジェクトの経済命数にわたって得られる平均利益と投資額の関係比率を求め，その結果を基にして設備投資計画案を評価する方法である。投資利益率（return on investment：ROI）は式(3)で，利益率の大小によって決定する。

　　投資利益率＝年々の税引後増分利益／総投資額×100　　　　　　　　式(3)

第5章　経営意思決定支援の管理会計　65

【設例1】
　100億円の投資を行い，5年間にわたって16億円の税引後利益があるとき，投資利益率はいくらになるか。ただし，残存価値はゼロである。

〔解　答〕
　　投資利益率＝16億円／100億円×100＝16％
　投資利益率（16％）は，当社の他の投資案や現状の利益率を上回ることが判明したので，この投資案を推進することが妥当であると評価された。

　投資利益率法は，(1)収益性が明らかになる，(2)決算上の利益との整合性がある，(3)計算が簡便である，という利点がある。その反面，(1)キャッシュフローの時間的要素を無視している，(2)埋没原価（例：減価償却費）を無批判のうちに計算要素に含めている，(3)支出を資本的支出（資産計上する）か収益的支出（費用処理する）とするかで結論が変わってくる。以上から，投資利益率法の使用にあたっては，留意が必要である。

5.2　回収期間法

　回収期間法（payback method：PM）は，当初の投資額を回収するのに要する期間を計算し，回収期間が短い方を有利とする。回収期間の計算に含められるのは会計上の利益ではなく，キャッシュフローである。
　回収期間法は，財務流動性ないし安全性に重点を置いた計算法である。回収期間の短いものほど投資の流動性が高く，逆に回収期間の長いものほど不確実性やリスクに晒されるから，できるだけ短期に投資額を回収できるプロジェクトをもって優れた投資案であるとする。年々のキャッシュフローが均一である場合には，回収期間は式(4)で計算される。
　　　　回収期間＝総投資額／年々のキャッシュフロー　　　　　　　　　式(4)
　上記で，非現金支出費用を減価償却費のみと仮定した場合，年々のキャッシュフローは式(5)のように計算される。
　　　　年々のキャッシュフロー
　　　　　　　＝年々の税引後利益＋年平均の減価償却費　　　　　　　　式(5)

66　第1部　管理会計の基礎

【設例2】━━━━━━━━━━━━━━━━━━━━━━━━━━━━━━━━━━━━
　自動車部品の工場建設のため，3,000億円の支出を要する投資案を計画した。計画
案によると，6年間にわたって毎年600億円のキャッシュフローが見込まれる。回収
期間は何年か。この投資を実施すべきであるか。ただし，当社は回収期間を6年以
内と決めている。

･･

〔解　　答〕
　　回収期間　　　3,000億円÷600億円／年＝　5年
　6年以内で回収できるから，この投資は実施すべきであると判定される。

━━

　回収期間法では，発生主義的な収益・費用概念ではなくキャッシュフローで
計算するため，計算の恣意性が除かれる。安全性（資金繰り）が重視されると
される。一方，回収期間法には，①時間的価値が考慮されていない，②回収後
の収益性を無視している，といった欠点がある。そのため，回収期間法は，
DCF法に比べて理論的に劣るとされてきた。しかし，回収期間法は多くの日
本企業で利用されている。その理由は，①わかりやすい，②資金の早期回収を
促しうる，③早期の資金回収は資金を貸し付けている銀行にとって重要な判断
材料になるからである。なお，貨幣の時間価値を計算要素に含めた回収期間法
（割引回収期間法）を利用している企業もわが国では少なくない。

5.3　内部利益率法

　内部利益率法（internal rate of return：IRR）は，IRR法とも言われる。内部
利益率法における内部利益率とは，計画案のキャッシュフローの現在価値を投
資のキャッシュフローと等しくするような割引率である。内部利益率法の最大
の長所は，貨幣の時間的要素を考慮に含めていることにある。
　計算法は，プロジェクトの内部利益率を算出し，その利益率によってプロ
ジェクトの評価を行う。内部利益率は，一定の投資計画案に関する一連の正味
キャッシュフローをゼロに割引く比率を求めることで計算される。年々の
キャッシュフローが等しい場合の設例で説明しよう。

第 5 章　経営意思決定支援の管理会計　67

【設例 3 】

　自動車部品の工場建設のため，3,000億円の支出を要する投資案を計画した。計画案によると，6 年間にわたって毎年650億円のキャッシュフローが見込まれている。資本コスト率を 6 ％とすると，この投資をすべきであるか。

〔解　　答〕

　　3,000億円÷650億円＝4.61

　6 年で年金現価が4.61に近いところを年金現価表で探すと，約 8 ％になる。切捨て率が 6 ％であるから，この投資をすべきである。

　内部利益率法には，①内部利益率で再投資されるという前提で計算が行われるので，相互排他的投資の正しい順位づけができない，②利益率がマイナスで表わされたり，2 つ以上の利益率が算出されることもある，③投資規模を考慮に含められない，といった欠点がある。しかし，内部利益率法はそれなりに配当の目安になるためなどから，アメリカでは最も人気の高い評価法である。

5.4　現在価値法

　現在価値法（present value：PV）は，内部利益率法と同じくDCF法の 1 つである。現在価値法では，資本コストを定めてキャッシュフローの現在価値を決め，それが総投資額より大きいかどうかで判断する。独立投資案件の場合には，両者の差額としてのキャッシュフローの正味現在価値が正であればそのプロジェクトは採用され，負の場合には拒否される。式(6)を参照されたい。

　　　　正味現在価値＝キャッシュフローの現在価値合計－総投資額　　　式(6)

　正味現在価値の大小により優劣を決める上記の方法のことを，正味現在価値法（net presentvalue：NPV）という。他方，投資効率を明らかにするため，式(7)のように，投資額の現在価値を分母とし，設備投資からもたらされる利益の現在価値を分子とする値を現在価値指数法（present value index）という。

　　　　現在価値指数＝キャッシュフローの現在価値合計／総投資額　　　式(7)

　現在価値指数法では，単独の投資案の評価において指数が100％以下の計画案は，資本コストが利益率を超過するから望ましくないと判定される。

68　第 1 部　管理会計の基礎

【設例 4 】

　総投資額3,000億円，キャッシュ・インフローは 1 年目2,000億円， 2 年目1,300億円，
3 年目1,000億円である。資本コストを 6 ％とすると，この投資をすべきか否か。た
だし，評価は正味現在価値法と現在価値指数法による。

〔解　　答〕

　以下の計算結果から，正味現在価値は884億円，現在価値指数は129％であるから，
この投資案は実施されるべきだということになる。

年度	キャッシュフロー		現価係数		現在価値
0	−3,000億円	×	1	=	−3,000億円
1	2,000億円	×	0.9434	=	1,887億円
2	1,300億円	×	0.8900	=	1,157億円
3	1,000億円	×	0.8396	=	840億円
正味現在価値					884億円

注）　1　現在価値指数＝3,884／3,000×100＝129％
　　　2　年度のゼロ（0）は，現在時点を表す。

　資本コストの決定には完全市場の前提に批判もあるが，各種の評価法のうち
では，現在価値法が理論的に最もすぐれているとされている。

6　プロジェクト・コントロール

　設備投資プロジェクトでは，資本予算の編成後，編成された資本予算は経営
のトップによって承認される。承認された予算に基づいて設備投資が実施され
る。実施された設備投資プロジェクトは，その実施状況に応じて，プロジェク
ト・コントロールの中核として，進捗度管理と事後監査が行われる。

6.1　進捗度管理

　進捗度管理について，資本支出の予算額は資本支出の実際額と対比されて初
めて意味をもつ。そこで，資本支出の予算額を実際額と対比し，実際の資本支

出額との差を示すコントロールのための報告書が必要となる。この報告書の作成によって，投資計画案の進捗度を測定し，遅れた計画に対する対策を練る機会が得られる。またさらに，資金の非効率的な使用や不正を未然に防ぐことができる。

6.2　事後監査

　プロジェクト・コントロールの焦点は，事後監査にある。その目的は，設備投資プロジェクトが計画どおり実施できたかを検閲することである。計画開始後１～２年後に行われる事後監査は，プロジェクトを継続すべきかの意思決定や誤った見積りの手続き変更に役立つ。

［参考文献］

伊丹敬之・青木康晴（2016）『現場が動き出す会計』日本経済新聞出版社。

上總康行（2014）『ケースブック管理会計』新生社。

櫻井通晴（2015）『管理会計〔第六版〕』同文舘出版。

篠田朝也（2011）「日本企業における資本予算実務―上場企業を対象とした調査データの報告―」『経済学研究』61（1-2）。

AAA（1969），Report of Committee on Managerial Decision Models, *Supplement to the Accounting Review,* Vol. XLIV.

Clark, J.M.（1923），*Studies in the Economics of Overhead Costs,* The University of Chicago Press.

Gitman, L.J., and Forrester Jr.（1977），A Survey of Capital Budgeting Techniques Used by Major U.S. Firms, *Journal of Finance,* 6.

Graham, John R. and Campbell R. Harvey（2002），The Theory and Practice of Corporate Finance: Evidence from the Field, *Journal of Financial Economics,* 60.

Northcott, Deryl（1998），*Capital Investment Decision Making,* Thomson,（上總康行監訳『戦略的投資決定と管理会計』中央経済社, 2010年, p.4, p.11, p.21）。

日米の設備投資評価法の日米比較とその特徴

　日本では多くの企業が回収期間法（PM）を用いており，DCF法（NPV，IRR）は少ない。たとえば，津曲（1972年）調査では51％と17％，櫻井（1991年）では59％と19％，篠田（2007年）調査では60％と22％であった。他方，米国ではDCF法が多い。Kim and Farragerでは，日本とは逆に，12％と68％であった（以上の文献は，櫻井，2015，p.521を参照されたい）。

　第1次調査と第2次調査に区別した米国調査で上記調査を補足すると，第1次調査ではIRR法60％，NPV法が11％，PMは10％であるのに対して，第2次調査では完全に逆転し，PMが40％，NPV24％，IRR13％であった（以上の文献は，Gitman and Forrester，1977，pp.66-71参照）。篠田（2011，p.63）は利用頻度の調査を行っているが，それによれば，PMが最も多く，単純PM，割引PM，割増PMを"大抵"か"常に"利用している企業は76.5％であった。

　財務担当役員（CFO）を対象にした米国の大企業への調査では，多少違った傾向が見えてくる。Graham and Harvey調査（2002，pp.197-200）では，回答者のほぼ4分の3である74.9％がNPVで，75.7％がIRRを常に活用している。NPVは大企業が中小企業よりも多い。レバレッジの高い企業（借入金の多い企業）は借入金の少ない企業よりDCF法を活用している企業の比率が高い。また，中小企業においてはPMの利用が多い。ビジネス・スクールの卒業生はPMをあまり活用しないが，老練のCFOはPMをしばしば活用する。米国の若干の財務担当役員は割引PMを活用している，などである。日本ではPMが多いだけでなく，割引PMの活用も多くみられる。

　日本でなぜ回収期間法が多いのか？　櫻井（2015，pp.149-153）は，革新性の高い自動化の進んだ企業では回収期間法が多いことを発見した。上總（2014，pp.1-11）は，銀行借入金の早期返済と投資決定との関係性を解明した。伊丹・青木（2016，pp.260-261）は，回収期間法は遠い将来の精度の悪いデータを排除する危険性を排除するという戦略性を指摘している。

　以上から，貨幣の時間価値を計算要素に含めないという理由だけで回収期間法を批判することは，必ずしも正しいとは言えない。

第6章

コストマネジメント

1　はじめに

　コストマネジメント^(注1)の対象が製造段階だけでなく，ビジネスプロセス全体へと範囲が拡大している。1967年の通産省産業構造審議会管理部によると，「コスト・マネジメントとは，利益管理の一環として，企業の安定的発展に必要な原価引き下げの目標を明らかにするとともに，その実施のための計画を設定し，これが実現を図る一切の管理活動」とある（産業構造審議会答申，1967）。利益管理は製造段階での原価を引き下げるだけではない。ビジネスプロセス全体で，利益管理の一環として原価を引き下げる必要がある。

　このようなコストマネジメントには，原価企画やABCもあるが，これらは第7章と第11章で独立して検討する。本章のコストマネジメントとしては，QCD（quality, cost, delivery）という観点から検討する。コストについては製造段階の標準原価計算による管理とビジネスプロセス全体のライフサイクルコスティングを，納期についてはEOQ分析とJITを，品質については品質コストマネジメントを検討する。本章の最後では，日本のユニークなコストマネジメントの手法であるミニ・プロフィットセンターを論じる。

2　標準原価計算による管理

　本節ではコストコントロールのための標準原価計算による管理を考察する。具体的には，標準原価計算の意義，標準原価の設定方法，標準原価の差異分析を取り上げる。最後に，標準原価計算による管理の限界を明らかにする。

72　第1部　管理会計の基礎

2.1　標準原価計算の意義

　標準原価計算とは，原価の流れを何処かの時点で標準原価として組み入れ，標準原価と実際原価を比較して原価差異を分析し，かつこれを関係者に報告する会計システムをいう。標準原価計算には，標準原価分析と標準原価計算制度とがある。今日，標準原価計算と言えば，通常は，財務会計機構と結合された標準原価計算制度を意味する。

　標準原価計算による管理（以下，標準原価管理）のマネジメントサイクルを，Plan，Do，Check，Actionに対応させながら検討する。まずPlanの段階では，標準値の設定を行う。標準値が設定されれば，Doに相当する実際の生産活動が行われ，実績値が測定される。Checkの段階で，標準値と実績値の差異が算定される。次に差異が生じた原因が分析される。Actionでは，差異のうち現場で管理が可能なものについては是正措置がとられる。現場監督者の指揮・監督を通じて標準値に近づけるようなコントロールが行われる。なお，差異が生じた原因が標準そのものに問題がある場合，標準値自体の見直しがなされ，次の標準の設定に向けて，必要な情報が提供される。

2.2　標準原価の設定方法

　標準原価管理を行うためには，まず製品単位当たりの原価標準を決定する必要がある。原価標準とは，製品単位当たりの標準原価のことである。原価標準は，資源の標準単価と標準消費量の積として計算される。資源の標準単価および標準消費量における「標準」とは，それが科学的・統計的な調査に基づいて設定されることを意味している。科学的・統計的に標準を設定することで，維持すべき望ましい原価を明らかにできる。

　原価標準の設定において，直接材料費と直接労務費は単位当たりの標準単価に標準消費量を乗じて算定する。製造間接費は，一定期間の予算額を当該期間に対応する基準操業度で除することにより，標準製造間接費配賦率を求める。そして，標準製造間接費配賦率に許容標準操業度を乗じて製造間接費配賦額を算定する。以下では製造直接費と製造間接費の設定方法を示す。

　直接材料費は，直接材料の種類ごとに製品単位当たり標準消費量と標準価格

を決め，両者を乗じて式(1)のように算定する。

標準直接材料費＝標準消費量×標準価格　　　　　　　　　　式(1)

　直接労務費は，直接作業の区分ごとに，製品単位当たりの標準直接作業時間
と標準賃率を決め，両者を乗じて式(2)のように算定する。

標準直接労務費＝標準直接作業時間×標準賃率　　　　　　　式(2)

　標準製造間接費は直接費の場合と異なり，単位当たりではなく予算の形式で
部門別に設定される。部門別製造間接費の標準とは，一定期間において各部門
で発生すべき製造間接費の予定額をいう。部門別標準製造間接費は部門別の予
定配賦率を算定し，それに許容標準操業度を乗じて式(3)，式(4)のように設定
する。

$$部門別予定（標準）配賦率＝\frac{部門別製造間接費予定額}{部門別基準操業度}　　　式(3)$$

予定（標準）製造間接費＝部門別許容標準操業度×部門別標準配賦率

式(4)

　以上のように直接材料費，直接労務費，そして製造間接費を設定して得られ
た標準原価カードを**図表6-1**に示す。

[図表6-1]　**標準原価カード**

直接材料費	標準消費量	×	標準価格	=	○○円
直接労務費	標準直接作業時間	×	標準賃率	=	○○円
製造間接費	許容標準操業度	×	標準配賦率	=	○○円
			原価標準		○○円

2.3　標準原価の差異分析

　原価差異分析の一般的特徴は2つある。第1は，原価要素を直接材料費，直
接労務費，製造間接費に3区分して分析する点である。第2は，原価差異が価
格と数量という2つの要素（製造間接費差異は操業度差異も生じる）に分けて計
算される点である。以下では，原価要素ごとの差異分析の方法を述べる。

　図表6-2に基づいて直接材料費の差異分析を行う。直接材料費差異は価

74　第1部　管理会計の基礎

［図表6-2］　直接材料費差異の分析

	価格差異	
標準原価	数量差異

実際価格
標準価格

標準消費量　実際消費量

差異と数量差異で構成される。価格差異と数量差異は下記の式(5)と式(6)により算定できる。

　　　　価格差異＝(標準価格－実際価格)×実際消費量　　　　　　　　　式(5)

　　　　数量差異＝(標準消費量－実際消費量)×標準価格　　　　　　　　式(6)

　数値例を用いて上記の式に当てはめる。かりにA製品の材料の標準価格を300円，標準消費量を1,000kgとする。実際価格280円，実際消費量を1,203kgであるとする場合の原価差異を算定する。

　　　　価格差異＝(300円－280円)×1,203kg＝　24,060円（有利）

　　　　数量差異＝(1,000kg－1,203kg)×300円＝－60,900円（不利）

　　　　原価差異合計　　　　　　　　　　　　　－36,840円（不利）

　分析の結果，価格差異が24,060円の有利差異，数量差異が60,900円の不利差異であった。価格差異については，実際価格が標準価格を下回ったため，有利差異となった。数量差異は実際消費量が標準消費量を上回ったため不利差異となった。差異の結果に対する原因分析を行い，是正措置を取ることになる。たとえば，工具のスキルが未熟なことが数量差異の原因であれば，現場での教育訓練を行う。今回の計算例では，標準価格を実際価格が下回っており，材料の品質が悪いため，数量差異が不利差異となった可能性もある。そもそも材料の品質が悪いという場合，資材調達の問題であり工場作業員の管理は難しくなる。

　直接労務費差異を分析するためにも**図表6-2**が使えるが，価格を賃率，消費量を作業時間と読み替える必要がある。直接労務費差異は賃率差異と作業時間差異で構成される。賃率差異と作業時間差異は式(7)と式(8)で算定する。

　　　　賃率差異＝(標準賃率－実際賃率)×実際作業時間　　　　　　　　式(7)

作業時間差異＝（標準作業時間－実際作業時間）×標準賃率　　　式(8)

数値例を用いて直接労務費の差異分析をしてみよう。A製品の製造に従事する工員の標準賃率を1,200円，標準作業時間を570時間とする。実際賃率1,280円，実際作業時間を580時間であるとする場合の原価差異を算定する。

賃　率　差　異＝（1,200円－1,280円）×580時間＝－46,400円（不利）
作業時間差異＝（570時間－580時間）×1,200円＝－12,000円（不利）
　　原価差異合計　　　　　　　　　　　　　　　－58,400円（不利）

分析の結果，賃率差異が46,400円の不利差異，作業時間差異が12,000円の不利差異であった。賃率差異については，実際賃率が標準賃率を上回ったため不利差異となった。作業時間差異についても実際作業時間が標準作業時間を上回ったため不利差異となった。直接材料費のときと同様，差異の結果に対する原因分析を行い，是正措置を取る。

次に，製造間接費の差異分析を解説する。製造間接費差異は，能率差異，操業度差異，予算差異で分析される。製造間接費の差異分析は固定予算と公式法変動予算のどちらを採用しているのかによって分析方法が異なる。本章では，実務での活用の割合が大きい(注2)固定予算を取り上げる。

[図表6-3]　製造間接費の差異分析（固定予算）

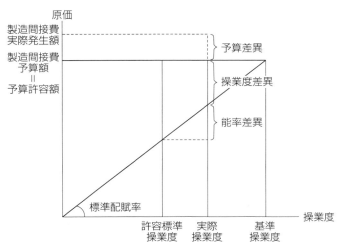

76　第1部　管理会計の基礎

　固定予算を用いる場合の差異分析を示すと，**図表6-3**のようになる。固定予算は操業度にかかわらず，当初設定した製造間接費予算額を固定する方式である。固定予算を採用した場合，能率差異，操業度差異，予算差異は下記の式(9)，式(10)，式(11)で算定する。

　　　能 率 差 異＝(許容標準操業度－実際操業度)×標準配賦率　　　　式(9)

　　　操業度差異＝(実際操業度－基準操業度)×標準配賦率　　　　　式(10)

　　　予 算 差 異＝製造間接費予算額(予算許容額)
　　　　　　　　　　－製造間接費実際発生額　　　　　　　　　　　式(11)

　上記の式に基づいて，数値例を示す。基準操業度600時間（生産量100個：1個当たり6時間），そのときの予算額を1,200,000円とする。実際生産量95個のときの実際操業度は580時間，製造間接費実際発生額は1,500,000円であった。許容標準操業度は6時間×95個の570時間である。

　固定予算の場合における製造間接費の差異分析をするためには，標準配賦率を算定する必要がある。標準配賦率は製造間接費予算額を基準操業度で割ることで求められる。この数値例の場合，予算額1,200,000円，基準操業度が600時間のため，標準配賦率は2,000円/時間である。

　　　能 率 差 異＝(570時間－580時間)×2,000円＝－20,000円（不利）

　　　操業度差異＝(580時間－600時間)×2,000円＝－40,000円（不利）

　　　予 算 差 異＝1,200,000円－1,500,000円　　＝－300,000円（不利）

　　　　原価差異合計　　　　　　　　　　　　　　－360,000円（不利）

　分析の結果，能率差異が20,000円の不利差異，操業度差異が40,000円の不利差異，予算差異が300,000円の不利差異であった。今回の設例では固定予算のため，予算許容額の線は，操業度の増減に影響を受けずに一定である。このような条件が近似的に妥当するのは，変動費が非常に少ないか，環境条件がほとんど変化しない企業である。

2.4　標準原価管理の限界とトヨタの標準原価

　会社が標準的な製品を大量に生産している場合，標準原価計算はコストコントロールのために役立つ。望ましい原価水準を維持して製品を生産するため，経営効率を高めることができる。

一方，近年では標準原価管理の有用性が低下しているという指摘もみられる。有用性が低下した理由として，櫻井（2014）は以下の4点をあげている。第1に，工場自動化にともなう現場作業員の減少である。第2に，製造現場のみでの原価管理を対象としているが，製造だけでなく，企画設計，保守運用，処分といったビジネスプロセス全体でコストをマネジメントする必要がある点である。第3に，コストを過度に重視してしまい品質低下の可能性がある。第4に，製品ライフサイクルの短縮化による頻繁な標準改定が必要である。

それでは，標準原価管理は現代の経営には役に立たないのであろうか。標準原価管理の有用性を示唆するケースが複数ある。たとえば，すかいらーくでは，トヨタ生産方式を応用した改善活動を20年以上続けている。トヨタのいう標準原価とは，最も安く作ったラインの実績である。ライン長は前日の実績からその日の課題を決めるだけでなく，全国11工場の全ラインの原価を見て同じ製品を生産するラインと競争させる。ライン長は自分の成績だけでなく，「標準原価」の動向にも目を光らせる（日経BP社，2004，p.38）。現代においても企業の置かれている環境によっては標準原価管理が効果を発揮する。

3　ライフサイクルコスティング

ライフサイクルコスティングとは，研究開発から処分に至るまで，資産のライフサイクル全体で発生するコストを測定し，伝達するための計算ツールである。生産者のライフサイクルといえば，一般に，研究開発から企画・設計，製造，販売促進，物流から処分までを意味する。研究開発から物流までのコストは企業の責任において発生する。販売後は，ユーザーの側で運用，保守，処分といったコストが発生する。企業の側で発生するコストと，ユーザーの側で発生するコストを含めた全原価の統合的なマネジメントのツールがライフサイクルコスティングである。

「ライフサイクルコスティングそのものの実践は1960年代に米国の国防省が資材の購入に際し，購入後に発生する維持・管理などの使用コストや廃棄コストを含むトータル・コストが最小となるような資材の設計をサプライヤーに要求したことに端を発している」（伊藤（嘉），1999，p.173）。また，ライフサイクルコスティングは，「軍需品を納入するメーカーにとって，入札競争への参加資

78　第1部　管理会計の基礎

格取得の獲得と同時に，ライフサイクル・コストの最少の製品開発の技術革新を促進させるという点で効果が大きかった」（江頭, 2008, p.28）という指摘がある。

　ライフサイクルコスティングは製品開発から販売までを行う生産者にとってもユーザーにとっても活用される。ユーザーでは，ライフサイクルコスティングが設備資産の効率的な取得管理のツールとして使われている。生産者側にとっては，自社の製品の販売力を高めるために販売価格だけでなく，ユーザーに製品がわたってからのユーザーコストを考慮する必要が生じた。ユーザーが購入原価だけでなく，ランニングコストや廃棄コストを含めて製品を選ぶようになったためである。

　生産者側が販売力を高める目的で，ライフサイクルコスティングを実践している企業を取り上げる。たとえば，三菱FUSOのホームページにはライフサイクルシミュレーターというツールがあり，自社のトラックと他社製品の購入後発生するコストを比較できる。コマツのホームページには，建設・鉱山機械のライフサイクル・コストを例示し，自社製品のライフサイクル・コストを低減する手法を紹介している。2つの事例では，企業側がユーザーに対して自社製品のランニングコストを示すためにライフサイクルコスティングを活用している。

4　在庫管理

　在庫管理には，IEの専門家が在庫に関連するコストが最小になるような発注量を算定するEOQ分析（economic order quantity analysis：経済的発注量分析）と，全社的な活動を通じて在庫ゼロを目指すかんばん方式（米国ではJIT（just in time）と呼ばれている）がある。さらに近年ではサプライチェーン全体を通じて在庫管理を行うサプライチェーンマネジメントが登場した。

　1960年代頃までに在庫管理の手法として注目されていたのは，アメリカから日本へ導入されたEOQ分析であった。EOQ分析では，発注費と在庫維持費との交点で最適発注点が決まる。**図表6-4**に示すようにEOQ分析では一定の在庫を保有していることが前提になる。

　図表6-4は，年間発注費と年間在庫維持費が，1回当たり発注量によって

いかに変化するのかを示している。まず，1年間に必要な発注量（D）を1回当たり発注量（Q）で割り，これに1回当たり発注費（C_0）を乗じると，年間発注費（D/Q）C_0が求まる。次に，在庫が経営活動を通じて減少していくことを想定し，1回当たり発注量（Q）を2で割って求めた平均在庫数量に1個当たり在庫維持費（Ch）を乗じて，年間在庫維持費（Q/2）Chが算定される。

[図表6-4]　EOQ分析

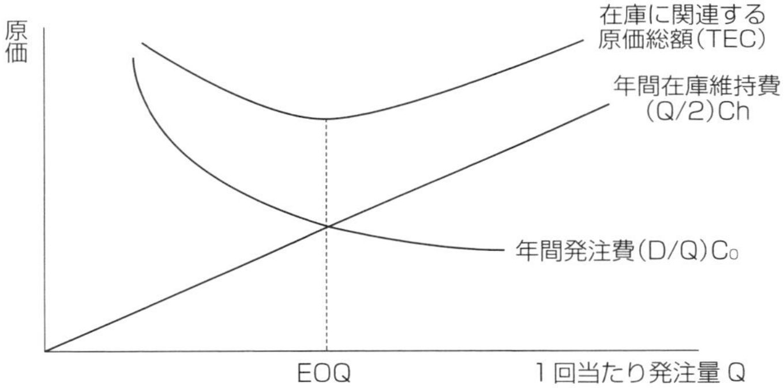

年間発注費と年間在庫維持費はトレードオフの関係にある。トレードオフを考慮して，在庫に関連する原価総額（TEC）が最小になる1回当たり発注量が経済的発注量（EOQ）である。TEC=（D/Q）C_0+（Q/2）Chのとき，TECを最小化するためにQで微分を行うと，$Q=\sqrt{\dfrac{2DC_0}{Ch}}$の式が求められる。これが経済的発注量である。

　かんばん方式（JIT）は，現場でのムダを排除するため，目で見てわかりやすいかんばん（看板）を使って，市場ニーズにひっぱられて必要な時に必要な量を必要な場所に，低コストで生産し配送する方式である。EOQ分析が一定の在庫をもつことを前提にするのに対し，かんばん方式は在庫をゼロに抑えることを目的とするという点で，両者には大きな違いがみられる。

　かんばん方式では，組立作業に必要な1単位分の部品を入れた容器（箱）に，品番，前工程，後工程，生産時期・方法，運搬時期・場所・方法などを記した看板を設置しておく。各現場では，1箱の部品を使い切ると，それについていたかんばんを外し，前工程の職場へ送る。前工程では，かんばんによって指示

80　第1部　管理会計の基礎

された数の生産を行い，後工程へ返送する。後工程ではかんばんの記載数量しか引き取らないので，作りすぎが防止される。また，このかんばんは現物とともに動くので，かんばんをみるだけで作業を指示されるとともに生産を急いでいることも明らかになって，余分な生産が排除される。以上から，かんばんによって作業のタイミングを図り，作り過ぎを避け，自工程の能力を目でみて管理することができる。

　以上のようにEOQとかんばん方式は，在庫の保有に関して異なる考えを有している。在庫の保有についてはどちらの発想が適切であるかは，企業の置かれている環境によって異なる。たとえば在庫をゼロにしたことによって，販売の機会が失われてしまうのであればある程度の在庫をもつことは許容されるべきである。また，組立メーカーの要求された時間通りに部品を届ける必要がある場合は，ある程度の在庫を保持する必要があろう。反対に流行の移り変わりが早く，保持していた在庫を廃棄せざるをえなくなるような業界であれば在庫は少ないほうが望ましい。

　近年では，第16章で取り上げる組織間管理を行うサプライチェーンマネジメントという考えが登場した。サプライチェーンマネジメントの最大の目的は，効率的な資材調達とスムーズな生産による資源の効率的な活用にある。

5　品質コストマネジメント

　品質管理について，当初はQC（quality control）という考えが米国から日本に輸入された。QCは，不良品を顧客に渡さないように品質検査によって品質管理を行う検査中心の管理であった。検査は品質の専門家が統計的標本調査を通じて行っていた。

　米国から輸入されたQCという考えを，日本ではTQC（total quality control）に発展させた。TQCでは，企画段階から不良品を作らないという姿勢で全社的な品質管理を行うため全員参加の総合的な品質管理に重点が置かれている。日本で生まれたTQCは米国でTQM（total quality management）と名称変更した。

　TQMとは，伝統的な経営管理実務を再構築することで製品の品質と顧客満足を改善しようとする活動である。このTQMを支援するシステムとして品質コストマネジメントがある。品質コストの概念を用いることにより，品質とコ

第6章　コストマネジメント　81

ストの関係を金額で測定できる。品質コストシステムにより，品質管理活動に役立つコスト情報を経営管理者に伝えるだけではなく，品質の改善がいかに利益業績にプラスに作用するかを把握することができる（伊藤（嘉），1999, p.8）。

　品質コストマネジメントは品質コストの測定と伝達を通じて品質改善と品質投資戦略に役立つ。品質コストマネジメントにおける品質コスト（quality costs）とは，一般に劣った製品が存在するかもしれない，あるいは現に存在するために発生するコストのことをいう。PAF法（prevention-appraisal-failure approach）では，品質コストを次のように分類する（Feigenbaum, 1956, p.99）。

①　予防コスト（prevention costs）：欠陥の発生を最初の段階から防止する目的で支出されるコスト。

②　評価コスト（appraisal costs）：製品の品質を評価することによって企業の品質レベルを維持するためのコスト。

③　失敗コスト（failure costs）：企業の品質仕様に合致しない欠陥材料・製品によって引き起こされるコスト。製品出荷前に欠陥が発見される場合に生じる内部失敗コストと出荷後に欠陥が発見された場合に生じる外部失敗コストとに分けられる。

[図表6-5]　品質コストの具体例

具体例／品質原価	品質原価の具体例
予防コスト	従業員訓練費，品質メンテナンス費（設計，工具）
評価コスト	検査費，品質調査費，工場受入検査費
内部失敗コスト	仕損費，スクラップ，手直費
外部失敗コスト	クレーム対応費

出典：Feigenbaum（1956）を参考に筆者作成。

　予防コスト，評価コスト，失敗コストの具体例をFeigenbaum（1956）に従って**図表6-5**に示す。予防コストと評価コストは，経営者が自主的に投資するために発生するコスト（自発的原価）であり，管理可能である。一方，失敗コストは誤りを犯した結果として発生するコスト（非自発的原価）である。自発的原価と非自発的原価の合計が，総品質原価である。自発的原価と非自発的原

82 第1部 管理会計の基礎

価との間には，トレードオフ関係がある。

　両者の関係はトレードオフであるが，品質コストマネジメントの主眼は，失敗コストの削減に向けられるべきである。それにもかかわらず，品質コストマネジメントの議論では，「コストというカテゴリーのもとですべての品質コストが同一視され，そのトータル額の低減が品質コストマネジメントの基本命題とされてきたのである」（伊藤（嘉），1999, p.29）。

　外部失敗コストの発生は，企業の存亡を揺るがしかねない事態に発展することもある。加えて，コーポレート・レピュテーションも大幅に低下する。たとえば，食品に異物混入された状態で顧客の手に渡れば，不良品を購入した顧客がその企業の製品の購入を避けるようになるかもしれない。さらに，近年ではSNSが発達しており，一消費者が不特定多数に情報を発信することが可能である。消費者が企業から受けた不満足な体験を発信すれば，企業の外部失敗コストが増加することにつながりかねない。

6　ミニ・プロフィットセンター

　本節ではミニ・プロフィットセンターの意義と適用事例を検討する。具体的には，ミニ・プロフィットセンターの意義と特徴，京セラのアメーバ経営，住友電工のラインカンパニー制，そして，セーレンの採算制組織を明らかにする。

6.1　ミニ・プロフィットセンターの意義と特徴

　前節まで，コストマネジメントに関するさまざまな手法を論じてきた。一方，人間はコストを引き下げろと命じられるよりも，利益を上げるべく工夫せよと命じられるほうが動機づけられる。工場や営業などコストに責任を有する職能に利益の責任を与える手法にミニ・プロフィットセンター（micro profit center：MPC）と呼ばれる制度がある。ミニ・プロフィットセンターとは，「従来から行われてきた小集団活動をベースに，損益という業績評価指標を通じて，組織学習活動の効果を向上させることを目的とした」（伊藤（克），2003, p.97）経営組織単位である。

　ミニ・プロフィットセンターの特徴は，次の2つに集約できる。第1は，原価センターを利益センターに変換する。その結果，経営者は原価低減だけでな

第6章 コストマネジメント　83

く利益獲得への強い意識が高まり，積極的に売上高を増やそうとする。この意味での利益センターは，擬似利益センターと呼ばれている。第2は，ミニ・プロフィットセンターと称されるためには，多数の自立的単位を設定する必要がある。それによって，環境の変化に迅速に適応できる能力が付与される。

6.2　京セラのアメーバ経営

　アメーバ経営の特徴は，組織と運用法にある。組織については，リーダーの意思によって，工程や機械別（製造の場合），販売拠点や担当商品別（営業の場合）といったように，組織を自由に細分化できる。係や班に相当する平均10名（数名から数十名まで）の組織までが，アメーバと呼ばれる独立採算の利益センターになっている。運用法については，アメーバは1つの会社のように，社内のマーケットで自分たちが生み出した財貨やサービスを販売する。社内で売買される販売価格は，コスト・プラス方式ではなくアメーバ同士の交渉によって決定される。取引価格を公平にするために，市場価格を参考にアメーバ間の取引価格が決定される。市場価格が下落すれば，アメーバ間の取引価格も下がるため価格の変化と連動した原価管理が可能となる。

　アメーバごとの独立採算の結果は**図表6-6**に示す採算表に要約される。総出荷（A）は社外に販売した社外出荷（B）と社内のアメーバに販売した社内売（C）の合計である。社内買（D）は，他のアメーバから購入した部材などの金額である。総出荷（A）から社内買（D）を差し引くと総生産（E）が求まる。控除額（F）は自アメーバの労務費を除いた経費の合計である。労務費を除く理由として，労務費は会社の採用方針，人事や総務などの方針によって金額が決まってしまい，アメーバの責任者がコントロールできないためである（稲盛, 2010, p.142）。総生産（E）から控除額（F）を差し引いて自アメーバの付加価値に当たる差引売上（G）を算定する。差引売上（G）を自アメーバの労働時間である総時間（H）で割れば，1時間当たり付加価値が求まる。

　アメーバ経営は京セラで生み出されたものであるが，近年，アメーバ経営の適用範囲が拡大している。たとえば，日本航空（JAL）や医療介護や教育機関などの非製造業においてアメーバ経営が実践されている（アメーバ経営学術研究会, 2017）。

84　第1部　管理会計の基礎

[図表6-6]　製造部門の時間当たり採算表

(単位：千円)

項　　目	計算式	金額
総出荷（A）（自アメーバの売上高）	B＋C	650,000
社外出荷（B）		400,000
社内売（C）		250,000
社内買（D）（他のアメーバからの購入額）		220,000
総生産（E）	A－D	430,000
控除額（F）（自アメーバで発生した労務費以外の経費）		240,000
差引売上（G）（自アメーバの付加価値）	E－F	190,000
総時間（H）		35,000時間
当月時間当たり（I）	G÷H	5.4285

出典：稲盛（2010, pp.135-138）を参考に筆者作成（太字括弧は筆者挿入）。

6.3　住友電工のラインカンパニー制

　住友電工のラインカンパニー制は，①工場を少人数のグループに細分化し，②損益を総合体質指標とし，③ラインが主体となりスタッフのサポートのもと，④事業体質改善を進め，⑤創造的主体的な人材の育成を図る仕組み（菅本，2003, pp.105-115）である。住友電工のラインカンパニーではラインのリーダーがラインカンパニーの社長になる。現場組織の単位は，住友電工では5～40人程度のグループからなる。制度の狙いは，現場の潜在能力を引き出す1つの手段であり，顧客関係を大事にし，業務を通じて自ら成長する学習環境とすることにある。菅本によれば，住友電工では200～300人程度からなる工場が全国に点在していて，各工場の内部を掛に分けて現場管理を行っている。この掛（5～40人）を会社に見立てて，掛の主任を会長，主任代理を社長と呼んでいる。この擬制された会長と社長のもとで，小グループの商店をつくり，班長クラスが店長である。工場長や部長が株主，生産技術部のスタッフが技術コンサルタントと呼ばれている。住友電工では完全に1つの会社形態をとるなど，徹底した会社として捉えられていることに大きな特徴を見出すことができる。従来は内部の組織が工程別に区分されていた。しかし，工程別に区分した結果，自班

の能率優先という部分最適に走りがちであった。そこで，各カンパニーの内部を品種別の構成に再編した。

6.4　セーレンのライン採算制組織

　セーレン株式会社は東京と福井に本社を置く総合繊維メーカーである。従業員数は連結で5,977名，連結売上高は約1,081億円（2017年3月期）。足立ほか（2011, pp.3-12）によれば，製品別事業部制がとられている。セーレンでは，全社的に目標管理制度が行われており，この制度のなかで各管理階層別の会計目標が設定されている。目標の達成度は賞与や昇進等に反映されている。セーレンでは，工場は利益センターとして計算されている（足立・篠原, 2008, pp.73-80）。目標管理制度のなかで設定される工場利益目標に基づいた損益管理が行われる。工場利益は生産高（営業部門に対する検査高ベースの売上高）から工場経費（工場内の管理部門の費用も含む）を差し引いて求められる。実績は月次で決算数値のデータベースを変換して測定され，目標値と比較されて経営会議に報告される。セーレンの利益指標である工場利益は，次のように計算されている（足立ほか, 2011, pp.3-13）。

　　　　工場利益＝生産高－加工費－本社・事業部間接費

　生産高とは，工場から営業部への売上（ただし，一部は社外売上）を指す。直接材料費は営業部の負担コストであり，工場で発生するコストは製品の加工費に相当する。そして，生産高から加工費，および本社・事業部の間接部門配賦額を控除した残余が工場利益とされている。アメーバ経営とは違って，セーレンでは時間概念はなく，利益額そのもので評価される。営業部の利益概念である営業利益は，以下のように算定される。

　　　　営業利益＝売上－直接材料費－生産高－販売費－本社・事業部間接費

　以上のように，セーレンでは営業部が直接材料費について責任を負う点にその特徴をみることができる。さらに，工場と営業部の両方に忌避宣言権が与えられているため，営業部が他社の工場に加工作業を発注したり，工場が他社から委託加工業務を受注することも可能である。工場全員が効率的に仕事をするためには，工場全体がロスなく効率的に働けるような計画を立案し，この計画をもとに1人ひとりがなすべきことを作業指図として明確に指示することが求

められる。

7　まとめ

　本章では，コストマネジメントについてQCDという観点から検討した。コスト面では，製造段階で原価維持を目指す標準原価計算による管理を取り上げた。また，ビジネスプロセス全体のコストマネジメントについてライフサイクルコスティングを論じた。物流面ではEOQ分析とJITを検討した。品質面では，品質コストマネジメントを中心に検討した。本章の最後に，日本のユニークなコストマネジメントの手法であるミニ・プロフィットセンターを論じた。

[注]
注1　本章では答申の「コスト・マネジメント」よりも原価管理のツールを広く捉えるため，コストマネジメントという用語を用いる。
注2　製造間接費の分析方法の実態調査を行った結果によると，固定予算の利用度77.8%に対し，公式法変動予算の利用度は11.1%であった（新江, 2014, p.114）。

[参考文献]
足立洋・篠原巨司馬（2008）「セーレンの経営改革」『メルコ管理会計研究』Vol.1, No.1, pp.73-80.
足立洋・篠原巨司馬・潮清孝（2011）「プロフィットセンター化されたライン部門の利益創出メカニズム—セーレン事例—」『メルコ管理会計研究』Vol.1, No.4, pp.3-12。
アメーバ経営学術研究会編（2017）『アメーバ経営の進化—理論と実践—』中央経済社。
新江孝（2014）「日本企業の管理会計・原価計算実務に関する調査結果の分析—先行調査研究との比較—」『商学研究』Vol.30, pp.105-124。
伊藤克容（2003）「ミニ・プロフィット・センターの意義と設計方法—理論的考察を中心に—」『企業価値と組織再編の管理会計に関する研究』日本会計研究学会特別委員会報告書（委員長：門田安弘）。
伊藤嘉博（1999）『品質コストマネジメント』中央経済社。
稲盛和夫（2010）『アメーバ経営』日経ビジネス人文庫。
江頭幸代（2008）『ライフサイクル・コスティング』税務経理協会。
櫻井通晴（2014）『原価計算』同文舘出版。
菅本栄造（2003）「ミニ・プロフィット・センターの組織と管理」『企業価値と組織再編の管理会計に関する研究』日本会計研究学会特別委員会報告書（委員長：門田安弘）。
日経BP社（2004）「これがトヨタ式3つの要諦だ」『Nikkei Business』4月12日号, 日経BP社, pp.38-39。
Feigenbaum, A. V. (1956), Control (Design + Material + Product + Process) ÷ Costs (Inspection + Rejects) × Customer Satisfaction = Total Quality Control, *Harvard Business Review*, Vol.34, No.6, 93-101.

第7章

原価企画

1 はじめに

　前章では，コストマネジメントのためのツールの1つとして，標準原価計算について説明した。標準原価計算は，日本の高度成長期を担った原価管理手法の代表格といってよいであろう。しかし1970年代頃から生産の下流ないし量産段階で実施される標準原価計算だけでは原価低減の効果が十分に発揮できなくなり，生産の上流ないし源流段階（川上：upstream）から原価管理を実施することが製造環境として必要となってきた。そこで注目を浴びるようになったのが原価企画（target costing）である。

2 原価企画誕生の背景

　原価企画は，わが国独自に開発された管理会計のツールである[注1]。原価企画の定義自体は論者によって異なるが，本章では，原価企画の定義を「製品・サービスの企画・設計段階を中心に，技術，生産，販売，購買，経理など企業の関連部署の総意を結集して原価低減と利益管理を図る，戦略的コストマネジメントの手法」（櫻井, 2015, p.307。筆者が「サービス」を追加）と定義する。原価企画は製品の企画・設計段階で同時並行する関連組織活動であり，経営戦略と結びついた管理会計技法であることが含意されている。

　原価企画がこんにち，新製品・新サービスの企画・設計段階における戦略的コストマネジメントの手法であることは広く知られている。とはいっても，現在のような形で原価企画が行われるようになったのは，1973年の石油危機以降である。実態調査（櫻井, 1992, pp.55-74, pp.145-148）の結果でも，1970年代以降

に急増している。1980年代初頭から本格化した工場の自動化は，生産段階における直接工を大幅に削減させた。直接工の減少は直接労務費の差異分析の意義を低下させ，加工組立型産業における原価管理手段としての標準原価計算の重要性を低下させた。

　その結果，日本の主要企業では，生産の上流，すなわち製品の企画・設計段階での原価低減に移行した。その理由は，加工組立型産業では原価決定に際し，80％前後の原価は生産の上流で決まってしまうからである（**図表7-1**）。ここに，製品の企画・設計という源流段階で原価と品質を作り込もうとする原価企画が企業の効果的な管理会計のツールとして位置づけられる背景が見出される。

[図表7-1] コスト決定曲線と発生曲線

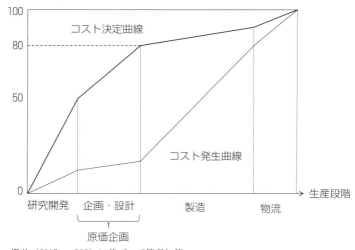

出典：櫻井（2015, p.308）に基づいて筆者加筆。

3　原価企画の特徴

　原価企画の特徴として，次の8つをあげることができる。ここでは標準原価計算との比較を中心に説明する。

(1) **生産の上流段階で適用（源流管理）**　標準原価計算が適用されるのは生産が始まってからであるが，生産の上流段階で原価管理を行えば，それだけ大きな原価低減が実現できる。原価企画は，企画・設計といった生産の上流段階で原価が作り込まれる（源流管理）ので，原価管理の効果が大きい。原価を大幅に引き下げるためには，生産が始まってからでは遅い。製品の企画段階でならば，原価が大幅に低減される可能性がある。

(2) **原価低減の管理手法**　原価企画の主要な目的は，標準原価計算とは違ってコストコントロールではなく，原価低減にある。コストコントロールは，所与の条件のもとでの原価の管理である。実際原価を標準値から大きく離れないようにすることから，原価維持とも言われる。原価維持を図るのが標準原価計算の役割である。一方，原価低減と言うとき，製品の企画段階から製品の機能そのものを見直して市場との関係で戦略的に大幅に原価を引き下げる。原価企画では，まさにその原価低減が行われる。

(3) **市場志向の現場管理技法**　標準原価計算は技術志向の管理技法であるが，必ずしも市場志向であるとは言えない。プロダクトアウトの手法であるといえる。一方，原価企画は技術志向であるとともに，プル方式に基づく市場志向（マーケットイン）のアプローチでもある。このことは，市場の状況から予定販売価格を決定し，次いで目標利益との関係から許容原価が導かれ，一方，技術者の現状見積もり（成行原価）を基礎にVEの活用によって原価低減活動を行い，許容原価との擦り合わせから目標原価が導かれる関係を考えれば明らかになろう。

　原価企画の場合，**図表7-2**から明らかなように，原価が価格を決定づけるのではなく，市場で受け入れられる販売価格が原価を決定づけるところから明らかなように，市場志向である。

［図表7-2］　原価企画における市場志向性

プロダクトアウトの計算式	実際原価	+	目標利益	=	予定売価
原価企画の市場志向的な計算式	予定売価	−	目標利益	=	許容原価

出典：櫻井（2015, p.309）に基づき筆者一部加筆。

90　第1部　管理会計の基礎

(4)　**戦略的な利益管理手段**　標準原価計算は所与の技術的条件のもとでの基準値内に原価を維持することに特徴がある。その意味では，業務的ないし戦術的な問題が中心課題となる。

　　原価企画が市場志向の特徴をもつということは，原価企画には外部の競争環境や顧客のニーズを勘案して，戦略的な経営計画の策定が可能であることを意味する。事実，原価企画は，戦略的な利益管理手段として実施される。

(5)　**経営工学的な性格**　標準原価計算でもIE（industrial engineering：生産工学）が活用されるなど，生産技術との繋がりを無視しえないが，標準原価計算制度を活用している日本企業の現状をみると，財務諸表の作成を主要目的としているケースが少なくない。

　　原価企画は設計仕様や生産技術を活用した手法である。そのため，伝統的会計アプローチがかなり後退し，経営工学的な性格が色濃くなっている。原価企画ではVE（value engineering：価値工学）を用いて，改革や業務改善に活用される。VEとは「最低の総コストで，必要な機能を確実に達成するために，組織的に，製品，またはサービスの機能の研究を行う方法」（日本バリュー・エンジニアリング協会, 1992）である。

(6)　**部門間協力**　原価企画では，原価企画の担当部門（原価企画部）をコーディネータとして，販売，購買，設計，生産，および経理の協力が不可欠である。それだけ総合管理の手法としての性格が強いということである。標準原価計算でも設計や製造部門との協力が必要であるが，原価企画の比ではない。

(7)　**多品種小量生産**　標準原価計算は大量生産型の生産方式に適用するのが最も効果的である。一方，原価企画は自動車産業や家電産業のように，加工組立型の産業における多品種小量生産の生産方式に最もよく適合する[注2]。

(8)　**プロダクト・マネージャー**（PM：product manager）**の存在**　原価企画の特徴として，重量級プロダクト・マネージャーが存在するという視点がある（Clark, K.B and T.Fujimoto, 1990）。目標利益を確保するためには，企業のプロダクト・マネージャーのリーダーシップが重要である。以上より，原価企画の特徴を整理すると**図表7-3**のようになる。

[図表7-3] 原価企画の特徴

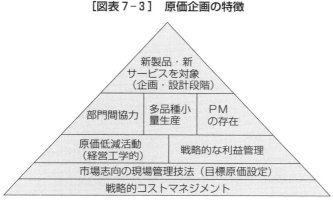

出典：筆者作成。

4　原価企画の実施プロセス

　原価企画を担当する特別の組織としては，原価企画部の他，総合利益管理室，企画管理部などの名称が用いられる。原価企画が企業の原価管理にとって決定的な重要性をもつようなところでは，原価企画を担当する特別の組織（原価企画部）をもつことが多いし，またそれが望ましいことでもある。原価企画導入の中心部門としては，設計，商品企画，経理，技術および開発などである。

　伊藤（1996, p.116）は日産自動車を例にとって，原価企画の実施プロセスを主として（1)基本構想フェーズ，（2)目標原価設定フェーズ，（3)目標原価達成フェーズの３つに分類している。これは，こんにちの原価企画に一般的に当てはまると理解してよい。

　基本構想フェーズは，製品企画までが中心であり，売上高目標から目標利益を差し引いて許容原価を算定する。許容原価とは，開発当初の希望原価であり，積上げ式の計算ではなく，「目標売上－目標利益」という理想値をもとに計算されることから，現時点においては達成不能である可能性もありうる。

　目標原価設定フェーズでは，許容原価と成行原価（積上げ原価）を比較し，目標原価を設定していく。成行原価とは，従来どおりの経営活動で発生すると予想される見積原価である。また目標原価とは，許容原価と目標原価とを比較

92 第1部 管理会計の基礎

して原価低減目標を定めた上で決定する実現可能な原価目標値である。目標原価達成フェーズでは，VEを活用し，原価低減活動を行ったうえで実現可能な目標原価を決定していく。通常は，次の等式が成り立つ（**図表7-4**）。

[**図表7-4**] **原価企画における原価概念と実施プロセス**

Ⅰ 基本構想フェーズ		Ⅱ 目標原価設定フェーズ

許容原価 ≦ 目標原価 ≦ 成行原価

Ⅲ 目標原価達成フェーズ
（原価低減目標額の実現）

出典：伊藤（1996, p.116）に基づいて筆者作成。

　言い換えると，成行原価は設計技術担当者サイドの事情で計算された原価，許容原価は経営者サイドの事情で計算された原価であり，目標原価は両者を調整して達成可能値として計算された原価である。たとえば，目標利益が80万円，売上高目標が800万円，成行原価が780万円であった場合，許容原価は720万円（＝800万－80万），原価低減目標額は60万円（＝780万－720万）となる。

　この目標原価の達成方法は統合法と呼ばれ，成行原価と許容原価を考慮して目標原価を設定する方法である。成行原価と許容原価を摺り合わせて原価低減活動を行ったとしても目標原価を達成することができない場合は，生産を中止することも検討しなければならない。しかし目標原価未達成でも量産に踏み切ることもある。企業次第ではあるが，製品開発の節目節目でマイルストーン管理を行い，進捗状況をチェックしている。目標原価未達成でも量産に踏み切る場合，その差額部分は量産段階における原価改善活動に委ねることになる。かくして目標原価が決定されるが，ここで決定した目標原価は，標準化（原価標準）に組み込まれ，原価維持活動によってそれを維持する。

　以上をまとめると**図表7-5**となる。なお，製品単位で設定された目標原価は，実務上は部品別・機能別に細分化され，さらには設計担当者別や費目別に割り付けられる場合もある。

[図表7-5] 統合法による目標原価の考え方

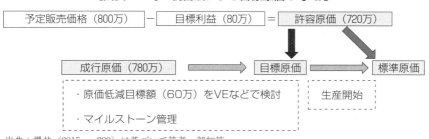

出典：櫻井（2015, p.323）に基づいて筆者一部加筆。

5 原価企画における目標原価の範囲の捉え方

　原価企画における目標原価の範囲の捉え方については，4つに分類して考えることができる（伊藤，1995a, pp.13-14）。すなわち，第1に直接費だけの場合，第2に製造原価全体の場合，第3に製造原価に物流費や品質保証費などの販売費・一般管理費を含めた総原価の場合，第4にメーカーだけでなくユーザーで発生するコストを含めたライフサイクル・コストを対象とする場合である。

　直接費だけの場合，技術者のVEによる原価低減を重視した考え方である。次に，製造原価の場合，直接費だけでなく，間接費の管理を含めた製造原価の原価低減が目的となる。さらに，総原価の場合，目標原価は原価低減のターゲットであるとともに価格決定との関係から，利益の作り込みも管理目的に含まれる。最後に，ライフサイクル・コストの場合であるが，これは設計，製造，販売，使用，廃棄というすべてのプロセスを管理目的とするという点については，わが国および欧米の研究者達の間ではほぼ合意ができているように思われる。

　上記の分類に加えて，トヨタ自動車の事例を紹介しておこう。同社では，目標原価を設定する場合，新型モデルによる設計変更を現行モデルと比較し，図面変更分だけを対象に原価低減する差額見積（差額方式）の方法が行われていた（田中（隆），1994, p.7）。目標原価の範囲を製造原価としながらも，原価低減で差額見積をしていたということである。この方法によれば見積りの手間が省け，見積精度も高くなると考えられていた。しかし，小林（2017）によると，

94　第1部　管理会計の基礎

近年のトヨタ自動車は，原価見積方法を差額方式から絶対値方式に変更したという。すなわち，目標原価の範囲は，現行品踏襲分も原価低減対象とし，さらに諸費用も含めた全部原価（総原価）を対象にしているという。この背景には，自動車の現地調達を伴う海外生産が本格化したため，サプライヤーをコンペで決定する場合，差額方式では正しい見積りができなくなってきたためである。

6　原価企画に用いられる主要なツール

　原価企画に用いられる主要な3つのツールを説明する。それは，ベンチマーキング，QFDおよびVEである。

　ベンチマーキングとは，最強の競争相手または先進企業と比較して，製品・サービス・プラクティスを測定する継続的作業をいう。最強の競争相手と最高の製品を組み合わせて選択するベスト・オブ・ベストによりベスト・プラクティスの目標原価を設定できると考えるツールである。

　QFD（quality functional deployment：品質機能展開）とは，品質企画で，顧客ニーズを作り込むツールである。顧客のニーズをウエイトづけして，それを部品レベルまでに展開していく。

　最後にVEとは，価値公式（V＝F／C）を工夫して，原価低減するツールである。V（value）は価値，C（cost）は原価，F（function）は機能である。VEによって製品価値を高めながら原価引き下げを狙うことに主目的があるが，具体的には次の5つの組み合わせがある。

　①機能を一定にしてコストを下げる，②コストを一定にしたまま機能をアップする，③機能を削減することでコストをかなり下げる，④コストが多少アップするがそれ以上に機能を強化する，⑤機能を上げながらコストを削減する。

　なおVEは，商品企画段階で適用される場合はゼロルックVE，開発・設計段階で適用される場合はファーストルックVE，量産段階で適用される場合はセカンドルックVEと分類される。

7　原価企画のインフラ

　原価企画のインフラとして，ここでは4つを紹介する。第1にコンカレント・エンジニアリング，第2にデザイン・イン，第3にCFT（cross functional team：クロスファンクショナルチーム），いま1つはコスト・テーブルである。

7.1 コンカレント・エンジニアリング

　サイマルテニアス・エンジニアリングとかラグビー方式とも呼ばれる。これは，日産自動車の事例（伊藤，1995b）によると，商品企画，基本設計，詳細設計，生産準備および初期流動といった各フェーズはバトンタッチ方式（リレー方式）で進んでいくというよりはオーバーラップしながら同時並行的な活動を行うことによって，リードタイムおよび開発期間を短縮し顧客ニーズに対応した開発をすることで収益を高める考え方である。他方，他部門と知識共有することで，設計変更を削減し，製造しやすい設計をすることで原価低減できるという利点もある。以上を整理すると**図表7-6**となる。

［図表7-6］　コンカレント・エンジニアリングの特徴

(1)　従来の開発：リレー式開発

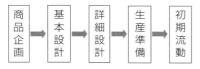

(2)　現在の開発：コンカレント・エンジニアリング（ラグビー型開発）

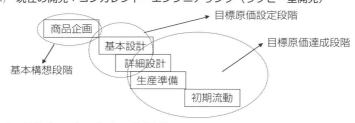

出典：伊藤（1995b）に基づいて筆者加筆。

7.2　デザイン・イン

　製造業の原価企画ではアセンブラー（最終完成品メーカー）とサプライヤー（部品供給メーカー）の協力体制の構築が不可欠である。コンカレント・エンジニアリングを行う場合，サプライヤーが開発の初期段階からアセンブラーの工

96　第1部　管理会計の基礎

場内部に参加して新製品開発を行う協力関係を構築することが大切であり，このような開発体制はデザイン・インと呼ばれる。また，アセンブラーは，複数のサプライヤーに同一あるいは類似した部品の発注を行うことで，馴れ合い状態を緩和してサプライヤー間の競争を促進させることがあり，これを複社発注方式（複数発注制）という。

　なおサプライヤーには2つのタイプがある。中核企業によって設計が終了した仕様に従って製造した部品を生産してアセンブラーに納入するサプライヤーは貸与図（drawings supplied）メーカーと呼ばれる。他方，サプライヤー自身が図面を作成してバイヤーが承認した図面に従って製造する場合は承認図（drawing approved）メーカーと呼ばれる。

7.3　CFT

　関係各部門から専門家を集めるとともに，プロジェクト全体を統括する責任者（PM）の下で英知を結集して行われる職能横断的なチーム活動を言う。コンカレント・エンジニアリングでの製品開発体制が前提である。

7.4　コスト・テーブル

　適正な原価を見積もるためには，コスト・テーブルが整備，活用される必要がある。コスト・テーブルとは，原価を迅速かつ正確に評価できるように，使用目的を予定し，さまざまな特性や要素，たとえば，加工方法や加工精度，あるいは材料の使用量や部品の生産量などに対応させて発生する原価を見積もり，それをデータベースにまとめたものである。

　コスト・テーブルの種類としては，企業によって多様であるが，主として3種類に分けられる。第1に，粗精度ではあるが，概算見積もりのために作成される企画コスト・テーブルである。第2に，用途によって，設計時点で経済性を判断するために作成される設計用コスト・テーブルである。第3に，材料や部品調達に有効な購買部品を行うために作成され，加工や組立などの製造方法とその原価を明らかにした購買用コスト・テーブルである。

　　企画用コスト・テーブル……概算見積り用
　　設計用コスト・テーブル……設計時点で経済性を判断する

購買用コスト・テーブル……材料や部品調達に有効な購買のため

コスト・テーブルは当初，購入部品の価格を適正に見積り，購入原価を適正なレベルに維持することを目的として開発・活用された。しかし，現在，コスト・テーブルは，単なる購入部品価格表ではない。部品として購入する場合にも，その部品がどの材料を用いて，購入先でどのように加工され，それに利益がいくら加算されているかを，できるだけ正確に推計するためのツールである。デンソー（旧・日本電装）では，加工法別に50種類以上の購買用コスト・テーブルをもっており，「原価を決定・構成する諸要素（材料所要量，加工工程，加工設備，加工時間，加工費率など）のそれぞれについて標準を設定し，それを手順化された要領にしたがって組み合わせ，積み上げることによって標準原価を求める」（西口, 1989, pp.26-29）ためのツールであるとされている。

8 原価企画の課題

原価企画にも，解決を要する課題がいくつかある。ここでは，人間性の充足，研究促進，適用可能業界の拡大，および海外への移転可能性の4つについて説明する。

8.1 設計技術者の疲弊の問題（人間性の充足）

目標原価の設定レベルをあまりに厳しく設定しすぎると，現場の技術担当者に過度なストレスを与えたり，下請けいじめにつながりかねない。これは「原価企画の逆機能」と呼ばれる問題である。したがって目標原価は必達ではなく，挑戦目標として考えていくことも大切である（櫻井, 2015, p.297）。

8.2 原価企画と原価改善・原価維持の組み合わせによる研究促進

原価企画による原価低減効果は，原価改善と原価維持に有効活用がなければ達成できない。特に原価維持は前述した標準原価計算との結びつきが強い。生産開始後の原価低減活動である原価改善の充実のためには，間接費管理としてABC/ABM（活動基準原価計算/活動基準管理）の活用，直接費管理として原価企画の活用といった論点も検討すべき余地がある。これらをバランスよく活用していくことが重要であり，同時に研究が進まなければならない[注3]。

8.3　原価企画を適用可能な業界の拡大

　これまで原価企画が適する企業は製造業がその対象とされ，とりわけ自動車などを生産する加工組立型産業に効果的であるとされてきた。しかし，一品生産を中心とした建設業界や，非製造業であるサービス産業に対しても原価企画を適用している事例が確認され，従前であれば原価企画の適用が検討されていなかった業界へと原価企画は広がりをみせ始めている。サービス業へ原価企画を適用できれば，サービス業のコストマネジメントが機能し，サービス業の生産性向上にも貢献できる可能性が高まる。とはいえ，みえるモノが存在せず，また生産と消費が同時に行われるサービス業において製造業での原価企画の考え方がそのまま当てはめられるのかについては検討を要する。

8.4　海外進出企業と原価企画の海外移転可能性

　日本の自動車関連メーカーは，海外にマーケットを求めてグローバル化をはじめ，北米と南米，ヨーロッパ，タイやインドネシアなどの新興国に進出を果たしてきた。しかしながら，現在の自動車メーカーのグローバル戦略は岐路に立たされている。なぜなら日本の人口減少にともなう自動車市場の規模縮小が起こっている一方で，中国，インド，ASEAN新興諸国の経済成長に伴う自動車市場の規模増大へいかに対応するかという両者の課題を同時に解決しなければならないからである。

　筆者は，自身（2017）の研究をもとに，マレーシア進出日本メーカーを海外移転のタイプに合わせて3つに分類した（**図表7-7**）。進出企業の戦略がそれぞれ異なるため，実情に合わせてタイプが選択される。なお，本章では，開発・生産プロセスを①先行研究，②基本設計，③詳細設計，④生産準備，⑤初期流動，⑥量産という6段階に分類する。

(1)　**生産移転タイプ**　　生産移転タイプは，基本設計（システム分析からハードウェアやソフトウェアの基本仕様を作成する段階）から詳細設計（量産設計・アプリ設計・サブシステムや主要設備の詳細手配）までを日本国内で行い（製品企画は基本設計に含む），部品レベルでノックダウンして海外生産するタイプである。マレーシアに進出する自動車アセンブリメーカーX社はこのタイプ

第7章 原価企画　99

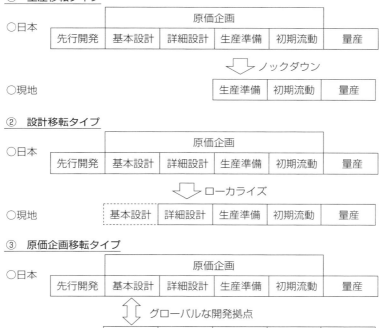

[図表7-7] 原価企画の海外移転のタイプ

出典：田坂・小酒井（2017, p.103）。

であり，現地で原価企画を行っていないことがわかった。それでも，海外進出の成果は業績につながっていた。

(2) **設計移転タイプ**　設計移転タイプは，日本で基本設計まで行い，詳細設計からは海外（海外子会社または現地サプライヤー）で行い，海外で生産するタイプである。日本への輸出も行うケースもある。ただし，本国と現地とでQCDの基準（要求水準や標準）においてダブル・スタンダードは存在しないものとする。マレーシアに進出するX社のサプライヤーであるY社はこのタイプであり，海外進出の成果は業績につながっていた。

(3) **原価企画移転タイプ**　原価企画移転タイプは，現地で基本設計から量

100　第1部　管理会計の基礎

産までを行う。新興国市場でも，このタイプが萌芽してきていると考えられる。このタイプでは現地の市場に合わせ本国と異なるQCD基準を許容している場合もある。マレーシアに進出する自動車部品サプライヤーZ社はこのタイプであり，海外進出の成果は業績につながっていた。

9　まとめ

　本章では，原価企画誕生の背景，特徴，実施プロセス，目標原価の範囲，ツール，インフラおよび原価企画が抱える現代的課題について網羅的に説明した。ケースについては，日産自動車（基本構想フェーズ，目標原価設定フェーズ，および目標原価達成フェーズに分けていること），トヨタ自動車（差額方式から絶対値方式への変更），デンソー（購買用コスト・テーブルを加工法別に50種類以上所有），および匿名であるが在マレーシア日本企業のうち，アセンブリメーカーX社（海外での原価企画実施していない），サプライヤーY社（詳細設計から海外移転している）およびサプライヤーZ社（基本設計から海外移転している）について述べた。

[注]

注1　原価企画の起源については諸説がある。原価企画という用語は，田中（雅）（1995）によると，トヨタ自動車で用いられ始めた用語であり，トヨタ自動車における原価管理の3本柱（原価企画，原価維持，原価改善）として1963年に位置づけられたのが始まりとしている。水野（1970, pp.8-9）もトヨタの原価企画は1963年に始まったとしている。1959年のパブリカの開発段階に市場志向の価格・原価計算の枠組みが形成されたことをもって原価企画の起源であるとしている論者（田中（隆），1994, p.12）もいる。門田（1993, pp.43-44）は，トヨタではVE導入前の1959年末にパブリカで原価企画に近いことが行われたが，本格的に原価企画が開始されたのはVE導入後の1962年としている。丸田（2011, pp.53-54）によれば，1950年代には松下電器（現・パナソニック）など家電産業その他でも原価企画が行われていたという。ただし，当時は原価企画という名称もVE/VAが使われていた形跡も見当たらない（丸田，2011, pp.55-56）。一方，小林（2017）は，1937年の豊田喜一郎メモ「原價計算ト今後ノ予想」（中日新聞社経済部，2015, pp.224-226）の中に本章図表7－2のような市場志向の計算式の考え方がみられることから，このメモが原価企画の起点であるとしている。結局は，何をもって原価企画と呼ぶべきかで起源の見解が分かれることになる。

注2　製造業だけでなく，サービス業といった非製造業も原価企画の対象ととらえる場合には，「多品種小量生産」は必ずしも当てはまらないと考えられる。

注3　ABCと原価企画の統合については田坂（2008）などを参照されたい。

第7章　原価企画　101

[参考文献]

伊藤和憲（1995a）「原価企画の本質と目標原価のあり方」『品質』Vol.25, No.3, pp.11-16。

伊藤和憲（1995b）「日産自動車の購買管理と原価企画」，田中隆雄・小林啓孝編著『原価企画戦略：競争優位に立つ原価管理』中央経済社，pp.185-204。

伊藤和憲（1996）「原価企画の論点—原価企画の定義と体系化—」『税経通信』No.12, pp.111-117。

小林英幸（2017）「トヨタ自動車の原価企画—コストを作り込む—」『日本的管理会計の評価と展望』予稿集，メルコ学術団体振興財団10周年記念国際人シンポジウム，pp.13-21。

櫻井通晴（1992）「わが国管理会計システムの実態—CIM企業の実態調査分析—」『専修経営学論集』1992年10月。

櫻井通晴（2015）『管理会計〔第六版〕』同文舘出版，pp.291-327。

田坂公（2008）『欧米とわが国の原価企画研究』専修大学出版局。

田坂公・小酒井正和（2017）「原価企画現地化の課題は何か—マレーシア進出企業への実態調査—」『企業会計』Vol.69, No.5, pp.102-107。

田中隆雄（1994）「原価企画の基本モデル—トヨタの原価企画を参考に—」『會計』Vol.45, No.6, pp.1-19。

田中雅康（1995）『原価企画の理論と実践』中央経済社。

中日新聞社経済部編（2015）『時流の先へ　トヨタの系譜』中日新聞社。

西口二三夫（1989）「当社における原価企画活動の展開」『経営実務』第426号，pp.20-33。

日本バリュー・エンジニアリング協会（1992）『VE用語の手引—VE Terminology—』。

丸田起大（2011）「原価企画の形成と伝播—1950年代を中心に—」『原価計算研究』Vol.35, No.1, pp.48-58。

水野正治（1970）「製品開発の初期段階における原価企画」『トヨタマネジメント』1970年11月号，pp.8-14。

門田安弘（1993）「原価企画・原価改善・原価維持の起源と発展」『企業会計』Vol.45, No.12, pp.42-46。

Clark, K.B and T.Fujimoto（1990）, The Power of Product Integrity, *Harvard Business Review*, November/December,（藤本隆宏，キム・B・クラーク/坂本義実訳「製品統合性の構築とそのパワー：ホンダのベストセラーカー開発の秘密」『ダイヤモンド・ハーバード・ビジネス』1991年2/3月号，pp.4-17）。

第8章

事業部制管理会計

1　事業部制とは

　企業内部を複数のグループに分け，それぞれに利益管理の権限を委譲し，管理責任を課す経営管理方式を事業部制といい，個々のグループを事業部という。

　複数の製品を扱う企業では，製品別にグループ化することが多いが，この方式の事業部制を製品別事業部制という。市場を地域別に分割し，それぞれの地域内の顧客に対応する事業部を編成する方式を地域別事業部制という。顧客を政府・地方自治体，一般企業，個人などに分類し，それぞれに対応する事業部を編成する方式を顧客別事業部制という。

　事業部制は，委譲される権限によっても分類することができる。企業は，成長段階の初期には，製造，販売といった職能別に組織化されるのが一般的である。この職能別の各部門には，その職能を遂行する権限が委譲され，管理責任が課される。製造部門は，製品の製造に関する権限を委譲され，製品原価に責任を負う。販売部門は販売に関する権限を委譲され，売上高に責任を負うのが一般的である。

　この職能別の各部門に利益責任を課すのが，職能別事業部制である。これに対して，製造，販売といった一連の職能を組織内に揃え，独立企業のように外部市場に対応する方式の事業部制をプロフィット・センター（PC）型事業部制という。職能別事業部制およびPC型事業部制においては，その利益目標の設定と業績評価のためには，事業部利益を示す事業部損益計算書が作成される。しかし，この方式の事業部制では，投資の権限は委譲されない。

　投資の権限を委譲する方式の事業部制をインベストメント・センター（IC）

型事業部制という。**図表8-1**を参照されたい。IC型事業部制において経営者は，それぞれの事業部長に投資家から受託した資本の効果的・効率的な運用の責任・権限の一部を委譲し，その運用を委託する。そのために，経営者は事業部長に委託した資本に見合って十分な利益を確保することを目標として課す。その目標設定と業績評価のためには，事業部損益計算書に加えてどの種の資産にどれだけの資本が投下され，回収されたかを示す事業部貸借対照表の作成も要求される。しかし，IC型事業部制においても資本調達の権限は委譲されない。

[図表8-1] 権限委譲のレベルによる事業部制の分類

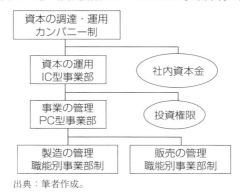

出典：筆者作成。

2　カンパニー制

　カンパニー制は，わが国では事業部制の発展した形態として，事業部制とは異なるものと捉えられている。1994年4月にソニー㈱が，同年10月に三菱化学㈱が導入して以来，多くの企業がカンパニー制を導入している。近年でも，2013年4月にパナソニック㈱，2016年4月にトヨタ自動車㈱など日本を代表する大企業がカンパニー制を導入した。

　カンパニー制では，開発，製造，販売といった一連の職能を一元的に管理する権限を有し，取り扱う製品あるいはサービスに対して総合的な責任を負う。またIC型事業部制と同様に，損益計算書のほかに貸借対照表が作られ，受託した資本に対する費用である資本費用（capital charge）を負担する。

　資本費用を算定する基礎となる資本を投資ベースというが，投資ベースの代

104　第1部　管理会計の基礎

表的なものとして，①資産タイプ，②社内借入金タイプ，③社内資本金タイプ，の3種がよく知られている（渡辺，1996, p.82）。**図表8-2**を参照されたい。

[図表8-2]　投資ベースのタイプ

総資産	無利子負債
	使用資本（正味）
①資産タイプ

総資産	無利子負債
	社内借入金
	留保利益
②社内借入金タイプ

総資産	無利子負債
	社内借入金
	社内資本金
	留保利益
③社内資本金タイプ

出典：筆者作成。

　資産タイプは，総資産から買掛金等の無利子負債を差引いた正味使用資本を投資ベースとするタイプで，米国では，このタイプが一般的であると言われているが，かつて積水化学（伏見・横田，1993, p.32）やNEC（渡辺，1996, p.80）などの日本企業でも採用されていた。

　社内借入金タイプでは，貸方の無利子負債を除いた部分を社内借入金とし，事業部利益の累計額を留保利益として認める。社内借入金には社内金利を課すが，留保利益に資本費用を課す企業と課さない企業がある。

　社内資本金タイプでは，貸方の無利子負債を除いた部分を社内借入金，社内資本金と留保利益に分ける。社内借入金に対しては社内金利を，社内資本金に対しては社内配当金を課すのが一般的である。

　IC型事業部制とカンパニー制を区別するのは投資ベースのタイプで，社内資本金タイプを採用するのがカンパニー制である。カンパニーは，また事業部に比べて売上高などの規模も大きく，後述するパナソニック㈱のように社内資本金の増減資ができるなど多くの権限が委譲され，独立企業に準じる扱いを受けるのが一般的である。

3　事業部損益計算書と業績評価

3.1　業績測定の目的と管理可能性

　事業部（以下カンパニーを含む）の業績を測定し評価する目的は，大きく2

つある。1つは，経営者が各事業部自体の業績・収益性を知り，経営判断を下すためであり，もう1つは，事業部長に委譲した権限に見合った適切な利益目標を事業部長に課し，業績評価や報奨制度などの仕組みによって，事業部長の行動を経営者の意図する方向に合わせるよう動機づけるためである。

　事業部長個人の業績を測定・評価する場合には，管理可能性の問題が発生する。事業部長が，その影響力を行使できる収益・費用・投資などを管理可能項目，行使できないものを管理不能項目という。事業部長の業績評価は，評価の公平性の観点から，事業部長の管理可能項目に限られるべきであるとする考え方が理論的には支持されている。

　しかしながら，実務的には，管理可能項目と管理不能項目の峻別が容易でないこと，また経営者としては，事業部長に管理可能利益だけでなく総合的な事業部営業利益にも目配りをしてほしいということから，管理可能費と管理不能費を区別せずに管理する傾向にある。

3.2　事業部損益計算書

　事業部の業績は，基本的にその事業部損益計算書によって示される。事業部損益計算書は，事業部自体の業績と事業部長自身の業績の両方を示すものが望ましい。事業部損益計算書では，事業部の売上高から変動費を差し引いて貢献利益が求められる。ここでは売上高と変動費は一般に事業部長にとって管理可能であるとして扱われる。固定費は管理可能固定費と管理不能固定費に分けら

［図表8-3］　事業部損益計算書

売上高	1,000万円
－）変動費	400万円
貢献利益	600万円
－）管理可能固定費	150万円
管理可能営業利益	450万円
－）管理不能固定費	300万円
事業部営業利益	150万円
－）本社共通経費	80万円
事業部利益	70万円

106　第1部　管理会計の基礎

れ，貢献利益から管理可能固定費だけを差し引いた額が管理可能営業利益で，
事業部長評価の基準となる。さらに事業部長が比較的短期間内には管理できな
い管理不能固定費を差し引いた額が事業部営業利益である。

　図表8-3で，事業部損益計算書が，企業のそれとは違って変動費と固定費
を分けているのは，それらの管理の仕方が異なるからである。変動費の管理が
売上高変動費率や売上高貢献利益率などの率で管理されるのに対して，固定費
は，その額で管理される。

4　本社共通経費の配賦

　本社共通経費とは，本社部門の人事部，経理部，総務部や研究開発など事業
部以外で発生する経費で，必要に応じて事業部に配賦される。これらの経費は，
管理可能性の観点からは事業部に配賦すべきではないが，事業部自体の業績測
定の立場からは配賦すべきである。櫻井は，日本，アメリカ，イギリスの3カ
国で多くの企業が本社費を配賦しているとしている（櫻井，2015，p.695）。

　配賦の方法としては次のような方法がある。

(1)　一括配賦法

　本社共通経費を一まとめにして配賦する方法で，各事業部の売上高に比例し
て配賦する方式を売上高基準，事業部の資産に比例して配賦する方式を投下資
本基準，事業部の従業員数に比例して配賦する方式を人数基準という。

　どの基準を採用するかは，どの基準での配賦が最も実態に近いかで決める。
各基準がある割合で複合的に影響していると捉えられる場合には，各基準を加
重平均して基準とする。これを公式法という。

(2)　個別配賦法

　本社共通経費を個々の費目に分解し，費目ごとに異なる基準を設ける方法を
個別配賦法という。たとえば，広告宣伝費は売上高に，設備費は資産に比例し
て，といった具合に配賦する。本社共通経費が多額になる場合に適している。

(3)　ABC

　本社共通経費をABC（activity-based costing：活動基準原価計算）によって活
動別に配賦する例もみられるようになった。ABCについての詳しい説明は，
第11章を参照のこと。

第8章 事業部制管理会計 107

5 振替価格

同一企業内の事業部間で，製品やサービスの取引が行われることが少なくない。自動車産業では部品製造事業部が部品全般を製造し，車種別に分かれた組立事業部に供給する。また，職能別事業部制では，製造事業部が販売事業部に製品を供給する。これらの場合に供給側事業部と受入側事業部間で，製品などを仮想的に売買することで，双方の事業部が利益を計算できるようになる。この社内取引に際しての取引価格を振替価格と呼ぶ。

振替価格は，事業部の利益を算定し業績評価に結びつけるためだけでなく，事業部長の意思決定や行動が全社の利益にも貢献するように設定されなければならない。振替価格の設定基準には，市価基準，原価基準，交渉価格基準がある。設例1で説明しよう。

【設例1】

A社のP事業部は部品Sを1個あたり標準変動費40円，標準固定費30円で製造し，Q事業部に販売している。部品Sは市場で取引されており，その市場価格は1個90円である。Q事業部は部品SをP事業部から購入し，さらに1個あたり40円の標準変動費と10円の標準固定費をかけて製品Tを製造し，1個150円で月間1,000個を外部市場に販売している。

以上の設例を前提にした振替価格は，**図表8−4**のようになる。

[図表8−4] 振替価格

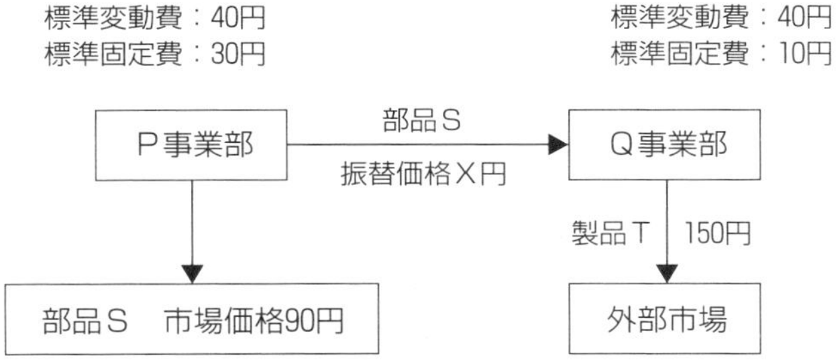

出典：筆者作成。

108　第1部　管理会計の基礎

(1)　市価基準

　事業部間で取引される部品や製品・サービスなどに市場価格がある場合には，これを振替価格とするのが最も適切である。A社の例で，振替価格Xを部品Sの市場価格1個90円とするのが市価基準である。

　この方式では，振替価格が市場価格と同一なので，この振替価格で算定された両事業部の利益は客観的かつ公平である。もし，赤字になる事業部があっても，それは競合他社に比べて自らの努力が足りない結果であるということが明確になる。つまり，市場競争にさらされた独立企業と同様の業績が期待できる。

　この方式の欠点は，特に中間製品や部品の場合に市場価格が存在しないことが多いことである。最終製品を製造事業部から販売事業部に社内取引する場合でも，販売部門の経費を除いた市場価格を求めることは，かなり難しい。

(2)　原価基準

　原価基準での基準とする原価には，実際原価と標準原価とがある。実際原価とは供給事業部で発生した原価のことで，この基準の欠点は，供給事業部が非効率であれば，それを受入事業部が負担しなければならない点である。標準原価を基準とする場合には，適正な原価を振替価格として設定することで，この欠点を補うことができる。

　また，原価基準では，振替価格を全部原価（変動費＋固定費）とするか変動費にするかの選択もある。設例1で，振替価格Xを標準全部原価とすると70円になる。この場合には，供給事業部の利益はゼロになる。全社の利益は30円/個だが，この利益は全額受入事業部に計上されることになる。これは事業部制マネジメントとしては好ましくない。

　そこで，供給事業部の利益を標準全部原価に上乗せした振替価格が考えられるが，この場合には，市場価格が低下して全社が赤字というときに供給事業部だけが黒字になり，赤字は受入事業部が被ることになってしまう。

　振替価格を供給事業部の変動費にすれば，供給事業部が赤字になるのは当然である。しかし，ある特別な条件の下では変動費を振替価格にすべき場合がある。次の設例2で説明しよう。

第8章　事業部制管理会計　109

【設例2】

　設例1と同じA社で現在，製品は月間1,000個販売されているが，P事業部，Q事業部とも生産能力には余裕があるとする。振替価格を市価基準とすると，両事業部の営業利益は**図表8-5**のとおりである。

　図表8-6は，100個の一時的な追加注文を受け，それを両事業部の変動費の合計額である80円/個で外部市場へ販売したときの両事業部の営業利益（1,100個分）を計算したものである。

[図表8-5]　事業部の利益

（単位：円）

	P事業部S部品		Q事業部T製品	
	1個	1,000個	1個	1,000個
外部売上高			150	150,000
社内売上高	90	90,000		
社内仕入高			90	90,000
標準変動費	40	40,000	40	40,000
標準固定費	30	30,000	10	10,000
営業利益	20	20,000	10	10,000

[図表8-6]　追加注文を含めた利益

（単位：円）

	P事業部S部品		Q事業部T製品	
	1個	1,100個	1個	1,100個
外部売上高			144	158,000
社内売上高	85	94,000		
社内仕入高			85	94,000
標準変動費	40	44,000	40	44,000
標準固定費	27	30,000	9	10,000
営業利益	18	20,000	9	10,000

　このときの両事業部の営業利益が，それぞれ追加注文を受けないときと同じだということは，販売価格が変動費を上回れば，営業利益が確保できることを示している。つまり，貢献利益（販売価格－変動費）が確保できる価格まで販売価格を引き下げても受注すべきであり，そのためには，振替価格は変動費基準でなければならない。

　この変動費基準の欠点は，一時的な注文には対応できるが，経常的な取引には適用できない点である。経常的な取引では，変動費だけでなく固定費も回収する価格でなければならないからである。

　全部原価基準，変動費基準のいずれの方式にしても，原価基準は，事業部長にとって振替価格の決定に関する自由裁量権を狭めるという観点からは事業部管理に適切とは言えない。

(3)　交渉価格基準

　交渉価格基準は，関係する事業部間で話し合いによって振替価格を決定する

110 第1部 管理会計の基礎

方式である。うまく機能すれば市場での企業間交渉と同等の結果を期待できるという点で理想的であるが，両事業部の主張がぶつかり合って，振替価格が決まらない場合も少なくない。その場合には，調停者または調停機関を設置して，妥結を促す必要がある。調停者は振替価格を決定するのではなく，あくまでも妥結を促す役割を果たさなければならない。

(4) 忌避宣言権

　事業部には大幅な自由裁量権が与えられており，事業部長は自らの事業部の利益を優先して意思決定することができる。同時に，この事業部長による自由な意思決定が全社の利益に結びつかなければならない。両者の利益が一致することを目標整合性が成り立つというが，振替価格は目標整合性が成り立つように設定されなければならない。

　また，事業部長は事業部間の振替価格など取引条件に不満がある場合には，事業部間の取引を拒否する自由裁量権を与えられる。これを忌避宣言権という。その場合，供給側事業部は外部市場に部品あるいは製品を販売する権限，逆に受入側事業部は外部市場から購入する権利が与えられる。

　忌避宣言権は，事業部の効率的な運営を促すためには欠くことのできない条件ではあるが，実務的には実行することが難しい。忌避宣言権を行使するということは，相手方事業部の業務の一部あるいは全部が停止することとなり，全社の立場からは損失を生じることとなるからである。忌避宣言権は，それがあることで事業部間の調停を促す効果を期待するためのものであり，行使されることは稀である。

6　事業部貸借対照表と業績評価

　IC型事業部あるいはカンパニー（以下事業部等）では，損益計算書のほかに貸借対照表をもつことは前述のとおりである。この貸借対照表には，社内組織ならではの特徴がある。借方には事業部等に属する資産を計上するが，複数の事業部等で共通に使用する資産をどのように配分するかの問題がある。使用する割合で資産を配分して，それぞれの貸借対照表に計上する方法のほかに，資産を1つの事業部等に帰属させたうえで，他の事業部等は，その使用料を支払うという方式もある。また，事業部等に現金をもたせない企業もある。

第 8 章　事業部制管理会計　111

6.1　業績評価指標──ROI

　事業部等の業績測定および評価は，投資額に対する利益の割合である投資利益率（return on investment：ROI）などによって行われることが多い。次の例題でROIについて説明しよう。

例題1　　Z社には2つの事業部A，Bがある。今期のNOPAT（net operating profit after tax：税引後営業利益）は，A事業部が300億円，B事業部が200億円であった。一方，投下資本はA事業部が2,000億円，B事業部が1,000億円だった。どちらの事業部が資本を効率よく運用しているか？

解答1
　両事業部のROIを計算すると次のようになる。
　　A事業部のROI：300÷2,000＝15％
　　B事業部のROI：200÷1,000＝20％

　つまり，NOPATの額だけに注目するとA事業部の方がよい業績をあげているようにみえるが，資本の運用効率の面からみると，B事業部の方が優れていることがわかる。ただし，ROIにも欠点がある。次の例題で説明しよう。

例題2　　Z社のA事業部では製品Xと製品Yを製造販売しており，それぞれのROIは，次のように16％，14％であったとする。Z社の「最低限必要とする投資利益率」である資本コスト（cost of capital）は13％である。
　　製品XのROI：　160÷1,000＝16％
　　製品YのROI：　140÷1,000＝14％
　2つの製品とも資本コストを上回っているが，事業部長は，事業部のROIをあげるために製品Yを製造中止にした。これによって，A事業部のROIは15％から16％に向上させることができた。この事業部長の判断は正しいだろうか？

解答2
　確かにA事業部のROIは向上したが，NOPATの額は300億円から160億円に減少した。製品Yも最低限必要な投資利益率を上回っており，全社的には生産・販売すべき製品であるにもかかわらず，業績評価指標をROIにすることで，事業

112 第1部 管理会計の基礎

部の規模縮小，利益の減少が起こってしまう。ROIを業績評価指標とすると，このように目標整合性が確保できないという問題が生じることがある。

6.2 残余利益（RI）と経済的付加価値（EVA）

投資利益率（ROI）の欠点を補う業績評価指標として残余利益（residual income：RI）がある。これは，NOPATから資本費用を差し引いて求める。資本費用は，事業部への投下資本に資本コストを乗じて求める。

RI＝NOPAT－投下資本×資本コスト

最低限必要な投資利益率として定義される資本コストは，投資家（債権者と株主）が要求する投資利益率である。したがって，RIは経常利益に比べて，株主の要求する利益分だけ少なくなるが，プラスであれば企業価値の向上に寄与することを意味する。

米国のコンサルティング会社スターン・ステュワート社が商標登録している業績評価指標にEVA（economic value added：経済的付加価値）がある。EVAの本質はRIと同じだが，発生主義の利益（収益・費用）に修正を加えて経済的利益（economic profit）に変換し，資本コストとして加重平均資本コスト（weighted average cost of capital：WACC）を使う点で異なる。

EVA＝経済的利益－投下資本×加重平均資本コスト

またEVAは，わが国では一般に知られることも普及することもなかったRIの概念である「資本費用差引後の利益」の重要性を広く知らしめ，普及させた点で注目に値する。

7 ケーススタディ：パナソニックのカンパニー制

パナソニック株式会社は，2013年4月にカンパニー制を導入した。同社（当時は松下電器産業株式会社：以下，松下）は，わが国の企業として，いち早く事業部制を導入した企業として知られている。この日本を代表する企業が，なぜカンパニー制を導入したのか，その経緯と構造について以下に述べる。

7.1 事業（本）部制

1933年に事業部制を導入した松下は，製品別の製造部門を事業部とし，販売部門を別組織とする職能別事業部制であった。家電製品は，地域別の販社や特約店が各種製品を揃えて販売するので，販売部門を製品別に組織することはできず，製販一体型の事業部とはしなかった。

1954年に松下は，各事業部に社内資本金（松下ではこれを内部資本金と呼ぶ）をもたせる仕組みに移行した。その後，複数の事業部を束ねる上部組織として事業本部を置くようになる。これは，製品そのものが事業部横断的になるものが増え，製品別事業部制という縦割り組織に対して，共通の戦略を有する事業部間に横串を通す機能をもたせるためであった。

7.2 ドメイン制の導入

2003年1月，それまでの事業本部－事業部の体制を改め，ドメインの下にビジネスユニットを置くドメイン－ビジネスユニット制に移行した。当時の松下は，松下通信工業，松下寿電子工業，九州松下電器など多くの子会社・関連会社を有し，事業内容が重複していた。そこで，これらの子会社・関連会社を次々と合併すると同時に，重複する事業を統合する事業再編を行った。それに伴って，それまで松下電器産業㈱単体の内部組織であった事業本部－事業部体制を，企業グループにまで広げたドメイン制に移行したのである。

2012年1月現在で，9ドメイン，1マーケティング部門の体制であり，ビジネスユニットは88を数えた。ドメイン制に移行しても，依然として製販分離の体制は変わらなかった。ビジネスユニットに販売部門は含まれず，ドメイン内の別組織となっていた。特に家電事業の販売組織は，ドメイン内にすら含まれず別部門として独立していた。この間，2008年10月に松下電器産業㈱はパナソニック㈱に商号変更された。

7.3 カンパニー制への移行

2013年4月に，それまでのドメイン制を解消し，カンパニーの下に事業部を置くカンパニー——事業部という新たな体制に移行する。カンパニーは，家電製

品を中心とするアプライアンス社，住宅・環境関連商品を扱うエコソリューションズ社，パソコン・映像機器を扱うAVCネットワークス社（現コネクティッドソリューションズ社），カーナビ・電池を扱うオートモーティブ＆インダストリアルシステムズ社の4社である。各カンパニーは傘下の事業部の運営・管理をすると同時に，コストセンターである新規事業部門，研究部門を有しており，その売上高は約2兆円と大企業にも匹敵する規模である。

ドメイン制のときには，コーポレート（本社）はドメインだけを管理しビジネスユニットを直接管理することはなかったが，カンパニー制ではカンパニーだけでなく事業部をも管理し，より細かい点にまでコーポレートの目が届くように変更された。

傘下の事業部は，カンパニー制発足当時49あったが2016年には36事業部に統合され大規模化した。販売部門は，すべて各カンパニーに属するようになったものの事業部からは，独立した組織となっている。ただし，事業部は製造と販売を統合した製品に対する総合的な収支責任を負うようになった。

7.4　内部資本金制度

カンパニー制では，各カンパニーおよび事業部は損益計算書のほかに貸借対照表を有する内部資本金制度を採用している。

(1)　内部資本金

事業部の内部資本金は，標準運転資本と固定資産，および事業部が考えるリスクに見合う最小限の現預金の合計額として設定される。その後，事業拡大などで資本が必要となり，内部資本金と留保利益の合計額である株主資本の範囲を超える場合には，カンパニーに増資を申請する。同様に事業縮小などで資本が不要となった場合には，減資を申請することができる。増減資とも，カンパニーの承認を必要とする。

カンパニーの内部資本金は，事業部と同様の考え方で設定されるが，コーポレートの承認を得て増減資ができる。

(2)　社内配当金

事業部の投資ベースは内部資本金と留保利益の合計額である株主資本である。株主資本に資本コストを乗じて，社内配当金が算定され，カンパニーに支払わ

第 8 章　事業部制管理会計　115

れる。資本コストは，これまで全事業部一律であったが，現在ではパナソニック㈱の加重平均資本コスト（weighted average cost of capital：WACC）に事業リスクとカントリーリスクを加味して決定されるように変更された。その結果，事業部の資本コストは 4 ％から16％程度の幅が生じている。

　カンパニーの投資ベースも株主資本であるが，資本コストは各事業部の資本コストの加重平均として設定され，社内配当はコーポレートに支払われる。

(3)　借入金と社内金利

　事業部においてもカンパニーにおいても，借入金は，原則としてゼロとなるように管理される。事業部傘下に子会社等があるが，これらの企業で借入金が必要となった場合は，本社金融部門が融資し，余剰資金があれば金融部門に預金することになる。事業部は傘下にある複数の子会社等の借入金の合計額が預金の合計額を下回るように管理することを求められる。

　借入金が生じた場合の社内金利は，原則として市中金利が適用される。

7.5　そ の 他

　本社費（コーポレートの費用）は，売上高を配賦基準として事業部に配賦される。カンパニー本部の費用も事業部に配賦されるが，その場合の配賦基準は，各カンパニーの裁量に任されている。また，事業部間の振替価格の設定基準は，交渉価格基準である。業績評価に関しては，その目的を管理職以上の社員に対する賞与の査定に資するためであるとしている。

［参考文献］

櫻井通晴（2015）『管理会計〔第六版〕』同文舘出版。
伏見多美雄・横田絵理（1993）「S 科学の事業部制マネジメント・コントロールと管理会計」『管理会計学』第 2 巻第 2 号，pp.111-131。
渡辺康夫（1996）「カンパニー制からみた社内資本金制度」『産業經理』Vol.55，No.4，pp.78-86。

116　第1部　管理会計の基礎

第9章

経営分析

1　はじめに

　経営分析は，企業内外の利害関係者が当該企業についての意思決定を行ううえで有効な分析である。本章では，2節から4節で経営分析の意義と主な分析方法について解説する。そして5節では管理会計の視点から，利益計画の立案に有用な経営分析について説明する。

2　経営分析とは

2.1　経営分析の意義

　経営分析とは，「財務諸表を主とした企業に関する諸資料を用いて企業経営の過去および現状を分析し，企業の利害関係者（stakeholders）による将来の関わり方についての意思決定に役立てるための手法」（渋谷，2011, p.1）を言う。企業外部の利害関係者による分析は外部分析と呼ばれ，企業内部の経営者による経営管理のための分析は内部分析と呼ばれる。

　管理会計においても経営分析は重要である。なぜなら，「戦略を策定し，策定された戦略に従って計画を設定し，計画に従って業務活動のコントロールを実施するには，企業の現状を的確に認識しておかなければならない」（櫻井，2015, p.146）からである。

　一方で経営分析には限界もある。すなわち経営分析は企業の強みや課題，さらに調査が必要な領域などを示すものの，その強化や解決の方法まで明らかになるわけではない。したがって，とりわけ内部分析の際は財務諸表以外のさま

ざまな資料や現場の状況をも調査・分析することが重要になる。

2.2 経営分析の内容と方法

　経営分析が明らかにする内容は，主として収益性，安全性，生産性，成長性に分類される[注1]。収益性とは利益獲得能力をさす。安全性は流動性，すなわち債務支払能力を意味する。生産性は，経営資源の投入と産出の関係を言う。成長性は売上高や利益，資本などの成長の度合いをさす。これらのうち，本章では収益性分析と安全性分析に焦点を当てる。その理由は「企業経営における主要な目標は，健全な財政状態を維持しつつ，満足できる適正な利益をあげることにある」と考えるからである。

　経営分析の方法は，一般に実数分析と比率分析に大別される。実数分析では，財務諸表項目などの経営数値を数字のままで分析する。一方，比率分析では2つの経営数値の比率を計算して分析する。比率分析は，規模や業種等の異なる企業を比較できるという利点があり，経営分析で広く行われている。そこで，本章でも比率分析に焦点を当て，各種の比率（以下，指標と呼ぶ）を検討していく。

　なお，指標の学習にあたっては計算式を読み解くだけでなく，実際に数値を算出することで理解が深まる。そこで，架空の企業であるＡ社の貸借対照表と損益計算書を**図表9-1**に掲げ，以下の**3〜4**節における指標の説明ではこのＡ社の財務諸表に基づいて計算過程を示す。

3　収益性分析

　収益性とは，企業の利益獲得能力，すなわちいかに効率的に利益をあげているかを意味する。本章で取り上げる収益性分析の主な指標をあらかじめ一覧として示すと，**図表9-2**のようになる。

3.1 収益性の考え方

　収益性を測定する指標としては，一般に資本利益率（利益÷資本）と売上高利益率（利益÷売上高）の2つがある。このうち資本利益率は，売上高を媒介して，式(1)のように分解することができる。

118　第1部　管理会計の基礎

［図表9-1］　架空企業Ａ社の貸借対照表と損益計算書

要約貸借対照表			（単位：百万円）
		前期	当期
流動資産	現金及び預金	36,320	32,640
	受取手形及び売掛金	65,760	67,160
	有価証券	5,500	6,000
	たな卸資産	8,300	7,300
	その他の流動資産	190	800
	流動資産合計	116,070	113,900
固定資産	有形固定資産	133,670	140,700
	無形固定資産	8,720	8,990
	投資その他の資産	86,700	86,120
	固定資産合計	229,090	235,810
資産合計		345,160	349,710
流動負債	支払手形及び買掛金	46,980	46,770
	短期借入金	35,220	36,560
	その他の流動負債	490	590
	流動負債合計	82,690	83,920
固定負債	長期借入金	37,400	35,600
	その他の固定負債	510	680
	固定負債合計	37,910	36,280
純資産	株主資本	213,900	218,800
	評価・換算差額等	8,960	9,010
	新株予約権	1,700	1,700
	純資産合計	224,560	229,510
負債純資産合計		345,160	349,710

要約損益計算書		（単位：百万円）
		当期
売上高		489,600
売上原価		342,720
売上総利益		146,880
販売費及び一般管理費		122,400
営業利益		24,480
営業外収益		
	受取利息	90
	受取配当金	1,200
	雑収入	2,000
	営業外収益合計	3,290
営業外費用		
	支払利息	1,090
	雑損失	50
	営業外費用合計	1,140
経常利益		26,630
特別損失		5,630
税引前当期純利益		21,000
法人税等		8,400
当期純利益		12,600

出典：筆者作成。

[図表9-2] 収益性分析の主な指標

分析視点	主な指標	計算式	
資本収益性	総資本事業利益率(%)	$\dfrac{事業利益}{平均総資本} \times 100(\%)$	
	自己資本当期純利益率(%)	$\dfrac{当期純利益}{平均自己資本} \times 100(\%)$	
売上収益性	売上高営業利益率(%)	$\dfrac{営業利益}{売上高} \times 100(\%)$	
	売上高事業利益率(%)	$\dfrac{事業利益}{売上高} \times 100(\%)$	
	売上高当期純利益率(%)	$\dfrac{当期純利益}{売上高} \times 100(\%)$	
資本利用の効率性	総資本回転率(回)	$\dfrac{売上高}{平均総資本}(回)$	
	有形固定資産回転率(回)	$\dfrac{売上高}{平均有形固定資産}(回)$	
	売上債権回転率(回), 同　　回転期間(日)	$\dfrac{売上高}{平均売上債権}(回)$	$\dfrac{平均売上債権}{売上高 \div 365}(日)$
	たな卸資産回転率(回), 同　　回転期間(日)	$\dfrac{売上原価}{平均たな卸資産}(回)$	$\dfrac{平均たな卸資産}{売上原価 \div 365}(日)$
	仕入債務回転率(回), 同　　回転期間(日)	$\dfrac{売上原価}{平均買入債務}(回)$	$\dfrac{平均買入債務}{売上原価 \div 365}(日)$
	キャッシュ・コンバージョン・サイクル(日)	たな卸資産回転期間＋売上債権回転期間－仕入債務回転期間(日)	

出典：筆者作成。

　　　資本利益率＝利益÷資本

　　　　　　　＝(利益÷売上高)×(売上高÷資本)

　　　　　　　＝売上高利益率×資本回転率　　　　　　　　　　　　式(1)

　すなわち資本利益率は，企業が使用する資本からいかに売上高を稼ぎ出しているか（資本回転率），得られた売上高からいかに効率的に利益を獲得しているか（売上高利益率）を示している。このように，**図表9-2**に示す資本収益性は売上収益性と資本利用の効率性を含んでおり，総合的な収益性を示すとされる。

120 第1部 管理会計の基礎

なお，資本利益率を計算する場合の資本は，利益を生み出した期間に使用した資本の平均値を用いる。年度単位で計算する場合は，便宜的に期首（前期末）と期末の平均値を用いることが多い。

3.2 資本収益性

資本収益性を示す主な指標としては，総資本事業利益率と自己資本当期純利益率がある（**図表9-2**参照）。総資本事業利益率は，企業の視点で総資本の収益性を測定することができる指標である。すなわち，他人資本と自己資本を区別せずに収益性を測定することができる。事業利益とは，本業からの利益を示す営業利益と，金融活動から得られる金融収益（受取利息や受取配当金など）を合計した利益である。総資本と総資産の金額が等しいことから，総資本事業利益率は総資産事業利益率（return on asset：ROA）とも呼ばれる。

これに対し自己資本当期純利益率（return on equity：ROE）は，株主が拠出した資本の収益性を測定するための指標であり，現在の株主に帰属する資本（純資産から新株予約権を差し引いた額）と当期純利益を対比した比率となっている。ROEは株主重視の風潮が強まる近年，とくに重視されている。

【A社における計算例】（小数点第2位を四捨五入して算出）

総資本事業利益率

= （営業利益＋受取利息＋受取配当金）÷平均総資本×100（％）

= （24,480+90+1,200）÷（［345,160+349,710］÷2）×100（％）

= 7.4（％）

自己資本当期純利益率

= 当期純利益÷平均自己資本×100（％）

= 12,600÷〔（［224,560−1,700］＋［229,510−1,700］）÷2〕×100（％）

= 5.6（％）

総資本事業利益率は，前述の式(1)により，売上高事業利益率と総資本回転率の積となる。また，自己資本当期純利益率は以下に示すとおり，売上高当期純利益率，総資本回転率，および財務レバレッジの積として表される。なお，財務レバレッジは通常，期末の総資本と自己資本をもとに算出されるが，ここ

第9章 経営分析 121

では自己資本当期純利益率との関係を示すため，期首・期末の平均値とした。

総資本事業利益率＝事業利益÷平均総資本×100（％）

= （事業利益÷売上高）×（売上高÷平均総資本）×100（％）

＝売上高事業利益率×総資本回転率×100（％）　　　　　　式(2)

自己資本当期純利益率＝当期純利益÷平均自己資本

= （当期純利益÷売上高）×（売上高÷平均総資本）

×（平均総資本÷平均自己資本）

＝売上高当期純利益率×総資本回転率×財務レバレッジ　　式(3)

このように指標を分解することにより，いずれの利益率も各構成要素へと次々に分析を掘り下げていくことができ，資本利益率に焦点を当てた全体としてまとまりのある分析を行うことができる。**3.1**で示した式(1)に基づく分析は，米国のデュポン社が1919年に開発したと言われており，デュポン・チャート・システムと呼ばれる。

3.3　売上収益性

売上高に占める利益の割合を示す指標であり，損益計算書で示される各段階の利益について比率を算出することで，それぞれの利益の意味合いに応じた利益率が測定できる。各段階の利益概念を**図表9-3**に示す。

[図表9-3]　各段階の利益概念

利益概念	意味合い
売上総利益（粗利益）	販売した商品サービスの利幅を示す利益
営業利益	企業の本業から得られる利益
事業利益	企業の本業と金融活動から得られる利益
経常利益	企業の正常な事業活動から得られる利益
当期純利益	企業の株主に帰属する利益

出典：筆者作成。

また，**図表9-2**に掲げた売上高利益率をA社の当期実績について計算すると，以下のようになる。

122　第1部　管理会計の基礎

【A社における計算例】（小数点第2位を四捨五入して算出）

売上高営業利益率＝営業利益÷売上高×100（％）

$\qquad$＝24,480÷489,600×100（％）　＝5.0（％）

売上高事業利益率＝事業利益÷売上高×100（％）

$\qquad$＝（24,480＋90＋1,200）÷489,600×100（％）　＝5.3（％）

売上高当期純利益率＝当期純利益÷売上高×100（％）

$\qquad$＝12,600÷489,600×100（％）　＝2.6（％）

3.4　資本利用の効率性

　資本回転率は，「投下資本（すなわち資産）が1年間に回収され，再投資された回数すなわち資本の利用度」（渋谷, 2011, p.61）を表す。数値が大きいほど，資本が効率的に利用されていることを示す。総資本回転率は使用資本の全体に係る回転率である。事業活動に投下された資本は，さまざまな資産として運用されていることから，それぞれの資産に着目して回転率が測定される。具体的には，有形固定資産回転率，売上債権回転率，たな卸資産回転率などが算出される。仕入債務は資産ではないが，調達資本の1つであることから，資本回転率の測定対象となり，仕入債務回転率により分析される。

　また，資本の利用度を回転期間で見る指標もある。一般的には日数で測られ，それぞれの資産が売上高（または売上原価）の何日分に相当するかを算出する。日数が短いほど，資産が高速で回転していることを示す。売上債権回転期間は，売上債権が売上高の何日分あるかを示している。たな卸資産回転期間と仕入債務回転期間では，それぞれの資本が何日分の売上原価に相当するかを計算する。

　これら3つの回転期間から，キャッシュ・コンバージョン・サイクル（cash conversion cycle：CCC）を計算できる。CCCは運転資金の調達が必要な日数を示す。たとえば，ある卸売企業を考えよう（**図表9-4**参照）。この企業がある商品を11月1日に仕入れて，別の企業へ11月20日に掛けで販売し，その代金を12月15日に回収したとする。またこの卸売企業が仕入先に商品の代金を11月30日に支払ったとする。この場合，この卸売企業は販売先から現金を得るよりも15日早く代金を支払わなければならず，この間の資金の融通（借入れなど）が

必要になる。この15日間がCCCに相当する。CCCが長いほど，資金繰りが厳しくなる。マイナス値であれば，顧客からの代金回収が仕入先への支払いよりも先になるので，資金繰りは楽になる。

[図表9-4] キャッシュ・コンバージョン・サイクル（CCC）の図解

仕入 11月1日		販売 11月20日	代金回収 12月15日
たな卸資産回転期間			売上債権回転期間

仕入債務回転期間		CCC

支払い
11月30日

出典：筆者作成。

なお，**図表9-2**に示す各指標をA社について算出すると以下のようになる。

【A社における計算例】（小数点第2位を四捨五入して算出）

総資本回転率＝売上高÷平均総資本

$\quad$＝489,600÷（[345,160+349,710]÷2）＝1.4（回）

有形固定資産回転率＝売上高÷平均有形固定資産

$\quad$＝489,600÷（[133,670+140,700]÷2）＝3.6（回）

売上債権回転率＝売上高÷平均売上債権

$\quad$＝489,600÷（[65,760+67,160]÷2）＝7.4（回）

売上債権回転期間＝平均売上債権÷（売上高÷365）

$\quad$＝（[65,760+67,160]÷2）÷（489,600÷365）＝49.5（日）

たな卸資産回転率＝売上原価÷平均たな卸資産

$\quad$＝342,720÷（[8,300+7,300]÷2）＝43.9（回）

たな卸資産回転期間＝平均たな卸資産÷（売上原価÷365）

$\quad$＝（[8,300+7,300]÷2）÷（342,720÷365）＝8.3（日）

仕入債務回転率＝売上原価÷平均仕入債務

$\quad$＝342,720÷（[46,980+46,770]÷2）＝7.3（回）

仕入債務回転期間＝平均仕入債務÷（売上原価÷365）

$\quad$＝（[46,980+46,770]÷2）÷（342,720÷365）＝49.9（日）

キャッシュ・コンバージョン・サイクル

$\quad$＝たな卸資産回転期間＋売上債権回転期間－仕入債務回転期間

$\quad$＝8.3＋49.5－49.9＝7.9（日）

---

124 第1部 管理会計の基礎

4 安全性分析

　安全性分析とは，企業の財務リスクすなわち債務支払能力が十分であるか否かを分析することである。安全性の分析は，短期的な債務支払能力（流動性と呼ぶ）と長期的な債務支払能力という2つの視点から行われる。安全性分析の主な指標は**図表9-5**に示すとおりである。

[図表9-5]　安全性分析の主な指標

分析視点	主な指標	計算式
短期の安全性	流動比率	$\dfrac{流動資産}{流動負債} \times 100(\%)$
	当座比率	$\dfrac{当座資産}{流動負債} \times 100(\%)$
長期の安全性	自己資本比率	$\dfrac{自己資本}{総資本} \times 100(\%)$
	固定比率	$\dfrac{固定資産}{自己資本} \times 100(\%)$
	固定長期適合率	$\dfrac{固定資産}{自己資本＋固定負債} \times 100(\%)$
	インタレスト・カバレッジ・レシオ	$\dfrac{営業利益＋受取利息・配当金}{支払利息}（倍）$

出典：筆者作成。

4.1　短期の安全性

　短期の安全性は，短期（1年以内をさす）で支払期日が来る流動負債に対し，短期で現金化されるはずの流動資産をどれだけ保有しているかを期末時点で分析する。流動比率は，流動資産全体をもとにこの分析を行う指標であり，当座比率は，より現金化しやすい当座資産（現金・預金，売上債権，有価証券）をもとに同様の分析を行う指標である。いずれも数値が大きいほど流動性が高い。

　流動比率は，古くは200％以上（つまり流動資産が流動負債の2倍ある状態）が健全とされていたが，今日では売上債権やたな卸資産管理の技法が進歩したために，それほどの比率は要しないとされている（桜井, 2017, p.213）。一方，当

座比率は100％以上であれば，当座資産の額が流動負債の額を上回っているという意味で，短期的な債務の返済には問題ないとされる（青木他, 2016, p.359）。A社の当期について計算例を以下に示す。

【A社における計算例】（小数点第2位を四捨五入して算出）

　流動比率＝流動資産÷流動負債×100（％）

　　　　＝113,900÷83,920×100（％）　＝135.7（％）

　当座比率＝当座資産÷流動負債×100（％）

　　　　＝（32,640+67,160+6,000）÷83,920×100（％）　＝126.1（％）

4.2　長期の安全性

　長期の安全性は，企業の長期債務に関する支払能力をさす。具体的には資本構成（他人資本と自己資本の割合），あるいは長期資金の調達と運用のバランスから測定される。

　自己資本は，他人資本と異なり，特定期日に返済を要しない資本である。こうした自己資本が総資本のうちどれだけの割合を占めるかを示すのが自己資本比率である。この指標の数値が高いほど債務の負担が小さく，支払不能になる恐れが小さくなる。なお，前述の財務レバレッジは自己資本比率の逆数であり，その値が大きいほど自己資本が相対的に小さいことを示す。

　長期資金の調達源泉は固定負債と自己資本であり，長期にわたって資金が固定化される固定資産はこれら長期資金で賄うことが原則となる。固定比率では固定資産を自己資本と対比し，また固定長期適合率では固定資産を自己資本および固定負債の合計額と対比させて分析する。いずれの指標も数値が小さいほど安全性が高い。固定長期適合率が100％超の場合は，固定資産の一部が流動負債（つまり短期資金）で賄われていることになるため，100％以下であることが安全性の目安となる。

　以上で述べた3つの指標は，いずれも貸借対照表に基づき期末時点での資産，負債，資本のバランスにより企業の長期的な債務支払能力を分析するものである。一方，インタレスト・カバレッジ・レシオ（interest coverage ratio）は，損益計算書をも参照し，金利負担を企業の収益性と関連づけて示す指標である。

126 第1部 管理会計の基礎

すなわち，長期的に利息を支払う源泉は経常的な利益である（渋谷, 2011, p.52）と考えて，利息を支払う原資となる利益（営業利益と受取利息・配当金の合計額，つまり事業利益）が支払利息の何倍あるかを示す。この指標の数値が大きいほど金利負担が小さい。この指標が1倍未満となると，支払利息が事業利益を上回ることになり，その状態が続けば企業の存続が危うくなる（桜井, 2017, p.219）。なお，A社の当期における計算例は以下のようになる。

【A社における計算例】（小数点第2位を四捨五入して算出）

自己資本比率＝自己資本÷総資本×100（％）

= （229,510 − 1,700）÷349,710×100（％）＝65.1（％）

固定比率＝固定資産÷自己資本×100（％）

= 235,810÷（229,510 − 1,700）×100（％）＝103.5（％）

固定長期適合率＝固定資産÷（自己資本＋固定負債）×100（％）

= 235,810÷（229,510 − 1,700 + 36,280）×100（％）＝89.3（％）

インタレスト・カバレッジ・レシオ

= （営業利益＋受取利息＋受取配当金）÷支払利息

= （24,480+90+1,200）÷1,090＝23.6（倍）

5　利益計画と損益分岐点分析

前節までは財務諸表による収益性と安全性の分析を中心に，企業の過去の実績を分析する方法について解説してきた。本節では管理会計に役立つ未来志向の分析に視点を移す。具体的には，管理会計の有力な方法論の1つである利益計画について，そして利益計画の立案に有用な経営分析の手法である損益分岐点分析について説明する。

5.1　利益計画とは

前述したように，企業は「満足できる適正な利益」（櫻井, 2015, p.128）の獲得をめざす。そのため，目標とする利益とその実現手段を計画する。こうした目標利益とその実現に関する総合的な計画を利益計画という。

利益計画には，対象とする期間に応じて長期，中期，短期があるが，単に利

益計画という場合は短期利益計画をさす。利益計画の立案では，経営理念とビジョンを念頭に置き，企業の経営戦略と中期経営計画を勘案しつつ，目前の諸条件による制約を十分考慮に入れて，次年度の目標利益をいくらにするか，いかにして実現するかを計画する。

5.2 損益分岐点分析と利益図表

　利益計画を策定する際に役立つ経営分析の手法として，損益分岐点分析がある。これは，利益と損失が分岐する操業度（volume：工場等の稼動度合いをいう）を中心として，原価（cost）と操業度と利益（profit）の関係について分析することをいう。これらの頭文字をとって，CVP分析とも呼ばれる。損益分岐点分析では，以下のような考え方で利益を計算する。

```
  売上高
-) 変動費
  限界利益
-) 固定費
  営業利益
```

　ここで変動費とは操業度と比例的に変動する原価であり，たとえば直接材料費や販売手数料などがある。また売上高に対する変動費の割合を変動費率という。一方，固定費とは操業度によって変動しない原価をいい，具体的には減価償却費や不動産賃借料などが当てはまる。このように原価を変動費と固定費に大別することで，操業度（あるいは売上高）と利益の間にシンプルな対応関係を想定することができる。そのため，後で述べるように，目標利益を設定すれば容易に必要な売上高や操業度（生産量や販売量など）を算出できる。また，先に述べたCVPの関係を図示した図表を利益図表という（**図表9-6**参照）。

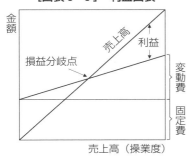

[図表9-6] 利益図表

出典：櫻井（2015, p.228）。

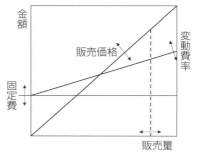

[図表9-7] 利益図表による分析

出典：伊藤他（1999, p.76）。

128　第1部　管理会計の基礎

利益図表により，操業度（あるいは売上高）と利益のシンプルな対応関係が明確に図示される。また，**図表9-7**に示すとおり，利益図表を使うことで販売価格の変更や原価低減（変動費率の低減，固定費の削減）等の施策によって利益がどのように変化するかを容易に分析できる。

5.3　目標利益達成に必要な売上高の算出

目標利益の達成に必要な売上高は，利益図表を作成すれば図示されるが，簡単な計算で算出することもできる。変動費を「売上高×変動費率」と置くと，目標利益と売上高の関係は以下の式で表される。

　　　　目標利益＝必要売上高－（必要売上高×変動費率）－固定費　　　　式(4)

式(4)を必要売上高について解くと，以下の式(5)となる。これにより，固定費と目標利益，そして変動費率が判明すれば必要売上高を算出できる。

　　　　必要売上高＝（固定費＋目標利益）／（1－変動費率）　　　　　　式(5)

たとえば，固定費を1,000万円，目標利益を500万円，変動費率を80％とすれば，目標利益の達成に必要な売上高は以下のとおり7,500万円となる。

　　　　必要売上高＝（1,000＋500）／（1－0.8）＝7,500万円

5.4　直接原価計算

以上で述べてきた損益分岐点分析の背後には直接原価計算の考え方がある。直接原価計算では，「原価を変動費と固定費に区分し，変動製造原価だけをもって製品原価とする」（櫻井, 2015, p.251）。一方，原価計算制度として認められている全部原価計算では，全ての製造原価をもって製品原価を計算する。全部原価計算では在庫を積み増すことで利益増加を図ることが可能であり，こうした点が経営者の感覚と合致しないという問題点が指摘されてきた。

これに対し，直接原価計算では売上高と利益の対応関係が保たれ，こうした問題点を回避できるという利点がある。直接原価計算による公表財務諸表は認められていないが，期末に固定製造原価を調整すれば全部原価計算による財務諸表へ組み替えが可能であること，そして経営上の意思決定や原価管理への役立ちが大きいなどの理由から，わが国でも実施している企業が少なくない。

5.5 目標ROEに基づく利益計画のケース

架空企業Ｂ社をケースとして，利益計画への損益分岐点分析の役立ちを述べる。小売業を営むＢ社では当期（X2年度）の実績をふまえ，次期（X3年度）の利益計画を策定しようとしており，経営トップからはROE目標として10％を目指したいとの意向が示されている。

管理会計担当者（以下，担当者）は，ROEを10％とする利益計画を立案しようと，まずは従来のC-V-Pの関係を前提にして**図表9－8**のようなワークシートを作成して検討しはじめた。なお，ここでは単純化のため，㋐たな卸資産はなく，㋑借入金の返済は毎期定額で500百万円，㋒各期の支払利息は期末の借入金残高に利子率３％を乗じて算出，㋓各期とも配当はしない，という前提条件をおく。担当者は，まず次期の目標ROEとして⑫セルに10％を設定し，借入金の一部返済後の金額として①セルに4,000を設定した。

担当者は続いて，目標ROEの10％を達成しうる当期純利益を算出した。す

［図表9－8］　Ｂ社の利益計画に関するワークシート（完成前）

（単位：百万円）

			計算式	X1年度	X2年度	X3年度	
貸借対照表 貸方 （使用資本）	(1)	借入金	所与	5,000	4,500	①	4,000
	(2)	自己資本	前期(2)＋(11)	15,000	16,152	②	
	(3)	総資本	(1)＋(2)	20,000	20,652	③	
損益計算書	(4)	売上高	所与	12,000	13,200	④	
	(5)	変動費	(4)×60％	7,200	7,920	⑤	
	(6)	固定費	所与	3,500	3,500	⑥	
	(7)	営業利益	(4)－(5)－(6)	1,300	1,780	⑦	
	(8)	支払利息	(1)×３％	150	135	⑧	
	(9)	経常利益	(7)－(8)	1,150	1,645	⑨	
	(10)	法人税等	(9)×30％	345	494	⑩	
	(11)	当期純利益	(9)－(10)	805	1,152	⑪	
指標	(12)	ROE	(11)÷２期平均(2)	n/a	7.4％	⑫	10％

出典：筆者作成。

なわち，次期（X3年度）の当期純利益の金額をPとして，ROE＝10％とする方程式を立てると以下のようになる。

次期ROE＝次期の当期純利益／｛(当期自己資本＋次期自己資本)÷2｝

$$= P ／ ｛(16,152 ＋ ［16,152＋P］) ÷ 2｝ = 10％ \qquad 式(6)$$

式(6)を解くとPの金額は1,700となり，目標ROEの10％を達成しうる当期純利益が1,700であると判明した。さらに，計算式欄の設定にしたがって⑪から⑦までの各セルを下から上へと逆算していくと，⑦セルの営業利益は2,549となる。⑦セルの目標営業利益をもとに，式(5)に当てはめることで④セルの必要売上高が15,122と計算できる。残る②，③，⑤，⑥の各セルを計算式欄の設定にしたがって算出すれば**図表9-9**のようになる。

図表9-9の結果をもとに，担当者はX3年度にこの売上高が達成可能なのか，商品仕入に問題はないか，顧客サポート体制に支障は生じないかなど，社内の各部門との間で実現可能性を検討することになる。実現に何か障害があれば，**図表9-7**に示したような検討を通じてC-V-Pの関係をも見直して，10％とい

[図表9-9] B社の利益計画に関するワークシート（完成後）

（単位：百万円）

			計算式	X1年度	X2年度	X3年度
貸借対照表貸方（使用資本）	(1)	借入金	所与	5,000	4,500	① 4,000
	(2)	自己資本	前期(2)＋(11)	15,000	16,152	② 17,852
	(3)	総資本	(1)＋(2)	20,000	20,652	③ 21,852
損益計算書	(4)	売上高	所与	12,000	13,200	④ 15,122
	(5)	変動費	(4)×60％	7,200	7,920	⑤ 9,073
	(6)	固定費	所与	3,500	3,500	⑥ 3,500
	(7)	営業利益	(4)－(5)－(6)	1,300	1,780	⑦ 2,549
	(8)	支払利息	(1)×3％	150	135	⑧ 120
	(9)	経常利益	(7)－(8)	1,150	1,645	⑨ 2,429
	(10)	法人税等	(9)×30％	345	494	⑩ 729
	(11)	当期純利益	(9)－(10)	805	1,152	⑪ 1,700
指標	(12)	ROE	(11)÷2期平均(2)	n/a	7.4％	⑫ 10％

出典：筆者作成。

う目標ROE達成を模索する。こうした検討を通じて目標利益が設定されると，この目標利益の達成を目指した予算の編成へと進むことになる。

6　ま　と　め

　本章では，経営分析とはどのようなものかを確認したうえで，具体的な分析方法について明らかにしてきた。財務諸表による企業の実績に基づく分析では，とりわけ収益性分析と安全性分析に焦点を当てて，おもな指標の内容と計算方法を解説した。さらに企業の将来像を計画する視点から，利益計画と損益分岐点分析についてケースを交えて説明した。管理会計にとって経営分析は，企業の過去と現在の姿を明らかにするため，そして今後目指すべき将来像を描くためにも有益な方法論であることを強調して，本章の締めくくりとしたい。

[注]

注1　経営分析が明らかにする内容としては，さらに投資収益性（ある企業への投資がどの程度のリターンをもたらすかに関する分析）を加える場合もある。

[参考文献]

青木茂男・青淵正幸・清松敏雄・渡辺智信（2016）『要説経営分析〔五訂版〕』森山書店。
伊藤和憲・香取徹・松村広志・渡辺康夫（1999）『キャッシュフロー管理会計』中央経済社。
桜井久勝（2017）『財務諸表分析〔第7版〕』中央経済社。
櫻井通晴（2015）『管理会計〔第六版〕』同文舘出版。
渋谷武夫（2011）『経営分析〔第2版〕』中央経済社。

132　第1部　管理会計の基礎

第10章

日本の管理会計の実態

1　はじめに

　管理会計は，経営者が企業目的を達成するために経営戦略を策定し，意思決定を行い，計画を実施し，業績を評価するうえで必要な情報を提供する。そのために，標準原価計算，直接原価計算，予算などの伝統的な管理会計技法が開発され，また近年ではバランスト・スコアカード，ABC，原価企画などの新たな管理会計技法が開発されてきた。

　本章では，各種アンケート調査の結果に基づいて，これらの管理会計技法がわが国においてどの程度認知され，採用されているのか，また，わが国のほとんどの企業が採用していると言われている予算がどのように活用されているかをみることにする。

2　日本における管理会計技法の導入状況

　日本における管理会計の実態に関してはこれまで多くの調査が行われてきているが，ここでは，森口・﨑（2017）^{（注1）}に基づいて，新たな管理会計技法が日本においてどの程度認知されているのか，および森口・﨑（2017），広原・大槻・﨑（2014）^{（注2）}，日本大学商学部会計学研究所（高橋，2014）^{（注3）}に基づいて，管理会計技法がどの程度導入されているのかをみることにする。

2.1　管理会計技法の認知度

　森口・﨑（2017）の調査によれば，新たな管理会計技法の日本における認知度（「概要をご存知ですか」と尋ねている）は**図表10−1**のとおりである。

第10章　日本の管理会計の実態　133

[図表10-1]　新たな管理会計技法の認知度

管理会計技法	会社数	比率	管理会計技法	会社数	比率
原価企画	30社	47.60%	品質原価計算	13社	20.60%
ABC	33社	52.40%	LCC	20社	31.70%
ABM	23社	36.50%	BSC	28社	44.40%
ABB	14社	22.20%	統合報告	22社	34.90%

出典：森口・﨑（2017, p.184）。

　この結果をみる限り，新たな管理会計技法はある程度認知されているようである。それでは，これらの技法が実際にどの程度導入されているのであろうか。その他の技法を含めて，管理会計技法の導入状況についてみることにしよう。

2.2　管理会計技法の導入状況

　森口・﨑（2017）の調査によれば，伝統的な管理会計技法および新たな管理会計技法の日本における導入状況は**図表10-2**，**図表10-3**のとおりである。

[図表10-2]　伝統的な管理会計技法の導入状況

管理会計技法	会社数	比率	管理会計技法	会社数	比率
長期経営計画	13社	20.60%	直接原価計算	9社	14.30%
中期経営計画	55社	87.30%	原価管理	33社	52.40%
短期利益計画	36社	57.10%	原価改善	12社	19.00%
CVP分析	18社	28.60%	特殊原価調査	4社	6.30%
予算管理	58社	92.10%	TQC／TQM	18社	28.60%
責任会計	2社	3.20%	目標管理	41社	65.10%
設備投資経済性分析	17社	27.00%	方針管理	13社	20.60%
標準原価計算	22社	34.90%	顧客別収益性管理	17社	27.00%

出典：森口・﨑（2017, p.182）。

　伝統的な管理会計技法では，予算管理（92.1％），中期経営計画（87.3％），目標管理（65.1％），短期利益計画（57.1％），原価管理（52.4％）が多くの企業で採用されている。他方で，新たな管理会計技法についてみると，認知度と比較

134　第1部　管理会計の基礎

[図表10-3]　新たな管理会計技法の導入状況

管理会計技法	会社数	比率	管理会計技法	会社数	比率
原価企画	8社	12.70%	品質原価計算	1社	1.60%
ABC	4社	6.30%	LCC	0社	0.00%
ABM	0社	0.00%	BSC	0社	0.00%
ABB	0社	0.00%	統合報告	5社	7.90%

出典：森口・﨑（2017, p.184）。

　して，導入状況が低い。一番多い原価企画でさえ12.7％にすぎなく，それ以外は統合報告7.9％，ABC6.3％，品質原価計算1.6％である。

　次に，広原・大槻・﨑の調査と日本大学商学部会計学研究所2011年調査をみることにしよう。これらの調査によれば，わが国企業が採用している管理会計技法の実態は**図表10-4**のとおりである。空欄はその調査において調査対象項目となっていない技法である。

[図表10-4]　管理会計技法の導入状況

管理会計技法	広原他調査		日本大学調査		管理会計技法	広原他調査		日本大学調査	
	会社数	比率	会社数	比率		会社数	比率	会社数	比率
標準原価計算	44社	44.40%	94社	50.30%	ABC	1社	1%	24社	12.80%
直接原価計算	12社	12.10%	69社	37.10%	ABM	2社	2%		
標準直接原価計算	6社	6.10%			ABB	3社	3%		
CVP分析	46社	46.50%	121社	64.70%	品質原価計算	0社	0%	6社	3.20%
差額原価収益分析	14社	14.10%			LCC	1社	1%	12社	6.40%
設備投資経済性計算	57社	57.60%			BFC	1社	1%	11社	5.90%
原価企画	14社	14.10%			MFC	0社	0%	1社	0.50%
BSC	4社	4.00%	17社	9.50%	スループット会計	0社	0%	6社	3.20%

出典：広原・大槻・﨑（2014, p.192, p.196），川野（2014, p.61, p.62, p.65, p.70, p.80）。なお，BFCはバックフラッシュ・コスティング，MFCはマテリアルフロー・コスティング会計である。

　これらの調査をみても，多くの企業で採用されているのは設備投資の経済性計算（57.6％，調査項目外），CVP分析（46.5％，64.7％），標準原価計算（44.4％，

50.3％）だけであり，これら以外の管理会計技法については，認知はされているが，あまり採用されていないのが現状である。

これらの調査では調査対象となっていないが，「予算管理に関する関連質問に関して，すべての回答企業から何からの回答があり，アンケート回答企業のすべてにおいて予算管理を実施していると考えている」（川野，2014）という指摘や，他の調査[注4]において98.8％の企業が予算管理を実施しているという指摘があることから，予算管理についてはほとんどの企業が実施していると考えられる。そこで次節では，日本のほとんどの企業において採用されている予算管理を取り上げて，その実態についてみることにする。

3　日本企業における予算管理の実態

予算管理は1920年代にアメリカにおいて生成したといわれ，予算管理に関する最初の著書であるマッキンゼー（J. O. McKinsey）の『予算統制（*Budgetary Control*）』が公刊されたのが1922年である。その公刊からすでに90年余が過ぎている。その間に名称が予算統制（Budgetary Control）から予算管理（Budgetary Planning and Control）へと変わり，その重点が統制中心から計画中心へと移ってきている。また，2003年にホープとフレーザー（J. Hope & R. Frazer）により『脱予算経営（*Beyond Budgeting*）』が公刊され，しばらくわが国でも脱予算経営，脱予算管理について盛んに議論がなされた。

そこで本節では，バブルが弾けて以降，この20年間に企業の予算制度がどのように変化を遂げてきたのか，また現状はどのようになっているのかについて，平成4（1992）年（以下，1992年調査[注5]と呼ぶ），平成14（2002）年（以下，2002年調査[注6]と呼ぶ），および平成24（2012）年（以下，2012年調査[注7]と呼ぶ）に実施されたアンケート調査結果に基づいて明らかにする。

3.1　経営計画と予算との関係

予算の実施状況についてみると，1992年調査では回答したすべての企業，2002年調査では98.9％，2012年調査では98.8％の企業が企業予算制度[注8]を設けている。つまり，脱予算経営が謳われてきたが，これらの調査結果をみるかぎり，実際にはこの20年間変わることなく，ほとんどの企業は予算により経営

136 第1部 管理会計の基礎

活動を営んでいる。そこでまず，経営計画との関係をみてみよう。

　企業は長期にわたり自らを維持，存続，成長するために経営活動を営み適正な利益の獲得を図る。そのために，中長期経営計画（3年ないし10年）を策定し，それに基づいて短期利益計画^(注9)を策定する。そして，この短期利益計画に基づいて実行計画としての予算が編成される。それでは，長期経営計画，中期経営計画，および短期利益計画を日本企業はどの程度策定しているのか。

　長期経営計画は通常5年ないし10年といった長期間に及ぶため，1980年代以降の環境変化の激しい時代には，不確実性が大きく，その策定は困難である。そのため，長期経営計画よりも長期ビジョンに基づいて中期経営計画を策定している企業が多いと言われているが，実際にはどうであろうか。

　3回の調査をみると，長期経営計画を策定する企業は，1992年調査においては49.7％であったのが，2002年調査では19.7％，2012年調査では18.8％であり，激減している。他方で，中期経営計画については1992年調査においては70.8％，2002年調査では87.1％，2012年調査では87.2％の企業が策定している。つまり，かなりの企業が中期経営計画を策定していると言える。また，短期利益計画については，1992年調査においては78.3％，2002年調査では77.5％，2012年調査では68.5％の企業が策定している。

　次に，中長期経営計画と予算との関連についてみることにしよう。予算を「中長期経営計画とは別個に編成」していると回答した企業は，1992年調査では18.7％，2002年調査で14.6％，2012年調査で16.5％にすぎなく，したがって，中長期経営計画と予算とはかなり高い割合で関連していると言える。なかでも「中長期経営計画を予算編成の基礎」としている企業が，1992年調査で33.3％，2002年調査で26.8％であるのに対して，2012年調査では50.6％であり，この10年で急増している。

　それでは，大綱的な期間計画である短期利益計画と，実行計画として編成される予算との関連はどのようになっているのであろうか。

　2012年調査において予算を短期利益計画とは「別個に編成」していると回答した企業はわずか5.5％にすぎなく，ほとんどの企業は短期利益計画と関連して予算を編成していると言える。その内訳をみると，「短期経営計画を予算の一環」と回答している企業が1992年調査では24.3％であったのに対して，2002

年調査では45.5％，2012年調査では59.1％と，飛躍的に増加している。他方で，「予算編成の基礎」としている企業は1992年で39.3％，2002年で26.8％，2012年で35.4％であり，一般に，短期利益計画に基づいて予算が編成されると言われているが，これらの調査からは異なる結果が出ている。

3.2　予算編成

　予算編成にあたって経営者の基本方針としての予算編成方針がまず策定されるが，それはどのようなプロセスで策定されているのであろうか。

　予算編成方針策定の手順をみると，1992年調査では約6割（58.2％）の企業が予算編成方針について「予算事務担当部門が原案を主導的に作成し，トップが承認」と答えていたが，2012年調査では，「トップが具体的方針を提示し，予算事務担当部門が補整」，「トップが基本的方針を提示し，予算事務担当部門が具体的方針を作成」するというトップが主導する企業が併せて32.2％，「予算事務担当部門が原案を主導的に作成し，トップが承認」するという予算事務担当部門が主導する企業が32.8％，「部門が方針原案を提示し，予算事務担当部門が調整の後，トップが承認」するという部門が主導する企業が32.8％であり，ほぼ3分されている。そのなかでも，部門が主導している企業がこの20年間にほぼ倍増していることが特徴的である。

　それでは，予算編成方針においてどのようなことが重視されるのであろうか。予算編成の目的，予算原案作成上の基本目標と併せてみることにしよう。

　予算編成方針において重視されるものとしてほとんどの企業が回答しているのが「全社的利益目標または収益目標」（1992年で85.6％，2002年で96.3％，2012年で95.1％）であり，また予算編成の目的として多くの企業があげているのが「所要の収益性の実現」（1992年で99.4％，2002年で97.5％，2012年で89.7％）である。さらに，予算原案作成上の基本的目標として「売上高」（1992年で93.5％，2002年で76.7％，2012年で75.5％）がトップを占めており，3回の調査を通じて，予算編成の目的，予算編成方針上，および予算原案作成上の基本的目標として重視しているのは「収益性」の指標である。

　他方で，予算原案作成上の基本的目標として成長性や拡張路線を示す「売上高成長率」（1992年で80.6％，2002年で15.5％，2012年で10.3％）や「市場占有率」

138 第1部 管理会計の基礎

（1992年で42.9％，2002年で3.1％，2012年で1.1％）をあげる企業は激減し，また，資本効率を示す「残余利益」（2012年で2.2％），「投資利益率」（2012年で4.3％），「資本利益率」（2012年で4.9％）はその数値は低い。

　次に，予算編成における部門の参加程度についてみることにしよう。予算を有効にするには，各組織構成員に対する動機づけが必要であり，予算編成プロセスへの参加はこの動機づけを高めることに機能する。

　先にみたように，部門が予算編成方針の原案を提示する企業が増えてきており，そのことは予算編成への部門の参加程度にもみられる。すなわち，「当該部門の目標・方針の策定」（2012年で84.1％），「当該部門の予算原案作成・修正」（2012年で86.3％）に部門が積極的に参加していると答えている企業が多く，しかも，その積極度が高い^(注10)。

　最後に，部門予算案を作成する手続きについてみると，2012年調査によれば，部門予算案を「各部門で独自に作成」している企業はわずか6.9％にすぎなく，43.7％の企業が「予算編成方針に従う」かたちで部門予算案を作成し，49.4％の企業が「予算編成方針と部門予算原案とを調整」して作成している。傾向としては，部門予算案の作成においては，予算編成方針と部門予算原案と調整しながら作成している企業が増えているようである。

3.3　予算統制

　予算が編成されると，それが意図したとおりに経営活動が達成できたかをコントロールする必要がある。このように，予算に基づいて経営活動をコントロールするプロセスが予算統制である。予算統制において中心的な役割を果たす手続きが予算実績差異分析である。そこでここでは，予算実績差異分析について，その現状を探ることにしたい。

　まずは，その実施頻度についてみると，「毎月」が1992年の64.4％と比較して，2002年では90.7％，2012年調査では86.4％と，2002年調査から実施頻度が急激に高まり，ほぼ9割の企業が「毎月」実施している。

　次に，予算実績差異分析の結果の利用目的についてみると，3回の調査とも「改善措置」と答えている企業が最も多く，1992年の63.7％から2002年では79.5％と増加し，2012年でも76.5％である。予算実績差異分析は予算による経

営活動のコントロールを適切に行うためのプロセスであり，その実施によりいかなる点に改善措置を講ずることが必要になるかが明らかになる。そのために，「改善措置」を予算実績差異分析の主目的に位置づけていると考えられる。

他方で，「部門成果評価」が2002年の52.2％から2012年の24.6％，「部門主管者業績評価」が2002年の20.5％から2012年の8.7％へと激減している。つまり，予算を部門（組織）や部門主管者（個人）の業績評価，とくに後者の業績評価には積極的に活用していないということがいえる。

また，「差異の報告だけ」と回答した，つまり利用に消極的な企業が前回より減少したとはいえ，36.6％もある。日本の企業は差異分析の結果の利用に関して積極的であるとは言えない企業が多い。

最後に，差異分析の結果を「部門成果の業績評価」および「部門主管者の業績評価」に利用すると回答した企業について，それをどのように利用しているかをみると，回答した企業のどちらも「賞与」への反映の程度が，他の「昇給」，「昇進」および「部門の統廃合」と比較して高い[注11]。

4　ま と め

現在，日本企業の多くは中期経営計画，短期利益計画を策定し，予算をマネジメント・コントロールの手段として経営活動を営んでいる。他方で，1980年代以降に開発されたバランスト・スコアカードやABCなどの管理会計技法についてはある程度認知はされているが，実際にはそれほど活用されていないのが実態である。今後は原価企画を含めてこれらの新たな管理会計技法が営利，非営利を問わずいかに多くの組織で経営活動に活用されるかが重要であろう。

[注]

注1　同調査は，一般財団法人産業経理協会の協力のもと，産業経理協会協力会員企業400社の経理担当責任者を対象として，2016（平成28）年11月から2017（平成29）年1月にかけてファックスにより質問票を送付した。63社から回答が得られ，回収率は15.8％であった。詳細については，森口・﨑（2017）を参照されたい。

注2　同調査は，注1と同様，産業経理協会の協力のもと，会員企業444社の経理担当責任者を対象として，2013（平成25）年11月から2014（平成26）年1月にかけてファックスにより質問票を送付した。99社から回答が得られ，回収率は22.3％であった。詳細については，広原・大槻・﨑（2014）を参照されたい。

140　第1部　管理会計の基礎

注3　同調査は，東京証券取引所第1部，第2部に上場している企業2,035社に対して，2011
　　　（平成23）年9月に発送し，さらに2012（平成24年）8月に未回収の企業1,923社に発送
　　　し，計187社から回答が得られた。回収率は9.2％であった。詳細については，川野
　　　（2014）を参照されたい。
注4　2012年に産業経理協会「企業予算制度」調査研究委員会（2016）が実施した調査。
注5　詳細については，安達（1992），坂口（1993）を参照されたい。
注6　詳細については，日本管理会計学会・予算管理専門委員会編（2005）を参照されたい。
注7　詳細については，産業経理協会「企業予算制度」調査研究委員会編（2016），および
　　　『産業経理』Vol.73 No.1からVol.74 No.1（2013, 2014）の一連の論文を参照されたい。
注8　これらの調査では企業予算制度を「企業の総合的観点から，将来の一定期間（1年以
　　　内）における予算を編成し，これを手段として日々の各部門の諸活動を指導・調整し，
　　　かつ統制する，計数による総合的な経営管理手法であり，企業の利益管理の具体的手段
　　　である」と定義し，その語を用いているが，ここでは，予算管理という語を用いる。
注9　調査では，短期経営計画という語を用いているが，ここでは，短期利益計画という語
　　　を用いる。
注10　「1」が「まったく消極的」で「7」が「極めて積極的」の7点リッカート法で尋ね，
　　　「6」と「7」と回答した企業が「当該部門の目標・方針の策定」については2012年で
　　　61.0％，「当該部門の予算原案作成・修正」については2012年で64.3％である。
注11　「1」を「まったく反映していない」，「7」を「きわめて反映している」の7点リッ
　　　カート法で尋ね，「5」「6」「7」を「反映している」として，たとえば，「部門成果の
　　　業績評価」についてみると，2012年では「賞与」には84.4％の企業が反映しているのに
　　　対して，「昇給」には40.0％，「昇進」には44.4％，「部門の統廃合」には44.4％の企業し
　　　か反映していない。

［参考文献］

安達和夫（1992）「わが国企業における期間予算制度管見」『産業経理』Vol.52, No.3, pp.131-
　　　142。
川野克典（2014）「日本企業の管理会計・原価計算の現状と課題」『商学研究』No.30, pp.55-
　　　85。
坂口博（1993）「経営環境の激変と製造企業の予算制度の動向―わが国製造企業予算制度実
　　　態Vol.52 No.3調査をもとにして―」『城西大学経済経営紀要』Vol.12, No.1, pp.109-141。
産業経理協会「企業予算制度」調査研究委員会編（2016）『産業経理・別冊　調査シリーズ
　　　Ⅳ　わが国企業における予算制度の実態調査報告書』産業経理協会。
長屋信義・建部宏明・吉村聡・山浦裕幸・小田康治（2004）「予算実績差異分析の実際と予
　　　算制度の問題点」『産業経理』, Vol.63, No.4, pp.116-128。
日本管理会計学会・予算管理専門委員会編（2005）『産業経理・別冊　調査シリーズⅠ　わ
　　　が国企業における予算制度の実態』産業経理協会。
広原雄二・大槻晴海・﨑章浩（2014）「管理会計技法の理論と実践」『産業経理』Vol.74, No.2,
　　　pp.190-205。
森口毅彦・﨑章浩（2017）「企業の経営環境と管理会計技法の導入に関する実態調査」『産業
　　　経理』Vol.77, No.3, pp.170-193。

第2部

管理会計の新展開

142　第2部　管理会計の新展開

第11章

ABCによる製品戦略, 原価低減, 予算管理

1　はじめに

　ABC（activity-based costing：活動基準原価計算）は製造間接費の配賦を精緻化することによって製品原価を正確に算定し，この原価情報を用いて製品戦略に役立てるための製品原価計算の手法である。このABCの考え方を原価低減に活用したものがABM（activity-based management：活動基準管理）であり，予算管理に応用したものがABB（activity-based budgeting：ABC予算）である。

2　製品戦略のためのABC

　ABCが提唱された1980年代後半には，管理会計における有用性の喪失が問題提起された（Johnson and Kaplan, 1987）。企業環境が変化してきたにもかかわらず，管理会計のシステムは旧態依然であったというのである。そこで指摘された問題の1つに，原価計算における製造間接費の配賦があった。製造間接費の配賦は，製品原価を不正確にする原因である。

2.1　伝統的な原価計算の陳腐化

　伝統的な原価計算では，製造間接費を直接作業時間，機械時間，生産量などの操業度関連の基準を使って配賦していた。伝統的な原価計算が陳腐化した理由は2つある。

　第1に，配賦基準の問題である。原価計算において製造間接費は製品に直接跡づけることができないので，何らかの配賦基準を用いて配分している。正確に製品原価を算定するためには，配賦基準の選択が重要なポイントになる。こ

第11章　ABCによる製品戦略，原価低減，予算管理　143

のとき，配賦基準には製造間接費の発生と製造された製品との間の因果関係が反映されていなければならない。しかし，製造間接費は雑多な原因で発生するため，適切な配賦基準を選択することは困難であった。

　伝統的な原価計算は標準品の大量生産を前提として設計されていた。標準品のみを製造している工場であれば，操業度を配賦基準とすることに多少の合理性がある。しかし，消費者のニーズが多様化し，工場が多品種小量生産へと移行すると，操業度基準のみで製造間接費を配賦することの合理性は失われた。製品の種類が増えると，購買や段取り替えなどの製造を支援する活動が複雑化し，増加するからである。支援活動の増加にともなって，それに関連する製造間接費も増加した。これらの費用は操業度が増減しても変動しない。製品の種類が増え，支援活動が増加したために発生している。

　第2に，製造間接費の増大である。直接材料費や直接労務費などの製造直接費が製品原価の多くの部分を占めているのであれば，算定される製品原価の正確性に大きな影響はなかった。しかし，工場において生産工程の自動化（factory automation：FA化）が進むと，直接工は機械の操作をするオペレーターに取って代わられ，間接作業に従事する要員が増加した。その結果，製造間接費が増加し，製品原価はより不正確になってしまった。

　このように配賦基準が不適切で製造間接費も増大した状況では，同じ工場で標準品と多品種の小量生産品を製造した場合，伝統的な原価計算では操業度が相対的に高い標準品により多くの製造間接費を負担させることになる。そのため製品の価格決定において標準品は高く，小量生産品は低く設定され，製品戦略において誤った意思決定を導く危険が生じる。正確な製品原価を算定し，正しく意思決定を行うためにABCが登場した。

2.2　ABCの考え方と計算構造

　伝統的な原価計算では，部門を媒介として製造間接費を製品に配賦する。このとき，配賦基準として直接作業時間や機械時間などの操業度が選択されてきた。これに対して，ABCは「製品が活動を消費し，活動が資源を消費する」という基本的な考え方に基づいて製品原価を計算する。製品を製造するためにさまざまな活動が行われ，その活動を行うために労働力や原材料などの資源が

使われるという意味である。これらの資源を消費したときに発生する費用に製造間接費が含まれる。したがって、ABCでは、活動を媒介として製造間接費が製品に割り当てられることになる。櫻井は「伝統的な原価計算では、製造間接費は必ずいったんは製造部門か補助部門に集計していたが、その暗黙の前提を打ち破ったわけで、その意味でABCには革新的な意味がある」（櫻井, 1998, p.48）と指摘する。

ABCは、製造間接費がコストプールとしての活動に集計され、活動から製品に原価が割り当てられるという2段階の計算構造をもつ。このとき、第1段階の製造間接費を活動に対して割り当てるための基準を資源ドライバー、第2段階の活動に集計された製造間接費（活動コスト）を製品に割り当てる基準を活動ドライバーと呼び、これら2つの段階の割当基準を総称してコストドライバーと呼ぶ。コストドライバーには、操業度を含む活動量が選択される。これによって因果関係に基づいた原価配分が可能となる。これらの関係を図示すれば、**図表11-1**のようになる。なお、製品やサービスなどのように原価計算において原価を集計する対象のことを原価計算対象という。

[図表11-1] ABCの計算構造

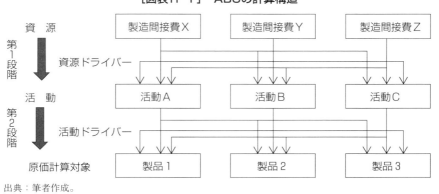

出典：筆者作成。

2.3　ABCの基本要素

ABCの基本要素のうち、とくに重要性の高い活動とコストドライバーの意味を以下で明らかにしよう。

第11章　ABCによる製品戦略，原価低減，予算管理　145

① **活動**　ABCにおいて「活動」は原価計算の要である。活動とは，ある機能を遂行するために必要な行為であると言える。企業にはさまざまな活動がある。たとえば，購買部門では発注処理や検収など，製造部門では段取り，組立，マテハン，検査など，営業部門では顧客への訪問や受注処理など，の活動がある。これらの活動をどのように識別するかはABCにとって重要な問題である。

　それぞれの活動には，それに対応したコストドライバーが1つ設定される。

Tektronix 社の原価計算システム

　ABCは，クーパーとキャプランが革新的な実務の中から抽出した原価計算手法である。その企業の1つにテクトロニクス社（Tektronix）があった（Cooper, 1989, pp.41-42）。当時，テクトロニクス社では製造原価に占める直接労務費の割合が減少し，これが直接作業時間という単一の配賦基準の原価計算システムを陳腐化させていた。そこで，原価計算システムを見直すにあたり，「直接作業に関連した活動」と「部品管理に関連した活動」という2つの活動を識別した。直接作業活動は操業度に関連した活動であり，部品管理活動は操業度に関連しない支援活動ということができる。

　これらの活動が認識されると，製造間接費を活動に集計し，活動から製品に割り当てることになる。まず製造間接費を活動に集計するにあたって，直接作業活動には間接労務費が集計され，部品管理活動には各種部品の保管や運搬にかかる費用が集計された。次に，各製品が活動をどれくらい利用して製造されたかを識別した。活動の利用量に基づいて，活動に集計された原価を製品に割り当てていくためである。テクトロニクス社では，コストドライバーとして直接作業活動には直接作業時間を選択し，部品管理活動には部品点数を選択した。部品管理活動の場合，取り扱う部品点数が増加すれば，それに伴って活動量も増加すると考えることができるため，直接作業時間のような操業度ではなく，部品点数をコストドライバーとしたのである。これによって，部品点数の多い製品は少ない製品よりも多くの製造間接費を負担することになった。このように，ABCでは活動に応じた適切なコストドライバーが選択される。

146　第2部　管理会計の新展開

　一般に，活動を細かく識別すれば製品原価の正確性は高まると考えられる。しかし，活動の数が多くなると，測定コストが高くなってしまう。活動をどこまで細分化するかは，費用対効果を考慮して決定しなければならない。

② 　コストドライバー　　ABCにおいて「コストドライバー（cost driver：原価作用因）」は原価の発生原因として捉えられ，製品原価計算において正確性に大きく影響を与える要素となる。製品原価計算においてコストドライバーは，製造間接費を製品に跡づけるという役割を果たす。この意味では，伝統的な原価計算における配賦基準と機能的に変わるものではない。しかし，両者は明確に区別しなければならない。配賦基準が恣意的なニュアンスを含んでいるのに対して，コストドライバーは活動と製品との間にある因果関係を重視する。

　　2段階の計算構造をもつABCでは，コストドライバーを資源ドライバーと活動ドライバーとに分類する。資源ドライバーは第1段階で製造間接費（資源）を活動に割り当てるために用いられ，それぞれの活動がどの資源をどれだけ消費したかを表す。たとえば，通信費（電話代など）を購買部門の発注活動に割り当てる場合を考えてみよう。通信費は発注活動だけでなく，営業活動や顧客対応（苦情など）活動などにおいても発生する。そこで，各活動の通信時間を調査し，総通信時間に占める発注活動で消費した通信時間の割合を見積もり，資源（通信費）を発注活動に割り当てていく。この場合の資源ドライバーは通信時間である。

　　活動ドライバーは第2段階で活動コストを製品（原価計算対象）に割り当てるために用いられる。それは製品が消費する活動の量を変化させる原因であり，数量的に表現できる尺度でなければならない。たとえば，製品Aの製造に必要な部品を外注しているとき，部品を調達するために購買部門の発注活動が引き起こされる。そのため，製品Aは部品の発注活動コストを負担することになる。このとき，製品Aに組み込まれる部品の数が発注活動コストの増減に影響を与えているとすれば，活動ドライバーは部品点数ということになる。

2.4 ABCの計算例

製品Aと製品Bの2種類の製品を製造している工場の簡単な例を用いて，伝統的な原価計算とABCとの計算結果を比較してみよう。製品Aは大量生産される標準品であり，製品Bは生産量の少ないカスタマイズ品とする。計算のための基本データは**図表11-2**のとおりである。

[図表11-2]　計算のための基本データ

生産データ			原価データ			
	製品A	製品B			製品A	製品B
生産量	1,000個	500個	直接材料費		400円/個	550円/個
直接作業時間	1,500時間	500時間	直接労務費		450円/個	300円/個
			製造間接費		776,000円	

伝統的な原価計算では製造間接費を直接作業時間で配賦しているとすると，配賦率は388円/時間（＝776,000円÷2,000時間）となる。このとき，製品Aが負担する1個当たりの配賦額は582円/個（＝388円/時間×1,500時間÷1,000個）となり，製品Bは388円/個となる。製品Aの配賦額が製品Bよりも大きいのは，配賦基準である直接作業時間の大きさの違いを反映しているからである。なお，操業度基準による配賦と活動ドライバーによる原価割当との比較に焦点を当てるため，伝統的な原価計算における部門への配賦手続きは省略している。

次に，ABCによって製造間接費を製品に割り当てる。ABCの計算を始めるにあたって，活動コストと活動ドライバーに関する追加的なデータが必要になる（**図表11-3**）。このデータに基づいて，各活動のコストドライバー率と原価割当額を計算すると**図表11-4**のようになる。たとえば，品質検査活動は活動ドライバーとして検査回数が選択されている。品質検査費を総検査回数で除してコストドライバー率の9,200円/回（＝46,000円÷5回）を求めることができる。このコストドライバー率に各製品の検査回数を乗じることで検査活動の原価割当額が算定される。製品Aは9,200円（＝9,200円/回×1回）となり，製品Bは36,800円となる。

148 第2部 管理会計の新展開

[図表11-3] 活動コストと活動ドライバー

	活動コスト	活動ドライバー	製品A	製品B
機械加工費	240,000円	機械時間	800時間	1,200時間
組立作業関連費	392,000円	直接作業時間	1,500時間	500時間
段取費	98,000円	段取回数	1回	3回
品質検査費	46,000円	検査回数	1回	4回

[図表11-4] 活動別のコストドライバー率と原価割当額

	コスト・ドライバー率	製品A	製品B
機械加工活動	120円/時間	96,000円	144,000円
組立作業関連活動	196円/時間	294,000円	98,000円
段取活動	24,500円/回	24,500円	73,500円
品質検査活動	9,200円/回	9,200円	36,800円

　最後に，製造直接費も含めて製品1個当たりの原価を計算すると**図表11-5**のようになる。伝統的な原価計算による製品原価は製品Aのほうが製品Bよりも高い。これに対して，ABCで計算した製品原価は製品Aよりも製品Bのほうが高い結果となった。伝統的な原価計算とABCとで計算結果が逆転してしまっている。伝統的な原価計算では，多くの製造間接費にとって，その発生とは関係のない直接作業時間で一律に配賦したために製品原価を歪めてしまったのである。段取費や品質検査費といった支援活動に伴って発生するコストには，ABCのようにその製造間接費の発生と因果関係のある活動ドライバーを用い

[図表11-5] 製品1個当たりの原価の計算

	伝統的な原価計算		ABC	
	製品A	製品B	製品A	製品B
直接材料費	400円/個	550円/個	400円/個	550円/個
直接労務費	450円/個	300円/個	450円/個	300円/個
製造間接費	582円/個	388円/個	－	－
機械加工費	－	－	96円/個	288円/個
組立作業関連費	－	－	294円/個	196円/個
段取費	－	－	24.5円/個	147円/個
品質検査費	－	－	9.2円/個	73.6円/個
製品原価	1,432円/個	1,238円/個	1,273.7円/個	1,554.6円/個

ることで，より正確な製品原価が計算できる。

2.5　ABC情報の活用

　ABCによって計算された正確な製品原価は収益性に関する情報を改善し，価格決定やプロダクト・ミックスなどの製品関連の意思決定に役立てることができる。たとえば，先の計算例で製品Aと製品Bの販売価格はどちらも1,500円/個であったとしよう。このとき伝統的な原価計算に基づくと，製品1個を販売することによって得られる利益は，製品Aが68円/個，製品Bが262円/個である。この場合，より多くの利益を獲得するために，製品Bを重点的に製造・販売するような製品戦略をとることになる。

　これに対してABCによれば，製品Aは226.3円/個の利益が出るが，製品Bは54.6円/個の赤字となることがわかる。より多くの利益を獲得するためには製品Aを重点的に製造・販売するとともに，製品Bについても製造コストを削減したり，原価割れをした価格を適正な価格に変更したりして利益が出るように努力することになるだろう。それでも赤字が解消されないのであれば，製品Bの生産を中止して撤退するような意思決定を行わなければならない。このことに気づかずに伝統的な原価計算に基づいて判断していたら，製品Bを売れば売るほど損失が膨らんでいくことになってしまう。

　ABCによる収益性分析を行うと，収益性の低い製品が多いことに気づかされる。このことは，いわゆるクジラ曲線（whale curve）を作成してみるとわかりやすい（クジラ曲線は第17章を参照）。クジラ曲線の尾にあたる部分，すなわち収益性の低い製品はカスタマイズ品であることが多い。生産量の少ないカスタマイズ品は，伝統的な原価計算において過小評価されて製品原価を低く見積もられるため，価格を低く設定してしまい，利益を失っているのである。ABCでカスタマイズ品の原価を正確に計算することによって適正な価格が設定できれば，利益を食いつぶすような製品はなくなるはずである。

2.6　TDABC

　理論的にはABCが伝統的な原価計算よりもすぐれているにもかかわらず，ABCの導入を躊躇する企業が少なくない。ABCを実施するには数多くの活動

150 第2部 管理会計の新展開

とコストドライバーを識別しなければならないうえに，必要に応じて更新して
いかなければならない。そのために時間とコストがかかるからである。このよ
うな実務上の煩雑さがABCの普及を妨げている。キャプランら（Kaplan and
Anderson, 2004）はABCをできる限りシンプルな構造にすることによって，こ
の問題を解決しようとTDABC（time-driven activity-based costing：時間適用
ABC）を考案した。

　TDABCでは活動に製造間接費を集計することはしない。原価計算対象（製
品やサービス）に対して資源（製造間接費）を直接的に割り当てる。このとき，
コストドライバーとして主に時間ドライバーが用いられる。この時間ドライ
バーをベースとしてコストドライバー率を求め，これに時間方程式から導かれ
た活動の所要時間を乗じて製品などの原価が算出される。

　時間方程式とは，製品やサービスの原価を計算するために必要なすべての活
動（時間）をモデル化した算式である。この算式から特定の製品やサービスが
消費する活動を取捨選択し，計算することによって総活動時間を見積もること
ができる。時間方程式を作成してしまえば，活動を追加したり排除したりして
も，算式に変数を加えたり削除したりすることで対応でき，更新の手続きが簡
略化される。

　TDABCにはデメリットもある。ABCは正確な製品原価を算定できることが
最大の強みであった。しかし，TDABCでは基本的に時間のみをコストドライ
バーとして利用しており，活動時間も見積もられている。そのため，TDABC
で算定される製品原価は正確性においてABCよりも劣ることになる。製品原
価計算としてみた場合，TDABCはABCの簡易版であることに留意しなければ
ならない。

3　原価低減のためのABM

　ABCは収益性の低い製品のリストラに有効な手法として，アメリカ企業を
中心に導入された。しかし，赤字製品だからといって，すぐに切り捨てるべき
ではなく，企業は収益性を高める努力を怠ってはならない。経営者はビジネ
ス・プロセスの再構築（リエンジニアリング）や継続的改善活動を通じて業務
効率を高め，原価を低減する必要がある。そのための手法がABMであった。

ABMは，ABCの考え方を原価低減に活用したものである。

3.1 ABMの基本的な考え方

ABMとは，「顧客によって受け取られる価値と，その価値を提供することによって達成される利益を改善するために，活動の管理に焦点をおく技法である」（Raffish and Turney, 1991, pp.57-58）。すなわち，ABMには2つの目的がある。1つは顧客価値の向上であり，もう1つは利益の増大である。これらを活動の管理を通じて同時に達成しようとする。

ABMは管理の対象として活動に焦点を当てていることに注目しなければならない。ABCでは「製品が活動を消費し，活動が資源を消費する」という考え方に基づいて製品原価を計算していた。これは同時に，活動が資源を消費することによって，原価は引き起こされることを意味している。したがって，活動が原価の発生原因であり，活動を管理することによって原価を管理することができるとABMでは考える。

具体的には，企業内で実施されている活動を分析して，顧客にとって「価値を生む活動」と「価値を生まない活動」とに区分する。このとき，前者を付加価値活動と呼び，後者を非付加価値活動と呼ぶ。ABMでは非付加価値活動を排除することによって顧客価値の向上と，原価の管理による利益の増大を図ろうとする。

ABMがプロセス志向であることも忘れてはならない。プロセスとは，顧客に製品（またはサービス）を提供する目的で行われる一連の活動の集合体のことである。たとえば，販売会議活動について考えてみよう。一般に，会議は非付加価値活動として区分される。だからといって，販売会議を排除してしまうと，商品を顧客にどのように提供するかが決まらず，企業は機能不全を起こしてしまうだろう。このように，非付加価値活動であっても，企業にとって必要な活動もある。活動をプロセスとして捉えることで，このような活動を排除するのではなく，なるべくコストをかけないように実行すべき活動であることに気づくことができる。

3.2 ABMとABC情報

ABMでは，その主要な情報源としてABC情報を活用する。ターニー（Turney,1991, p.54）は，ABCとABMの関係を**図表11-6**のように表した。図ではABCが左側に描かれており，2つの軸で構成される。縦軸は2段階の計算構造であり，第1段階で資源から活動へ原価が割り当てられ，活動に集計された原価は第2段階で活動から原価計算対象に割り当てられる。これを原価割当視点と言う。これに対して，横軸は活動分析，コストドライバー分析，業績分析などの原価低減活動を支援する情報を提供する。これをプロセス視点と言う。

ABCはABMに対して情報を提供し，ABMにおいてABC情報が原価管理活動を支援するために分析される。両者は活動に着目している点において共通しているが，ABCとABMでは目的が異なる。したがって，2つの視点を結びつける要となる活動が必ずしも同じ活動であるとは限らない。つまり，ABCで選択された活動が，そのままABMでも利用できるわけではない。

[図表11-6]　ABMとABCの関係

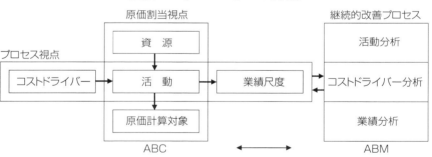

出典：Raffish and Turney（1991, p.54）.

同様に，コストドライバーについても，ABCとABMとで異なる場合がある。原価管理のために用いられるプロセス視点のコストドライバーは，活動がなぜ行われたのか，どのように活動が行われたのかを表したものでなければならない。たとえば，マテハン活動について考えてみると，原価割当視点で運搬回数が活動ドライバーとして選択されたとしても，プロセス視点では工程間の距離

第11章　ABCによる製品戦略，原価低減，予算管理　153

をコストドライバーとして識別するかもしれない。なぜなら，工程の間に距離があることによって運搬の必要が生じ，その距離を短くすることが活動の効率性を高めることになるからである。

　業績尺度は活動の結果を表すものであって，活動の効率性や時間，品質などで測定される。活動の効率性は活動1単位当たりの原価で表される。消費された資源の原価を活動のアウトプットで除したものである。活動と原価を結びつける尺度は，活動の改善が原価の管理になることを強調する。活動に要する時間の改善は，活動の効率性を高めるだけでなく，品質の改善にも結びつく。時間がかかればかかるほど，資源は無駄に消費され，不良の発生の機会も増える。時間を短縮すれば，顧客のニーズに素早く対応できる。品質は不良率や歩留率で測定される。高い不良率は活動量を増やし，余分なコストがかかり，顧客が受け取る価値を減少させてしまう。このように，業績尺度は活動業績に焦点を当てることによって，ABMによる原価管理活動の必要性を喚起する。

3.3　活動分析，コストドライバー分析，業績分析

　ABMによって活動業績を改善する方法として，活動分析，コストドライバー分析，業績分析という3つのステップがある。第1ステップで，原価管理の機会を発見する活動分析を行う。第2ステップでは，無駄を引き起こす要因を探索するコストドライバー分析が行われる。最後に，第3ステップで活動業績を測定・分析する。

　活動分析では非付加価値活動を識別するとともに，付加価値活動のうち重要な活動の分析も行う。付加価値活動であるからといって効率的に実行されているとは限らず，そこに原価低減の余地が残されているからである。しかし，企業には多数の活動があり，これらすべての活動を分析するには時間もコストもかかり過ぎる。そこで分析する活動の数を絞る必要がある。そのためにベンチマーキングを行う。他社における同一または類似の活動のうちベストプラクティスと比較することによって，非効率な自社の活動が識別できる。そのうえで活動間の結びつきを検討する。時間を短縮したり，重複を排除したりするなどして活動全体としての効率を高められないかを検討する。

　コストドライバー分析では，非付加価値活動や非効率な付加価値活動を引き

起こした要因を識別する。これらの活動は識別しただけでは無駄の排除にはつながらない。そのコストドライバーを管理しなければ原価は管理しない。たとえば，先の例で示したように，マテハン活動は非付加価値活動である。この活動を排除するために，いきなり運搬を止めることはできない。なぜ運搬しなければならないかを理解し，レイアウトを工夫することで改善ができる。

活動が効率的であるかどうかは，何らかの尺度で測定しなければならない。業績分析では，この測定値と目標値を比較して現状を把握する。これによって問題点を可視化し，原価低減活動に対して継続的に取り組むことができる。

4　予算管理のためのABB

予算には3つの機能がある。計画機能，調整機能，統制（コントロール）機能である。予算は次期の販売量，生産量，在庫量などを勘案して総合的に計画される。この計画設定の過程で部門間の調整が図られる。事後には，予算と実績が比較・分析され，是正措置がとられる。このような一連のプロセスが予算管理である。ABBはABCの考え方を応用した予算管理の手法である。

4.1　ABBの意義と考え方

伝統的な予算管理における予算編成や業績評価の中心は部門であった。そのため，伝統的な予算編成では戦略目標の実現のために資源を配分するというよりは，より多くの予算を獲得しようと部門責任者が交渉したり，前年度の実績に基づいて増減したりするなど，合理的ではない方法で予算を決めることが多かった。ABBでは活動を予算編成の中心に置くことによって，「権力や影響力，および交渉力によって決まることを抑えて，できるだけ事実に基づいて決定される機会を提供する」（Kaplan and Cooper, 1998, p.302）ことになる。

ABBのプロセスはABCを逆転させたものである。ABCのプロセスでは，消費された資源の原価を資源ドライバーに基づいて活動に割り当て，次いで活動に集計された原価を活動ドライバーに基づいて製品へと割り当てる。すなわち，原価が資源→活動→製品の方向で流れている。これに対してABBのプロセスは，製品の製造に必要な活動量を活動ドライバーに基づいて測定し，その活動を実行するために必要な資源量を見積もる。すなわち，原価は製品→活動→資源の

第11章　ABCによる製品戦略，原価低減，予算管理　155

方向へ流れている。このようにABCによる原価計算のプロセスとABBにおける原価分析のプロセスは原価の流れが逆方向になる。

4.2　ABBと未利用キャパシティの管理

　ABMでは活動の効率性を高めることによって，原価を低減することができるとされた。活動ドライバーの量を削減すれば，活動コストも自ずと減少する。しかし，活動量が減ったとしても，インプットである資源の量が減るわけではない。たとえば，10人での作業を効率化して８人で行えるようになったとしても，２人分の人的資源は配置転換などが図られないかぎり，そこに残ることになり費用を発生し続ける。いくら活動を効率化したとしても，未利用の資源を有効活用しないかぎり，経済的な便益は享受できない。

　ABBは５つのステップで予算を編成し，その過程で未利用となった資源の量を明らかにすることができる。第１ステップは，次期の売上高を予測し，各製品の生産量を見積もる。たとえば，販売予測から2,280個の製品Aを製造する必要があると見積もられたとしよう。

　第２ステップでは，次期の生産量を達成するために必要な活動を選定し，その活動量を見積もっていく。段取り替えが何回必要か，検査は何回必要かなどを決めるのである。製品Aは20個につき１回の検査が必要であったとすれば，114回（＝2,280個÷20個/回）の検査が行われることになる。

　第３ステップでは，その活動を実行するために必要な資源を決定し，その必要量を見積もる。検査活動には専任の検査員が必要であり，１人で15回の検査ができるとすると，114回の検査のために7.6人（＝114回÷15回/人）の人的資源が必要となる。

　このように資源の需要量が見積もられたら，第４ステップでは資源の投入量を決める。現実には7.6人という半端な人数を投入することはできないので，８人の人的資源が投入されることになる。さらに，この資源の投入量に単価を乗じて，資源の予算額が算定される。このとき，検査要員として10人を雇用していたとすれば，２人分（＝10人－８人）の資源が未利用となることが判明する。これを未利用の資源キャパシティという。

　最後に，第５ステップでは活動キャパシティが決定される。活動キャパシ

156　第2部　管理会計の新展開

ティとは活動の実際的生産能力，すなわち投入された資源を使って実行可能な最大の活動量である。先の例では，検査活動に投入された8人の人的資源は120回（＝15回/人×8人）の検査ができる能力を持っている。この活動キャパシティと，第2ステップで見積もった活動の必要量とを比較すれば，未利用の活動キャパシティが測定できる。すなわち，6回分（＝120回－114回）の活動が未利用となっている。

　このようにABBでは資源レベルと活動レベルで未利用キャパシティを測定することができる。これらの未利用キャパシティは長期的に排除したり，他に転用したりするように管理責任者に促すことになる。

［参考文献］

櫻井通晴（1998）『新版 間接費の管理』中央経済社。

Cooper, Robin（1989）, The Rise of Activity-Based Costing－Part Four：What Do Activity-Based Cost Systems Look Like? *Journal of Cost Management* Vol.3, No.1, 38-49.

Johnson, H. Thomas and Robert S. Kaplan（1987）, *Relevance Lost：The Rise and Fall of Management Accounting*, Harvard Business School Press,（鳥居宏史訳『レレバンス・ロスト－管理会計の盛衰－』白桃書房, 1992年）。

Kaplan, R. S. and R. Cooper（1998）, *Cost and Effect*, Harvard Business School Press,（櫻井通晴監訳『コスト戦略と業績管理の統合システム』ダイヤモンド社, 1998年）。

Kaplan, R. S. and Steven R. Anderson（2004）, Time-driven Activity-Based Costing, *Harvard Business Review*, November, 131-138,（スコフィールド素子訳「時間主導型ABCマネジメント」『Diamond ハーバード・ビジネス・レビュー』2005年6月号, pp.135-145）。

Raffish, Norm and Peter B. B. Turney（eds.）（1991）, Glossary of Activity-Based Management, *Journal of Cost Management*, Vol.5, No.3, 53-63.

第12章

バランスト・スコアカード

1　はじめに

　持続的な価値創造には，将来のビジョンに基づいた戦略をいかに実現するか
が鍵となる。戦略実現には，顧客が満足する製品・サービスを提供するために
必要なビジネス・プロセスを構築するだけでなく，その実現を支援する従業員
のスキル向上や情報システムの整備，組織文化の醸成など，多様な活動も包括
して，効率的かつ効果的に管理しなければならない。戦略実現を支援する代表
的なマネジメントシステムとしてBSC（balanced scorecard：バランスト・スコア
カード）がある。BSCは，営利企業だけでなく，医療や学校，地方自治体など，
さまざまな組織で利用されている。

2　バランスト・スコアカードの役割

　BSCが世界的に認知されたきっかけは，1992年に*Harvard Business Review*
誌で掲載された論文，"The Balanced Scorecard‐Measures that Drive Per-
formance"である。この論文では，ROI（return on investment：投資利益率）
やEPS（earnings per share：1株当たり利益）のような財務指標が過去の戦略に
よる総合的な成果の把握には役立つとしても，戦略や事業の核心となる社内の
ビジネス・プロセスや組織改革などの将来の業績を決定づける戦略的な要因を
把握できないという問題点が指摘された（Kaplan and Norton,1992）。その上で，
財務指標だけでなく非財務指標を利用し，従業員による学習と成長や社内のビ
ジネス・プロセス，顧客，株主などの多面的な視点から戦略的な業績評価を行
う手段としてBSCが提唱された。

158　第2部　管理会計の新展開

　その後，BSCに関連した継続的な研究と実務における実践から，BSCは戦略的な業績評価の手段としてだけでなく，戦略実行を支援する手段としての役割が強調されるようになった。今日では，業績評価および戦略実行だけでなく，戦略の企画から実行，そして検証と適応までのプロセスを包括的かつ継続的に管理するための戦略的マネジメントシステムとして位置づけられている（Kaplan and Norton, 2008）。

　BSCでは，戦略マップ（strategy map）とスコアカードを利用し，戦略目標からその達成度合いを測定する尺度，目標値，戦略的実施項目へと落とし込み，戦略的な活動による成果を設定した尺度を利用して評価し，必要に応じて是正処置を講じるというマネジメント・サイクルを回すことで，継続的な戦略実現を支援する。また，BSCは，戦略実現の目的だけではなく，①多面的な業績評価指標を利用した報酬制度を構築するため，②財務指標による評価が困難な従業員のスキルや能力などの人的資産や組織文化やリーダーシップなどの組織資産，顧客データや情報システムなどの情報資産を評価し管理するため，③組織全体に共通したマネジメントシステムとしてBSCを利用することで，企業内の本社や事業部，事業会社などの事業組織，経理や人事，総務などの機能組織といった組織間でシナジーを創出するため，④戦略マップとスコアカードの作成を通した戦略策定，⑤インフラ投資でしばしばみられる，財務指標を利用した経済的評価では困難な戦略的に重要な投資評価のため，⑥統合報告書における価値創造プロセスを可視化するため，という目的でも利用されている。

　BSCが提唱されて以来，グローバル化や顧客ニーズの多様化，高度情報化によって競争環境がより厳しさを増してきたことで，業務の効率化による原価低減だけではなく，戦略実現の重要性が増してきた。GoogleやFacebook，MicrosoftのようなIT企業が台頭していることからもわかるように，価値創造の主要な源泉は，貸借対照表に計上できるような有形資産からインタンジブルズへと移行している。このように経営環境が変化する中にあっても，BSCは戦略的マネジメントシステムとしての役割を拡張しながら，今日に至っている。

3　バランスト・スコアカードのフレームワーク

　BSCのフレームワークは，**図表12-1**のように，戦略マップとスコアカード

第12章　バランスト・スコアカード　159

［図表12-1］　BSCのフレームワーク例

	戦略マップ	スコアカード		アクションプラン	
	戦略目標	尺度	目標値	戦略的実施項目	予算
財務の視点 プロセス：業務管理 テーマ：地上での折り返し	・収益性 ・収益増大 ・機体の減少	・市場価値 ・1座席当たりの収益 ・航空機のリース費用	・毎年30%増 ・毎年20%増 ・毎年 5%増		
顧客の視点	・より顧客を誘引し維持する ・定刻のサービス ・最低価格	・リピート顧客数 ・顧客数 ・FAA定時到着率 ・顧客のランキング	・70% ・年率12%増 ・1位 ・1位	・CRMシステムの実施 ・品質マネジメント ・顧客ロイヤルティ・プログラム	・$XXX ・$XXX ・$XXX
内部プロセスの視点	・地上での迅速な折り返し	・地上滞在時間 ・定時出発	・30分 ・90%	・サイクルタイムの最適化	・$XXX
学習と成長の視点	・必要なスキルの開発 ・支援システムの開発 ・地上係員の戦略への方向づけ	・戦略的な職務群 ・情報システムの利用可能率 ・戦略意識 ・地上係員の自社株式保有者の割合	・1年目 70% 　3年目 90% 　5年目100% ・100% ・100% ・100%	・地上係員の訓練 ・係員向けのスケジュール管理システムの始動 ・コミュニケーション・プログラム ・従業員持ち株制度	・$XXX ・$XXX ・$XXX ・$XXX
				総予算	$XXXX

戦略マップ（財務の視点）：正味資産利益率／利益と収益増大／機体の減少

戦略マップ（顧客の視点）：より顧客を誘引し維持する／定刻のサービス／最低価格

戦略マップ（内部プロセスの視点）：地上での迅速な折り返し

戦略マップ（学習と成長の視点）：戦略的職務　地上支援係員／戦略的システム　係員の配置／地上係員の方向づけ

出典：Kaplan and Norton（2004, p.53）. BSCをスコアカードに筆者修正。

160　第2部　管理会計の新展開

からなる。戦略マップは戦略を可視化し，スコアカードは戦略マップに記述された戦略目標の測定と管理をする。

3.1　戦略マップ

戦略マップとは，戦略を記述するためのツールであり，戦略を可視化する役割がある。戦略マップには，①視点，②戦略目標，および③戦略テーマが記述される。

① **視点**　　BSCでは，一般に，価値創造に強く影響する4つの視点が設定される。すなわち，財務業績や株主価値に関わる財務の視点，顧客価値に関わる顧客の視点，顧客価値を高めるために顧客への価値提案を提供するビジネス・プロセスに関わる内部プロセスの視点，戦略にとって重要な人的資産，情報資産および組織資産といったインタンジブルズの構築に関わる学習と成長の視点である。視点を設定することで，株主，顧客，経営者や従業員という主要なステークホルダー間および財務業績の改善や顧客満足度の向上のような，短期間で改善する必要のある目標とインタンジブルズの構築といった長期的な目標間のバランスが図られる。

② **戦略目標**　　戦略目標は，ミッション（mission）に従い，将来のビジョンを達成するように4つの視点にわたって記述される。通常，戦略目標は，「～を～増やす/維持する/減らす」といったように定性的に記述される。また，戦略目標間には因果関係が考慮され，戦略マップ上では戦略目標間を結ぶ矢印として記述される。ここでの因果関係は，策定された戦略が確実に実現できる保証はないことから，厳格な因果関係を意味するものではない。通常，学習と成長の視点の戦略目標から，上位の内部プロセス，顧客，そして財務の視点の戦略目標という順で矢印を記述する。

③ **戦略テーマ**　　戦略テーマは，関連のある戦略目標のまとまりである。代表的な戦略テーマとして，業務を効率化し原価低減する業務管理のプロセス，顧客満足度を高め顧客価値を高める顧客管理のプロセス，革新的な製品やサービスを生み出すイノベーションのプロセスおよび経営リスクの回避や良き企業市民となるための規制と社会のプロセスに関連する4つの戦略テーマが設定される。業務管理の活動とイノベーションの活動はしばしば相反する

第12章　バランスト・スコアカード　161

活動となる。また，業務管理に伴う原価低減は，時間の要する研究開発が必要となるイノベーションの活動よりも比較的，短期間に成果が出る。1枚の戦略マップの中で，業務管理やイノベーションに関連する戦略目標間の因果関係を同時に構築することは，複雑すぎて容易にはできない。戦略テーマごとに戦略目標間の因果関係を考慮することで，戦略マップが作成しやすくなる。

3.2　スコアカード

BSCは，「測定できないものは管理できない（You can't manage what you can't measure.)」という原則に基づいている（Kaplan and Norton, 2004）。戦略マップに記述された戦略目標の測定と管理をするためのスコアカードは，①尺度，②目標値および③戦略的実施項目からなる。

① **尺度**　スコアカードでは，戦略マップに記述された戦略目標の達成度合いを測定するために，戦略目標ごとに1つ以上の業績尺度が設定される。設定される尺度は，戦略目標に依存するために，売上高や原価，営業利益などの財務尺度だけでなく，顧客満足度や不良率，公的資格保有者数など非財務尺度も設定される。したがって，BSCで利用される尺度は多岐にわたる。

② **目標値**　設定された尺度を利用し，戦略目標に基づいて目標値が設定される。戦略実現には，時間を要する場合も多く，複数年度にわたる目標値が設定されることがある。目標値の設定にあたっては，しばしばストレッチ・ターゲット（stretch target：高い目標値）が設定される。

③ **戦略的実施項目**　目標値を設定しても，それを実現する行動が伴わなければ目標値は達成できない。目標値と実績値のギャップを埋めるための具体的な戦略的な活動として，戦略的実施項目が設定される。戦略的実施項目は，特定の戦略目標に対して設定される場合もあれば，複数の戦略目標に対して設定される場合もある。また，それぞれの戦略的実施項目が確実に履行できるように，複数年度にわたる戦略予算を割り当て，責任者が設定される。

4　バランスト・スコアカードの運用

戦略実現には，戦略マップやスコアカードを作成するだけでなく，戦略的な業務と現場レベルの日常的な業務を連携させ，全社的な取り組みとして継続し

なければならない。今日では，**図表12-2**のように，BSCを中心とした戦略的計画書と業務計画書を活用し，戦略の策定および計画を業務の実行と連結する包括的で統合的な6つの主要なステージからなる循環型のマネジメントシステムが提唱されている（Kaplan and Norton, 2008）。

[図表12-2] BSCを利用した循環型マネジメントシステム

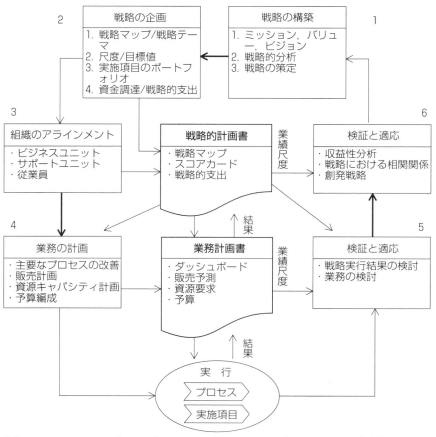

出典：Kaplan and Norton（2008, p.8）．バランスト・スコアカードをスコアカードに筆者修正。

① **戦略の構築** 組織目的であるミッション，組織の行動を導く組織内の羅針盤となる価値観および将来のビジョンによって，戦略の策定と実行のガイ

ドラインを明らかにする。そして，SWOT分析やシナリオ・プランニングなどの戦略分析ツールを駆使して組織の戦略的課題を洗い出し，戦略を策定する。

② **戦略の企画**　戦略マップとスコアカードを作成し，戦略を可視化する。戦略目標，尺度，目標値および戦略的実施項目を設定して戦略を具体化し，戦略を従業員に伝達し理解させやすくする。

③ **組織のアラインメント**　アラインメント（Alignment）とは，組織間を連携させることで，シナジーを創出すると同時に，組織間の連携が上手く行われないことによるアネルギー（anergy）を抑制することである。BSCを利用して，本社のコーポレート・ユニット，事業会社や事業部門のビジネス・ユニット，経理部門や人事部門，総務部門などのサポート・ユニット，そして，各々の組織に属する従業員に対して，具体的な戦略を伝達し，個人レベルの目標やインセンティブを戦略と連動させて，戦略へ方向づける。

④ **業務の計画**　業務計画書を通して，長期的な時間軸をもった戦略的な活動と日常的な現場レベルの業務を連携させる。具体的には，販売計画，経営資源の配分や予算編成など日常的に利用している業務管理ツールに対してスコアカードの尺度や戦略的実施項目を反映させることで，戦略的な活動を従業員の具体的な活動へ落とし込む。

⑤ **モニターと学習**　スコアカードで設定された尺度を利用して戦略実行の実績値を測定する。定期的に開催される短期的な業績を検討する業務検討会議や戦略実行の進捗度合いを検討する戦略検討会議を通して，戦略目標の達成度合いをモニターして，新たな情報と学習に基づいて既存業務を改善し，戦略実行を支援する。

⑥ **戦略の検証と適応**　BSCの業績評価結果や経営環境の変化などの戦略の策定段階では把握できていなかった新たな情報に基づいて，戦略仮説の妥当性を検証し，戦略実行の過程で創出された創発戦略（emergent strategy）の有無を確認し，環境変化に合わせて戦略を更新する。

5　バランスト・スコアカードの導入成果

ベイン・アンド・カンパニー（Bain＆Company）が世界の経営者を対象に

行った調査によれば，BSCが提唱されて以来，20年以上も経過しているにもかかわらず，25のマネジメント・ツールの中で，最も利用されているツールとして，BSCは第6位に位置づけられている（Rigby and Bilodeau, 2015）。この間，BSC導入による成果として，売上高，営業利益やマーケットシェアの向上やブランド認知度が向上したという多くの成功事例が紹介されてきた（Kaplan and Norton, 2008）。その一方で，BSCを導入した企業の中には，必ずしも業績が芳しくない企業や，一度は導入したもののBSCを取りやめた企業も散見される。

BSCの運用には，多くの業績尺度を利用するため業績測定には情報システムの導入と維持管理，従業員の理解を深めるための教育やコミュニケーションが必要となるため，BSCを導入する組織規模に比例して相応のコストが発生する。また，戦略実現には，時間を要する場合も多いため，その最終的な成果の享受には年単位の時間を要することも多い。そのため，BSC導入の成果を，単年度の財務業績で判断してしまうと，戦略実現という成果が享受されないまま中止される可能性が生じる。BSCを導入し定着させるためには，BSC導入計画を立案し，その中で財務成果のような最終的な成果を得るための途中段階の成果をマイルストーンとして設定し，従業員に示す必要がある。

森沢・黒崎（2003）による調査によれば，BSC導入後の成果として，「戦略の質の向上（4つの視点や各戦略目標のつながりを意識することで，重要な戦略目標の絞り込み，抜け漏れを防止できる）」，「戦略コミュニケーション（上司と部下が同じBSCの上で戦略を論じる等により，戦略が組織の下の方まで理解される）」，「戦略遂行力の向上（戦略目標の達成状況の可視化と業績評価への反映など）」を指摘した企業が多かったという。BSCを導入してもコミュニケーションが活性化しなかったり，導入前後で従業員の活動や態度に具体的な変化がなければ，戦略目標，尺度，目標値や戦略的実施項目などのBSCの運用方法を見直すなどの対策を行う必要がある。BSCの役割が拡張してきたように，BSCの構成要素は厳密に定義されているわけではなく可変的である。したがって，BSCの成功には，組織の実情に応じた組織独自のBSCへとカスタマイズしていくことが求められる。

6 バランスト・スコアカード導入のケース

BSCを成功裏に導入したケースとして，世界的な自動車メーカーであるポルシェ（Porsche）が，同社の製品を取り扱う自動車販売ディーラーにBSCを導入したケース（Gunkel and Probst, 2003）を紹介する。ポルシェは，1980年代の経営危機から革新的な近代化プロセスを通じて経営の立て直しを果たし，世界をリードするスポーツカーメーカーである。2000年に，ポルシェのドイツ本部に置かれた国際ディーラー・ネットワーク開発チームは，将来的にポルシェがいかにサクセス・ストーリーを描けるかについて議論するために世界各地の市場の代表者を招集した。この会議で，業績評価のための手段としてBSCを導入すべきであることが発表された。そして，国際ディーラー・ネットワークを「学習する組織（learning organization）」へと変える手段とするBSCの導入方法について基本的な合意に達した。BSC導入による目標は，世界中の主要市場のさまざまな販売店と子会社が持っている巨大な知識の蓄積を効率的に利用し，最終的には，これらの知識を利益に変換することであった。販売業務部門の経営幹部からの合意が得られた後，2001年秋からのBSCの運用開始が決定された。

ところが，すぐに社内でBSC導入に抵抗する動きが出始めた。他部門で以前試みられたBSCの導入が失敗に終わっており，今後，導入のすべての段階で抵抗にあうと予想された。そこでBSCのプロジェクト・チームは，BSCという名称を利用せずに，BSC導入のプロジェクトの名称を「ポルシェ主要業績指標」（Porsche Key Performance Indicators）に変更した。

BSC導入にあたって，まず，パイロット市場の選定に着手し，ドイツ本部に近接するという理由から，フランス，イタリアおよび英国の3つの市場が選択された。異なる経営環境にある3つの市場の代表者によるワークショップを開催し，主な問題点を総合的に網羅したリストを作成し互いに学習しBSCの有効性を確認できたため，BSCを全面的に受け入れることが約束された。

次に，プロジェクト・チームは，各市場からの幅広い支援が得られたことをきっかけとして，全体的なBSC導入の骨子を考えはじめた。そして，自動車業界の知識が豊富なITコンサルタントに支援を求めた。このITコンサルタント会社は，顧客にポルシェというビッグネームが追加されるチャンスとして考え

166　第2部　管理会計の新展開

ていたために，モチベーションは非常に高まった。

　プロジェクト・チーム，ITコンサルタント会社および各市場の代表者は，BSCの構成と内容について合意した。個々の市場に応じたBSCをPDF形式の報告書にして公表され，「財務」，「顧客/市場」，「内部プロセス」および「スタッフと学習」という4つのカテゴリー別に振り分けた40項目の指標が設定された。

　BSCの運用開始にあたって，プロジェクト・チームは，BSCの開発の段階から常に販売店との連携を維持し，導入プロセスへの関与を促し，BSCを受け入れるための基礎固めをしていた。具体的には既存の情報システムを活用したり，BSCに関するハンドブックを作成した。このハンドブックには，BSCの導入動機，目的，背景，基礎理論，システムの実行および導入の説明と利用の手引きが含まれていた。また，コンサルタントと販売店は，相互の業績を評価し改善案をそれぞれ提出した。導入当初のこれらの大量のフィードバックは，BSC導入開始プロセスの劇的な改善を図るために役立った。

　運用段階では，各販売店のゼネラル・マネジャーや販売店の経理担当者という日常的な業務を行う担当者に対して，BSCを活用するための専門のトレーニングを実施した。加えて，各販売店にBSCの問題に関する相談に対応する地域マネジャーにもトレーニングを実施した。トレーニングでは，品質の劣る他社の業績報告システムの問題を引き合いに出すことで，ポルシェが自動車販売ディーラーに対して，BSCを導入させた初のメーカーであることを参加者に確信させることになった。

　BSCの利用では，プロジェクト・チームが利用者に対してBSCの内容とその背後にある情報を検証することを強く求め，BSCを定期的な経営会議のアジェンダに加えた。また，地域の販売店をコンサルティングする地域マネジャーは，BSCに基づいて業績分析を行い，別の販売店の基準と比較することで，問題の根源を効率的に見出すことができるようになった。

　ポルシェでは，当時のウィーデキング社長が日本のコンサルタントにあらゆるプロセスの検証を依頼して以来，改善（kaizen）に向けた活動を真剣に行っていた。その後も，BSCの継続的改善を目指し，全社的なBSCの開発サイクルが進行した。

7 ま と め

　本章では，戦略的マネジメントシステムであるBSCの役割について明らかにした。また，BSCを構成する戦略マップおよびスコアカードの要素である視点，戦略目標，戦略テーマ，尺度，目標値，戦略的実施項目を明らかにした。そして，BSCの運用方法について6つのステージからなる循環型のマネジメントシステムを明らかにした。

　これまで，BSC導入による多くの成果が報告されてきた。しかし，その導入には時間を要する。したがって，BSC導入による最終的な成果を享受するまでの過程で生じるマイルストーンとしての成果を設定し評価する必要性を明らかにした。ポルシェのBSC導入のケースでは，プロジェクト・チームの積極的な関与の下で，BSCの利用がさまざまな組織成員の学習の機会となり，その有効性が認識されたことが，スムーズなBSC導入へと導いたと言える。

[参考文献]

櫻井通晴（2008）『バランスト・スコアカード〔改訂版〕―理論とケース・スタディ―』同文舘出版。

森沢徹・黒崎浩（2003）「バランス・スコアカードを活用した経営管理システム改革」『知的資産創造』Vol.11，No.10，pp.24-39。

Gunkel, D. and G. Probst（2003）, *Implementation of the Balanced Scorecard as a Means of Corporate Learning: The Porsche Case*, Case Crentre, Reference no.903-030-1. http://www.casecenter.jp/ccj_user/html/index.aspx（2017年3月31日閲覧）

Kaplan, R. S. and D. P. Norton（1992）, The Balanced Scorecard ―Measures that Drive Performance, *Harvard Business Review*, Vol.70, No.1, 71-79,（本田桂子訳「新しい経営指標"バランスド・スコアカード"」『Diamondハーバードビジネス』，Vol.19，No.1，1992年，pp.81-90）。

Kaplan, R. S. and D. P. Norton（2004）, *Strategy Maps: Converting Intangible Assets into Tangible Outcomes*, Harvard Business School Press,（櫻井通晴・伊藤和憲・長谷川恵一監訳『戦略マップ―バランスト・スコアカードの新・戦略実行フレームワーク』ランダムハウス講談社，2005年）。

Kaplan, R. S. and D. P. Norton（2008）, *The Execution Premium: Linking Strategy to Operations for Competitive Advantage*, Harvard Business School Press,（櫻井通晴・伊藤和憲監訳『バランスト・スコアカードによる戦略実行のプレミアム』東洋経済新報社，2009年）。

Rigby, D. and B. Bilodeau（2015）, *Management Tools & Trends 2015*, BAIN&COMPAY. http://www.bain.com/Images/BAIN_BRIEF_Management_Tools_2015.pdf（2017年3月31日閲覧）

168　第2部　管理会計の新展開

第13章

レピュテーション・マネジメント

1　はじめに

　現代では，事業活動を通じて経済価値と社会価値を両立させるCSV（creating shared value：共有価値の創造）が重視されるようになっている。しかし，企業がますます社会的な存在となる中で，より広い視野に立ち，多様なステークホルダーとの関係性をマネジメントすることも重要な課題である。レピュテーション・マネジメントは，ステークホルダーとの関係性を考慮して，インタンジブルズ（intangibles：無形の資産）であるコーポレート・レピュテーション（corporate reputation：企業の評判）の構築・維持・回復を戦略的に目指すアプローチである。

2　コーポレート・レピュテーションとは何か

　経営者のコーポレート・レピュテーションに対する関心は，次の3つの理由により高まりつつある。まず，株主重視の経営からステークホルダー志向の経営へとコーポレート・ガバナンスのあり方が変化してきていることがあげられる。次に，メディアの隆盛と頻発する企業不祥事を背景として，企業価値の毀損を防止するためのリスクマネジメントが重要視されてきたことも一因である。さらに，企業価値の源泉が有形資産からインタンジブルズへと大きく変化したことも大きな要因である。それでは，コーポレート・レピュテーションとはいったい何であろうか。

2.1　コーポレート・レピュテーションの定義

　レピュテーション（reputation）は，一般に評判，世評，名声，風評などと訳されることの多い概念である。しかし，それぞれの訳語では，レピュテーションという用語の本来の意味を正しく理解できない可能性がある。したがって，まずコーポレート・レピュテーションの定義を明確にしておく必要がある。

　本章では，コーポレート・レピュテーションを「経営者および従業員による過去の行為の結果，および現在と将来の予測情報をもとに，企業を取り巻くさまざまなステークホルダーから導かれる持続可能な競争優位」（櫻井，2011，p.56）と定義づける。その理由は，①経営者および従業員の行為がコーポレート・レピュテーションを形成する基礎となる，②企業の実態と行為を評価し，レピュテーションを形成するのはステークホルダーである，③コーポレート・レピュテーションが企業価値を創造するインタンジブルズとなるからである。

　コーポレート・レピュテーションは，一般に企業に競争優位をもたらすインタンジブルズとして理解されている。しかし，そのマネジメントの巧拙によっては，競争優位を企業にもたらさないばかりか，持続的な競争劣位の状況を生み出す可能性さえある。つまり，レピュテーションは，諸刃の剣である点に注意する必要がある。

　ここでは，楽天株式会社の事例を取り上げよう。楽天はプロ野球に広告効果や知名度の向上などを狙って2004年に70億円を投資して新規参入した。参入当時，楽天は日経BP社のブランドランキング（BtoC）で167位であったが，参入後の2005年には29位へと急上昇した。現在では，メディアによって大きく取り上げられることによる広告効果（毎年120億円から350億円）やEC事業のユーザー数や出店数の増加の効果を享受している（市川，2016）。一方で，楽天はかつてTBSに対して敵対的買収を仕掛けたことがあった。両社の緊張がピークを迎えた2008年から2009年にかけて，楽天に対する世間の風当たりも強く，前述のブランドランキングでは14位から23位へと急落し，レピュテーションを落とし，2008年12月期決算では保有するTBS株式の価格下落に伴う評価損を約670億円計上している。

2.2　コーポレート・レピュテーションと企業価値の向上

　コーポレート・レピュテーションは，株主，顧客，従業員，サプライヤー，地域社会，メディアなどのあらゆるステークホルダーから企業の実態と行為―製品・サービス，イノベーション，職場環境，ガバナンス，企業市民，リーダーシップ，財務業績など―がどのように見られているかを映し出す鏡である。それと同時に，コーポレート・レピュテーションは，さまざまなステークホルダーを企業に誘引する磁石としても機能する。

　たとえば，*Fortune*誌の「働きやすい企業100社」に2012年から2017年まで6年連続1位に選ばれているGoogle社（2015年からAlphabet社へ再編）には，毎年約200万人から300万人の求職が寄せられ，才能ある人材を確保し，組織価値を高めている。そして，Google.com，YouTube，AndroidOSなどの世界シェアNo.1のサービスを提供し，世界の多くの消費者を満足させ，顧客価値を創造している。その結果，Google社の株価は，2004年8月の上場時に85ドルであったが，2017年3月29日現在では10倍の850ドルに達し，株主を満足させ，経済価値を増大させている。また，Google社は，2015年に女性が直面する問題の解決をテクノロジーにより目指す「Women Will」という取り組みを開始したり，2017年までに同社のデータセンターとオフィスのエネルギーを100%再生可能エネルギーで賄うことを宣言して低炭素社会への移行を推進したりして，社会価値の創造にも大きく貢献している。

　このように，企業はステークホルダーとの関係を良好に保ち，コーポレート・レピュテーションを向上させることで，組織価値，社会価値，顧客価値，経済価値から構成される企業価値を増大させることができる。伊藤・関谷・櫻井（2014）のわが国を対象とした実証研究によれば，コーポレート・レピュテーションは，組織要因，社会要因，顧客要因，経済要因から構成されており，組織価値が社会価値に影響を及ぼし，社会価値が顧客価値に影響を及ぼし，さらに顧客価値が経済価値に影響を及ぼすことが検証されている。**図表13-1**を参照されたい。

第13章 レピュテーション・マネジメント　171

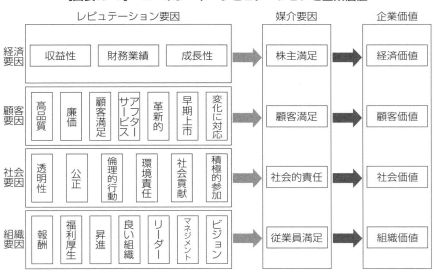

[図表13-1] コーポレート・レピュテーションと企業価値

出典：櫻井（2015, p.664）。

3　コーポレート・レピュテーションの測定

「測定できないものは管理できない」という格言がある。インタンジブルズであるコーポレート・レピュテーションを管理するためには，まず測定して可視化することが必要である。管理会計は，経営者がレピュテーション・マネジメントを実践する上で必要なレピュテーションに関する情報の提供を支援する。

3.1　超過収益力アプローチ

コーポレート・レピュテーションを株式時価総額と貸借対照表における純資産との差額，すなわち超過収益力とみなす見解がある（たとえば，Fombrun, 1996）。この見解では，希少なインタンジブルズすなわち人的資産，組織資産，情報資産，顧客資産などによって創造される企業価値を主に株式市場が経済価値で評価したものをレピュテーションであると考える。財務会計において，従来から「のれん」と呼ばれている部分に相当する。

たとえば，2016年10月にソフトバンク社は，2015年12月末時点で純資産が約

172　第2部　管理会計の新展開

18億ポンドであった英国の半導体設計大手ARM社を約240億ポンドで買収した。この差額がIoT（Internet of Things：モノのインターネット）時代を見据えてARM社の持つ技術を始めとしたインタンジブルズを市場とソフトバンク社が評価したレピュテーションであると言うことができる。この超過収益力アプローチは，M&Aや実証研究においては有益である。しかし，レピュテーションを管理しようとする時には，経営者が管理可能なレピュテーションの源泉を測定するためのアプローチが必要となる。

3.2　レピュテーション指標アプローチ

　レピュテーション・マネジメントにおいて，レピュテーションを測定することができる指標を利用すると，企業とステークホルダーとの関係性に関して，問題のある箇所を可視化し，分析することができる。代表的なレピュテーション指標には，*Fortune*誌の「最も尊敬される企業」，Reputation Institute社によるRepTrakシステム，日本経済新聞社によるNICESなどがある。本章では，レピュテーション指標のグローバルスタンダードとされるRepTrakシステムのフレームワークを紹介する。

　RepTrakシステムは，RepTrak PulseとRepTrakから構成されるコーポレート・レピュテーションの測定システムである（**図表13-2**を参照のこと）。Rep-Trak Pulseは，ステークホルダーによる企業の総合的な評価としてのレピュテーションを測定するものであり，尊敬，賞賛，信頼，好感という4つの指標から構成されている。RepTrakは，レピュテーションの源泉（ドライバー）を測定するものであり，製品・サービス，イノベーション，職場環境，ガバナンス，企業市民，リーダーシップ，財務業績という7つの評価項目にわたる23の指標から構成されている。

　ステークホルダーからのさまざまな期待に応えることで，レピュテーションが向上し，企業価値創造につながるステークホルダーの支援行動（レピュテーション効果）を獲得することができる。Reputation Institute（2016）の調査によると，RepTrak Pulseのスコアが5ポイント上昇すると，ステークホルダーからの推奨が8.5％増加することが明らかにされている。

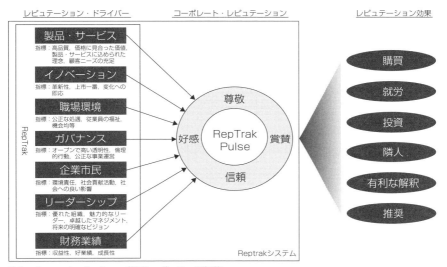

[図表13-2] RepTrakシステムのフレームワーク

出典：Reputation Institute（2016, p.6）に一部加筆。

4 戦略的レピュテーション・マネジメント

資源ベースの戦略論（resource-based view：RVB）のVRIO分析によると，コーポレート・レピュテーションは価値（value）があり希少（rarity）かつ模倣困難性（inimitability）を持つインタンジブルズである。レピュテーションを活用し競争優位に結びつけるためには，適切な組織化（organization）による戦略的なマネジメントが重要である。

4.1 レピュテーション・マネジメントの2つのアプローチ

レピュテーション・マネジメントに対するアプローチには，**図表13-3**の上部で示す①ビジネスサイクル・アプローチと，下部で示す②コミュニケーションサイクル・アプローチとの2つがある。

コーポレート・レピュテーションは，経営者と従業員による行為の実態をステークホルダーが評価したものである。したがって，レピュテーションを向上させるためには，まずは①のアプローチのように，財務業績を始めとする各種

[図表13-3] レピュテーション・マネジメントの2つのアプローチ

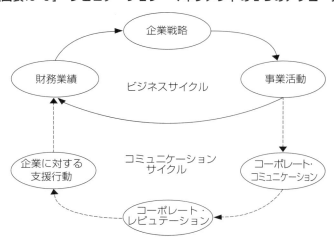

出典：van Riel and Fombrun (2007, p.60).

のパフォーマンスをステークホルダーの期待水準に至るまで，戦略に基づいて事業活動を実直に行い企業の実態を良くすることが必要である。だが，企業の実態を改善して良いパフォーマンスを発揮したとしても，それがステークホルダーに認知されなければ，実際にレピュテーションが向上することはない。そこで，②のコーポレート・コミュニケーションが重要となる。コミュニケーションによって，良好な企業実態をステークホルダーに認知してもらい，ステークホルダーからの支援行動を得ることで，初めてレピュテーションを維持・向上させることができる。

重要なポイントは，ステークホルダーの期待に応えられるように，企業内部の実態と行為を戦略的に管理し，適切なコミュニケーションによって，ステークホルダーによる評価と企業の実態とのギャップ（レピュテーション・リスク）が生じないようにすることである。そのためには，レピュテーション・マネジメントを独立した機能として扱うのではなく，①と②の両方のアプローチを1つのシステム上で統合して，全社的にレピュテーションを管理する必要がある。また，顕示性（visible），独自性（distinctive），真実性（authentic），透明性（transparent），一貫性（consistent）というレピュテーションに関する5つの原則に

第13章 レピュテーション・マネジメント　175

留意することも重要である（Fombrun and van Riel, 2004）。

4.2 バランスト・スコアカードによるレピュテーション・マネジメント

　コーポレート・レピュテーションは，株主，顧客，従業員等のステークホルダーによる企業の評価であり，戦略的マネジメントシステムであるバランスト・スコアカード（balanced scorecard：BSC）が採用するステークホルダーズ・アプローチ，すなわち財務の視点，顧客の視点，内部ビジネスプロセスの視点，学習と成長の視点の考え方と非常に相性がよい。そこで，本章では，Kaplan and Norton（2008）によるBSCを利用した循環型マネジメントシステム（第12章の**図表12-2**を参照のこと）に，レピュテーション・マネジメントの考え方を統合する方法を提案する[注1]。

　ステージ1：戦略を構築する。一般的にミッション，バリュー，ビジョンの記述や内部環境・外部環境の分析などが行われる。レピュテーション・マネジメントを統合するには，RepTrakなどの指標を用いてレピュテーションを測定し，レピュテーションの観点からSWOT分析，ベンチマーキング，GAP分析などの環境分析を行うレピュテーション監査を実施する必要がある。

　ステージ2：戦略を企画する。このステージでは，戦略マップとBSCが構築される。レピュテーションの測定から得られたデータを分析し，ステークホルダーの優先順位づけを行い，レピュテーションやコミュニケーションに関する戦略目標を特定する。さらに，各戦略目標に関して，尺度，目標値，実施項目（アクション・プラン），戦略的予算，担当責任者を設定する。

　ステージ3：戦略の組織へのアラインメントを行う。このステージでは，ステージ2で計画された戦略がどうすれば各ビジネスユニット，経営企画部，広報室，マーケティング部などのサポートユニット，そして全従業員と連携をとることができるのかが検討され，組織に落とし込まれる。従業員の動機づけやレピュテーション・マネジメントに関する能力開発などが重要となる。レピュテーション・マネジメントに関する業績と報酬を結びつけている企業もある。

　ステージ4：業務を計画する。このステージでは，ステージ2で計画された

176　第2部　管理会計の新展開

[図表13-4]　レピュテーション・ダッシュボードの例

KPI	ステークホルダー	尺度	実績	ベンチマーク目標の仮設例
主要な従業員の魅了・維持	労働市場 従業員	レピュテーション：職場環境		世界＝>65；業界＝59 ベンチマーク目標＝65
		雇用者の魅力度		
		従業員と組織の目標整合性		>60
		従業員満足度		
		離職率		
業績向上に向けた従業員の動機づけ	投資家 従業員	レピュテーション：財務業績		世界＝>65；業界＝59 ベンチマーク目標＝65
		株主にとっての魅力度		格付けのBuy/Hold比率
		リスク評価		
		株価		業界平均
内部情報の提供	規制当局 一般市民	レピュテーション：ガバナンス		世界＝>65；業界＝59 ベンチマーク目標＝65
		訴訟費用		
事業存続の条件	一般市民 メディア	レピュテーション：企業市民		世界＝>65；業界＝59 ベンチマーク目標＝65
		メディア広報（内容および カバレッジ）		ネガティブ<10%；ポジティブ>20% シェア・オブ・ボイス>35%
購買意思	一般市民 顧客	レピュテーション：製品・サービス		世界＝>65；業界＝59 ベンチマーク目標＝65
		TOMA（トップオブマインド）		一般市民>20%；顧客>80%
		ブランド知名度		一般市民>75%；顧客＝100%
		顧客満足度		>70
		NPS（ネットプロモーター スコア）		業界>15% ベンチマーク目標>10%
画期的な発明と特許	サプライヤー パートナー	レピュテーション：イノベーション		世界＝>65；業界＝59 ベンチマーク目標＝65
		特許件数		業界平均
ソートリーダーシップ	投資家 従業員	レピュテーション：リーダーシップ		世界＝>65；業界＝59 ベンチマーク目標＝65
		株主にとっての魅力度		格付けのBuy/Hold比率
		株主価値		業界平均

出典：van Riel（2012, p.206）.

実施項目を実現するために必要となる業務プロセスの改善が検討され，当年度の業務計画や予算に変換される。

ステージ5：モニターし学習する。レピュテーションに関する戦略および実施項目を実行すると同時に，問題，阻害要因，挑戦的課題をモニターし学習する。その際には，BSCからステークホルダー別にレピュテーションに関するKPI情報を抽出し，ダッシュボード上で集約してモニターするという工夫を加えるとよい（**図表13-4**を参照されたい）。

ステージ6：戦略を検証し適応する。経営者とレピュテーション・マネジメント担当最高責任者（chief reputation officer：CRO）は，蓄積されたデータと新たなレピュテーション監査の結果を用いて，レピュテーションに関する戦略を全社戦略の枠組みの中で検証，更新する。レピュテーションに関する戦略目標の因果関係を統計的に検証することがこのステップでは有用である。

以上のように，BSCを利用した循環型マネジメントシステムにレピュテーション・マネジメントの考え方を統合することで，レピュテーションに関する戦略と業務のPDCAサイクルが確立し，企業価値創造につなげることができる。

5　ダイムラー社のレピュテーション・マネジメントの事例

「私たちが何か過ちを犯せば，直ちにメディアが飛びついて，レピュテーションに傷がつく恐れがあります。このように世界が変わり，今や顧客は，良い企業実践，良いガバナンスを求めます。今後は良い企業にしか投資せず，良いガバナンスを実践する企業の製品しか使わないでしょう。」
──ダイムラー社　コンプライアンス担当責任者　フォルカー・バルト（Volker Barth）氏[注2]

5.1　Aクラス導入によるレピュテーションの毀損の危機[注3]

レピュテーション・マネジメントの事例として，2016年のRepTrakの世界ランキングにおいてトップ5入りを果たした自動車メーカー，ダイムラー社の事例を紹介しよう。同社は，かつて重大なレピュテーション・リスクに直面した

ことがあった。1997年10月，従来のメルセデスブランドのラインナップにはなかったコンパクトカーであるAクラスの発売直後に事件は起きた。Aクラスは，事前予約台数が約10万台と前評判は良かったが，発売間もなく自動車雑誌が行ったテストの際に横転して同乗者の一人が負傷し，安定性が疑問視された。

この件に対して，ダイムラー社は，車に問題はなくテストに問題があったという旨の声明を出した。しかし，Aクラスが転倒するシーンがメディアで大々的に報道され，ネガティブな社会的反応が同社に寄せられることになった。同社の株価は，10月15日の77.18ドルから27日の68.50ドルへと10％以上の下落を記録し，レピュテーションとともに経済価値を失った。メルセデスの技術陣は，現実的には小幅な改良で十分だと考えていたが，経営陣はそれだけでは毀損したレピュテーションを回復することが困難だということを認識した。

3週間後，ダイムラー社は，生産済みのAクラス18,000台をリコールし，オプションとして提供予定であったESP（横滑り防止装置）を約1億7,000万ドルかけて全車に標準装着することを決定した。さらに，テストの結果を前向きかつ穏当に受け入れて問題に取り組んでいる姿勢を見せるために，新聞を始めとする各種メディア上で広報キャンペーンを展開した。また，改良後のAクラスの走行テストを行ったF1の元世界チャンピオンであるニキ・ラウダ（Niki Lauda）は「カテゴリー内で最も安全な車」と評したが，そのテスト風景をTVCMなどでアピールした。その結果，ダイムラー社のレピュテーションは回復し，Aクラスは累計生産台数100万台以上を記録した。

ダイムラー社のこの事例から得られる教訓は，顧客との関係はメディアなどの外部の力によって動かされている状態にあることを理解し，問題が単なる技術的な問題であるのかレピュテーション・リスクの問題であるのかを識別し，顧客に対して正しいことを行った上で，そのことを顧客を始めとする外部のステークホルダーに戦略的なコミュニケーションを通じて認めてもらう必要があるということである。

5.2　ダイムラー社のレピュテーション・マネジメント・システム[注4]

ダイムラー社は，2003年，レピュテーションをマネジメントするためにコーポレート・レピュテーション分析システム（System for Corporate Reputation-

Analysis：SCORA）を導入した。ダイムラー社のレピュテーション・マネジメントの目的は，ステークホルダーが抱くレピュテーションを維持し，向上させ，同社を成功に導くことであった。SCORAの特徴は，以下の3点にある。

第1に，レピュテーションの測定がRepTrakの前身であるRQ（Reputation-Quotients：レピュテーション指数）[注5]をベースに行われている点である。ダイムラー社は，アンケート調査により，自動車メーカーのレピュテーションを測定するための①経験的な評価項目と②情緒的な評価項目の2つを明らかにした。①の経験的な評価項目は，製品・サービス，社会・環境に対する責任，企業経営と企業戦略，財務業績，イノベーションという評価項目であり，②の情緒的な評価項目は，情緒的アピールである。なお，各評価項目（潜在変数）は，4つから6つの指標（測定変数）から構成されている。また，レピュテーション指標は，コーポレート・レピュテーションおよびレピュテーション効果と因果関係にあるものとされ，共分散構造分析の結果に基づいて体系的に整理されている（**図表13-5**を参照されたい）。レピュテーション効果については，顧客の製品購入意欲だけではなく，人々の同社への就職希望意欲も想定されている。つまり，レピュテーションの向上は，人的資産というインタンジブルズである優秀な人々を確保できるかどうかにあるという考え方に立脚している。

第2に，メディア・カバレッジがレピュテーションの重要な影響要因に位置づけられ，コミュニケーション戦略とSCORAが統合されている点である。メ

[図表13-5] SCORAモデルの概念図

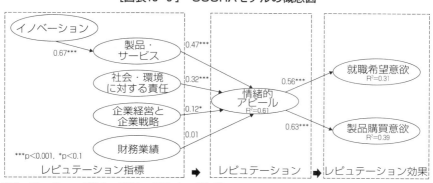

出典：Einwiller and Kuhn（2011, p.196）に一部加筆。

180 第2部 管理会計の新展開

[図表13-6] ダイムラー社のBSC

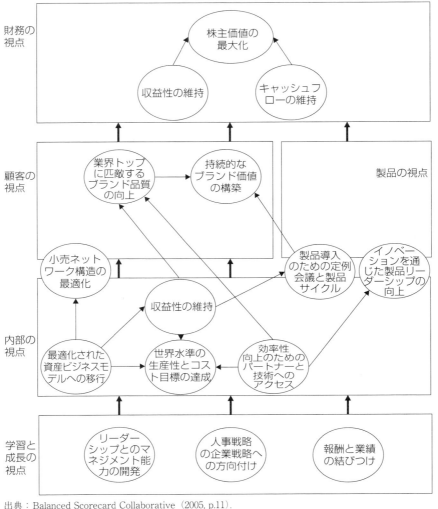

出典：Balanced Scorecard Collaborative (2005, p.11).

ディアによる情報は，Aクラスの事例のように，一般に企業自身が発信する情報よりも信頼できるものとステークホルダーに理解される傾向にある。そこで，ダイムラー社では，コミュニケーション調査を専門とする企業を利用して同社

のメディア・カバレッジを定期的に追跡・測定し，レピュテーションの各評価項目に対するステークホルダーの評価と，メディアにおけるその評価項目の論調とを比較・分析するシステムを導入している。そこから得られる情報は，定期的に内部ベンチマーキングにかけられ，レピュテーションの維持・向上・回復に関するコミュニケーション戦略の目標設定に活かされている。

第3に，ダイムラー社は，価値創造経営（value-based management：VBM）の一環として，インタンジブルズ構築のために戦略的マネジメントシステムであるBSCを導入している点である。同社は，かつて株主重視の企業として知られていたが，持続可能性にも配慮し，ステークホルダー志向のBSCを導入した。**図表13-6** で示す同社のBSCからは，レピュテーション・マネジメントとの直接的な関連を読み取ることは難しいが，SCORA上のイノベーション，製品・サービス，財務業績，人的資源などの評価項目をBSCの戦略目標として設定し，組織に落とし込んでいると考えられる。

ダイムラー社のこの事例は，レピュテーション・マネジメントの考え方を戦略的マネジメントシステムであるBSCに統合していると考えられる点で，先駆的かつ斬新である。

6　ま と め

CSV経営への関心の高まりやソーシャルメディアの普及などに伴い，企業はステークホルダーから常に注目を浴び，レピュテーション・リスクにさらされるようになってきている。他方で，コーポレート・レピュテーションをインタンジブルズとして認識し，適切に管理することよって企業価値の創造に結びつけることができる道も開かれている。BSCを利用した循環型マネジメントシステムにレピュテーション・マネジメントの考え方を統合することで，レピュテーションに関する戦略と業務のPDCA サイクルを確立することができる。

[注]

注1　紙幅の関係で割愛せざるを得ないが，レピュテーション・マネジメントに役立つツールには，リスクマネジメント，内部統制，CSR，レピュテーション監査などさまざまなものがある。詳細は，櫻井（2011）を参照されたい。

注2　Ernst & Youngのホームページ："Business Pulse 2013"，http://www.ey.com/（2016

182　第2部　管理会計の新展開

　　　年12月28日閲覧)。
注3　本ケースは，主にDiermeier (2003) を参考にしてまとめたものである。
注4　本ケースは，主にEinwiller and Kuhn (2011) を参考にまとめたものである。なお，
　　　ダイムラー社は，1998年から2007年までダイムラー・クライスラー社であった。
注5　RQは，製品・サービス，財務業績，ビジョン・リーダーシップ，職場環境，社会的
　　　責任，情緒的アピールという6つの評価項目にわたる20の指標からコーポレート・レ
　　　ピュテーションを測定する方法である。

[参考文献]

市川祐子 (2016)「ブランドへの投資と企業価値の向上」『持続的成長に向けた長期投資
　　　(ESG・無形資産投資) 研究会　参考資料1』経済産業省。http://www.meti.go.jp/com-
　　　mittee/kenkyukai/sansei/jizokuteki_esg/005_haifu.html (2017年3月31日閲覧)

伊藤和憲・関谷浩行・櫻井通晴 (2014)「コーポレート・レピュテーションと企業価値・財
　　　務業績への影響―世界から賞賛される企業になることを祈念して―」『会計学研究』第
　　　40号, pp.1-31.

櫻井通晴 (2011)『コーポレート・レピュテーションの測定と管理』同文舘出版。

櫻井通晴 (2015)『管理会計〔第六版〕』同文舘出版。

Balanced Scorecard Collaborative (2005), *Chrysler Group, A Balanced Scorecard Hall of Fame Profile*, Product#:1258-PDF-ENG.

Diermeier, Daniel (2003), "Mercedes and the Moose Test (A) & (B)," Kellogg Business Case KEL048&KEL049, Kellogg School of Management.

Einwiller, Sabine A. and Kuhn, Michael M. (2011), "Integrated Reputation Analysis at Daimler" in Sabrina Helm, Kerstin Liehr-Gobbers and Christoph Storck (Eds.), *Reputation Management*, Springer, 189-200.

Fombrun, Charles J. (1996), *Reputation: Realizing Value from the Corporate Image*, Harvard Business School Press.

Fombrun, Charles J. and Cees B. M. van Riel (2004), *Fame and Fortune: How Successful Companies Build Winning Reputations*, Pearson Education. (電通レピュテーション・プ
ロジェクトチーム訳『コーポレート・レピュテーション』東洋経済新報社, 2005年)。

Kaplan, Robert S. and David P. Norton (2008), *The Execution Premium: Linking Strategy to Operations for Competitive Advantage*, Harvard Business School Press, (櫻井通晴・
伊藤和憲監訳『バランスト・スコアカードによる戦略実行のプレミアム』東洋経済新報
社, 2009年)。

Reputation Institute (2016), "2016 Global RepTrak®100," http://reputationinstitute.com/
(2016年12月28日閲覧)。

van Riel, Cees B. M. (2012), *The Alignment Factor*, Routledge.

van Riel, Cees B. M. and Charles J. Fombrun (2007), *Essentials of Corporate Communication*, Routledge.

【謝辞】　本研究は，JSPS科研費16K04002の助成を受けたものです。

第14章

インタンジブルズ・マネジメント

1　はじめに

　経済の変化がマネジメントすべき対象に大きく影響を及ぼしている。製造業が経済の中心となっていた経済では，原材料を購入し，機械や設備を使って製品を生産していた。このような工業化経済の下では，有形資産のマネジメントが企業価値に大きく貢献する。一方，広告，保険，銀行，IT，コンサルティングファーム，あるいは病院といった知識ベースの組織では，有形資産は相対的に少ない。こうした組織が有形資産だけをマネジメントしても企業価値への貢献はそれほど多くはない。むしろ，ブランドやレピュテーション，イノベーティブなビジネス・プロセス，従業員のスキル，情報技術，組織文化といったインタンジブルズと一緒に有形資産を戦略的にマネジメントすることの方が，企業価値の向上に寄与するようになってきた。本章では，インタンジブルズと戦略の関係を明らかにしたうえで，戦略の策定と実行に有用なインタンジブルズのマネジメントを事例紹介する。

2　インタンジブルズと戦略の関係

　インタンジブルズ（intangibles）について，知的資本，ブランド，レピュテーションなど多方面から研究が進められている。インタンジブルズのなかで，のれんは将来のサービスポテンシャルが認められ，M&Aにより金額が客観的に測定できるため資産として計上されている。しかし通常，企業が創造したユニークで卓越した知識や技術は将来のサービスポテンシャルがあったとしても客観的にその価値を見積もることができないし，その一部分を分割して販売す

184　第2部　管理会計の新展開

ることもできない。同様に，組織文化やリーダーシップ，チームワークなどは
戦略志向の組織として重要な要因であり，将来の財務業績を向上する可能性が
ある。このように，将来の財務業績を向上する要因がインタンジブルズにあり，
このインタンジブルズをマネジメントする必要性が高まってきた。

　インタンジブルズは，ただ持っているだけでは価値がなく，戦略と結びつけ
ることで企業価値が創造される（Kaplan and Norton, 2004, p.30）。インタンジブ
ルズを戦略の策定と実行の目的で測定し管理するには，第12章で取り上げたバ
ランスト・スコアカード（balanced scorecard：BSC）が効果的である。

3　インタンジブルズとは何か

　インタンジブルズは，オックスフォード辞典によれば，「触ることができな
いものあるいは物的実態を伴わないもの」と定義される。しかし，何がインタ
ンジブルズかについて意見の一致をみているわけではない。物的実態を伴わな
い価値創造の源泉という見解，無形のバリュー・ドライバーという見解，戦略
の実行を支援する無形の資産という見解がある。それらの見解をまず明らかに
する。

3.1　財務会計における定義

　会計学者，それも財務会計研究者として逸早くインタンジブルズの研究に取
り組んだのはレフである。レフによれば，インタンジブルズを，「イノベー
ション，独自の組織設計，人的資源によって生み出される物的実態を伴わない
価値源泉（将来便益の請求権）のことである」（Lev, 2001, p.5）とする。物的実
態を伴わない価値創造の源泉という見解である。レフは，同義語として，知的
資産，知的資本などがあり，また，インタンジブルズと無形の資産をも同義語
として扱っている。レフによれば，インタンジブルズは，イノベーション，独
自のコンピタンス，人的資源からなる。たとえば，特許，ブランド，原価低減
をもたらす独自の組織構造などをインタンジブルズに含めている。

　財務会計研究では，株式時価総額と帳簿上の純資産とが大きく食い違ってい
る主因（のれん）がインタンジブルズにあると考えている。このようなアイ
ディアの根底には，オフバランスではあるが，株主にとって看過できない重要

な資産がインタンジブルズであるという認識がある。この点から，株主価値の創造という視点でインタンジブルズに注目する必要があるという主張（伊藤（邦）・加賀谷, 2001）もある。

3.2　管理会計における定義

インタンジブルズを管理会計のアプローチでマネジメントの対象として研究した研究者がいる。必ずしもインタンジブルズという表現ではないが，イットナーは，インタンジブルズとは「将来の経済業績および企業価値のためのドライバーである物的実態を伴わない資産への支出およびその構築である」（Ittner, 2008, p.262）と定義した。つまり，イットナーの定義によれば，インタンジブルズはバリュー・ドライバーとほぼ同義に解釈している。この定義の意図は，オンバランスかオフバランスかという資産性の問題ではなく，企業価値とインタンジブルズの関係性を構築することが狙いであるという。

インタンジブルズは測定だけではなく，ステークホルダー志向の下で，戦略的にマネジメントすべきだとする見解もある。キャプランとノートンは，長期的な変革，改善，学習する能力の投資が軽視されているという問題意識のもとにBSCを提唱した。キャプランとノートンも資産性を問題視したわけではなく，将来の財務業績向上の源泉へ投資することを意図していた。彼らは，インタンジブルズを「人的資本，情報資本，組織資本からなる学習と成長の視点の３つの要素」（Kaplan and Norton, 2004, p.xiv）からなるとしている。内部の視点の企業価値創造プロセスを下支えする学習と成長の視点こそがインタンジブルズであると解釈している。

3.3　インタンジブルズの定義と研究の狙い

会計学研究者の見解を整理する。レフの無形の価値創造の源泉を将来便益の請求権とする定義はオンバランスを意図しており，株主の請求権という株主価値の創造を前提にしている。イットナーの価値創造の源泉である無形のバリュー・ドライバーという定義は，インタンジブルズと企業価値の関係性を構築することを意図した定義である。無形の価値創造の源泉であるという定義そのものはレフと同じである。キャプランとノートンもインタンジブルズを，企

業の価値創造プロセスを支援する源泉であると定義としている。無形の価値創造の源泉であるという定義そのものは3者とも共通している。

　無形の価値創造の源泉というインタンジブルズの定義は同じであるとしても，インタンジブルズに対する研究アプローチは異なっている。レフはあくまでもインタンジブルズの測定を意図しており，無形の価値源泉をオンバランスするにはどのようにしたらいいかを目的としてインタンジブルズを捉えている。これに対してイットナーは，インタンジブルズのオンバランスには関心がなく，インタンジブルズと財務業績である企業価値との因果関係の構築を目的としている。これらに対してキャプランとノートンの関心は，オンバランスのためのインタンジブルズの測定でも，インタンジブルズと企業価値の因果関係の検証でもない。むしろ，インタンジブルズを戦略的にマネジメントする対象として，すなわち戦略実行のマネジメントシステムを構築するためにインタンジブルズを研究対象としている。

　本章では，インタンジブルズを「無形の価値創造の源泉」と定義する。管理会計としては，このインタンジブルズを戦略と結びつけてマネジメントすることに意義がある。そのため，インタンジブルズを，BSCを用いてマネジメントすることが効果的である。

4　インタンジブルズの体系と研究アプローチ

4.1　市場価値体系

　インタンジブルズをマネジメントするという管理会計の立場に立ったとき，インタンジブルズには2つの主要な潮流がある（櫻井, 2015, p.641）。その1つは，エドビンソンとマローン（Edvinsson and Malone）による欧州の理論体系で，インタンジブルズを知的資本と同義に解釈する立場である。もう1つは，アメリカのブレアーとウォールマン（Blair and Wallman）の理論体系で，インタンジブルズを非物的なもののすべてとする立場である。

　エドビンソンとマローンによれば，株式時価総額である市場価値は，貸借対照表にオンバランスされた財務資本（純資産）と知的資本からなる。その知的資本は，人的資本と構造資本からなる。ここで人的資本とは，「企業の従業員

個々人が持つ現在の仕事を行うための知識,技術,革新性,能力が組み合わされたもの」である。また,構造資本とは,「従業員の生産性を支援する企業の能力であるハードウェア,ソフトウェア,データベース,組織構造,特許,商標などであり,一言で言えば,従業員が帰宅した後,会社に残っているもののすべてである」(Edvinsson and Malone, 1997, p.11) と定義している。構造資本には,顧客資本と組織資本がある。組織資本は,革新資本とプロセス資本からなる。以上の体系を図示すると**図表14−1**となる。

[図表14−1] スカンディア市場価値の体系

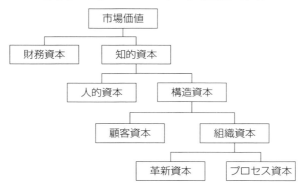

出典:Edvinsson and Malone (1997, p.52).

4.2 インタンジブルズの体系

ブルッキングス研究所のブレアーとウォールマン (Blair and Wallman) は,エドビンソンとマローンよりも広義のインタンジブルズを扱った。ブレアーとウォールマンは,インタンジブルズを資産性の測定原則を用いて,3つのレベルに整理・区分した (**図表14−2**)。

第1のレベルは,すでにオンバランスされているもので,特許権,著作権,ブランド,商標といったように,所有可能で販売可能な資産であり,現行の法制度の下である程度定義され保護されているものである。

第2のレベルは,オンバランスはされていないがその資産性を認められるような開発途上の研究開発,事業上の秘密事項,レピュテーション資産,独自の

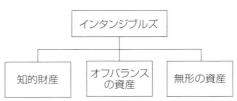

[図表14-2] インタンジブルズの体系

出典：櫻井（2015, p.648）に基づいて筆者作成。

経営システムとビジネス・プロセスといったように，支配は可能だが，分離して販売できない資産である。第3のレベルは，オンバランスとは無関係なもので，人的資本，コア・コンピタンス，組織資本，関係性資本というように，企業が完全には支配することができないインタンジブルズである（Blair and Wallman, 2001, pp.51-56）。

ブレアーとウォールマンの分類に基づいて，第1レベルをオンバランスされる資産（知的財産），第2レベルをオフバランスの無形資産，会計学から本来的な"資産"とは呼び難い第3レベルを資産性のすべての条件を満たしていないインタンジブルズ（無形の資産）というように用語を区分することができる。

4.3 インタンジブルズのマネジメント研究

ウルリッヒとスモールウッドは，インタンジブルズ研究には3つのアプローチがあると述べている。

第1のアプローチは，インタンジブルズを財務報告すべきであるという主張（Lev）である。レフによれば，有形資産と無形資産のすべてを含む企業価値を報告すべきであり，そのような報告へと会計制度を見直すべきであるという。第2のアプローチは，インタンジブルズを測定すべきであるという主張（Ittner）である。インタンジブルズの多様な目的ごとに，インタンジブルズの適切な測定を検討する必要がある。第3のアプローチは，持続的なインタンジブルズを創造するリーダーシップの選択と行動を研究すべきであるという主張（Ulrich and Smallwood）である。戦略実行のために学習と成長の視点のインタンジブルズのマネジメントを研究したキャプランとノートン（Kaplan and Norton）は，第3のアプローチの研究に含めることができる。

第14章　インタンジブルズ・マネジメント　189

5　事例によるインタンジブルズのマネジメント

　本節では，無形の資産を対象としたインタンジブルズ・マネジメントのケースを紹介する。このケースは，キャプランとノートン（Kaplan and Norton）の人的資産というインタンジブルズを構築するマネジメントを取り上げたものである。

　バランスト・スコアカードの内部の視点の戦略目標を実行するために必要な学習と成長の視点の戦略目標を準備するために，人的資産をマネジメントするグレイ・シラキュース（Gray Syracus）社のケースを取り上げた（Kaplan and Norton, 2004）。冶金会社のグレイ・シラキュース社では，戦略的職務群[注1]に基づく人的資産開発プログラムを構築している。同社の人的資産の構築を**図表14-3**に示す。

　グレイ・シラキュース社のケースでは，人的資産マネジメントとして，4つのステップからなる人的資産開発プログラムが提案された。第1ステップでは，戦略課題となっている戦略的職務群を特定する。第2ステップでは，戦略的職務群のコンピテンシー・プロファイル[注2]を定義する。第3ステップでは，戦略的レディネスの実績評価と目標値を設定する。第4ステップでは，戦略的レディネスの目標値を達成するために人的資産開発プログラムを実施する。以上の4つのステップを人的資産レディネス報告書にまとめて管理する。

　第1ステップでは，戦略課題と戦略的職務群を特定する。**図表14-3**の左にある戦略マップ上で，グレイ・シラキュース社の戦略課題は，顧客の視点に「顧客からの返品」と書いてある。このことから，グレイ・シラキュース社には顧客から不良品のクレームがきていたことがわかる。そこで，補修作業を50％下げることが急務であるという戦略課題が特定された。補修の増加原因を探るために，人的資産の戦略的職務群という職務一覧表を調査したところ，金型組立工に失敗の原因があることが判明した。その原因は，30人いる初級レベルの従業員を教育訓練しないまま組立業務につかせていたことにあった。

　第2ステップでは，戦略的職務群のコンピテンシー・プロファイルを定義する。業務を行うためのコンピテンシー・プロファイルを明らかにするために，金型組立工に必要なスキル，それ以外のセルに必要なスキルといったように，

190 第2部 管理会計の新展開

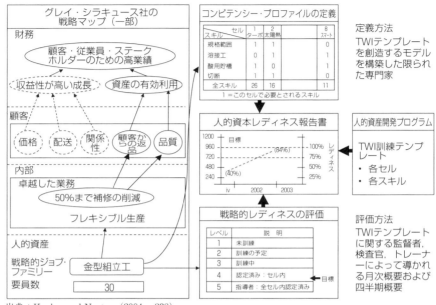

[図表14-3] グレイ・シラキュース社の人的資産構築

出典：Kaplan and Norton（2004, p.238）.

それぞれのセルごとにスキルと人数のマトリックス表を作成した。

第3ステップは，レディネスの定義および実績評価と目標値の設定である。それぞれのセルで必要なスキルと人数について，5段階で評価した。1段階のまだ訓練していない段階から5段階の指導者レベルまでのランクづけをする。それぞれの人の現在のレベルと不良品が半減できるレベルを数値で設定する。ここでは，現在の40％（420点）を3年後に84％（800点）まで持ち上げるというレディネス（準備度）の目標値設定を行う。

第4ステップでは，戦略的レディネスの目標値を達成するために人的資産開発プログラムを実施する。セルごとにTWI（training within industries：職場内訓練）という職業訓練のテンプレートに従って，スキルを磨くプログラムを実施することになった。

グレイ・シラキュース社の事例は，人的資産開発プログラムによって補修削減という戦略目標を達成する戦略課題を取り上げて，この戦略目標を支援する

ために金型組立工のスキルをレディネス評価したケースである。インタンジブルズの測定としてレディネス評価を行った点は高く評価できる。つまり，人的資産の戦略目標の達成度は，これまで研修回数や参加人数といったプロセス指標しかなかった。プロセス指標は努力すれば数値が上がるものであり，戦略目標の達成度としては不十分であった。グレイ・シラキュース社のケースでは，レディネス評価によって，プロセス指標からアウトカム（成果）指標に変えることができるようになった。

また，従来，人的資産は戦略と結びつけずに構築されることが多かった。ときには戦略と結びつけられたとしても，その他の戦略目標を達成するためにどの程度の人的資産を構築すべきかといった因果関係までは議論されてこなかった。ところが，グレイ・シラキュースでは，内部プロセスの戦略目標を達成するために，人的資産のレディネスの目標値が設定されている。それに加えて，戦略目標間の因果関係が達成すべき目標値で密接に結びついている。つまり，人的資産開発プログラムによるインタンジブルズの管理を行っている点が評価できる。

インタンジブルズは人的資産の構築だけではなく，情報資産や組織資産といった戦略と絡めて複合的に構築することも必要である。このような複合的なインタンジブルズについては，伊藤（2014, pp.142-151）を参照されたい。

6　まとめ

本章では，インタンジブルズの定義を多様な研究アプローチから明らかにした。その結果，インタンジブルズとは無形の価値創造の源泉であると定義づけた。また，インタンジブルズの体系は欧州と米国の潮流があり，プロダクト・ブランドやコーポレート・レピュテーションを含めた広義の体系を明らかにした。そのうえで，インタンジブルズのマネジメントの意義を明らかにした。最後に，BSCの下で，インタンジブルズのマネジメントを行ったグレイ・シラキュース社のケースを紹介した。このケースは，戦略目標の達成度を表す尺度がしばしばプロセス指標という努力度を示すものから，レディネス評価を用いることで達成度を評価できるものに変えたという点で興味深い事例である。

192　第 2 部　管理会計の新展開

[注]

注 1　グレイ・シラキュース社では，「補修の削減」という戦略にとって重要な内部ビジネス・プロセスとして，初心者レベルの金型組立工に問題があることがわかった。このように，戦略実行にとって重要なプロセスを「戦略的職務群」と呼んだ。

注 2　グレイ・シラキュース社ではまた，戦略的職務群に関わるすべての部署にとって必要なスキルを整理することを「コンピテンシー・プロファイル」と呼んだ。

[参考文献]

伊藤和憲（2014）『BSCによる戦略の策定と実行』同文舘出版。

伊藤邦雄・加賀谷哲之（2001）「企業価値と無形資産経営」『一橋ビジネスレビュー』Vol.49，No.3, pp.44-62。

櫻井通晴（2015）『管理会計〔第六版〕』同文舘出版。

Blair, M.M. and S. M. H. Wallman（2001），*Unseen Wealth:Report of the Brookings Task Force on Intangibles*, Brookings Institution Press，（広瀬義州他訳『ブランド価値評価入門―見えざる富の創造』中央経済社，2002年）。

Edvinsson, L.E. and M. S. Malone（1997），*Intellectual Capital*, HarperCollins Publishers, Inc.，（高橋透訳『インテレクチュアル・キャピタル』日本能率協会マネジメントセンター，1999年）。

Ittner, C. D.（2008），Does Measuring Intangibles for Management Purposes Improve Performance? A Review of the Evidence, *Accounting and Business Research*, Vol.38, No.3, 261-272.

Kaplan, R.S. and D.P. Norton（2004），*Strategy Maps: Converting Intangible Assets into Tangible Outcomes*, Harvard Business School Press，（櫻井通晴・伊藤和憲・長谷川惠一監訳『戦略マップ―バランスト・スコアカードの新・戦略実行フレームワーク』ランダムハウス講談社，2005年）。

Lev, B.（2001），*Intangibles: Management, Measurement, and Reporting*, Brookings Institution Press，（広瀬義州・桜井久勝監訳『ブランドの経営と会計』東洋経済新報社，2002年）。

Ulrich, D. and N. Smallwood（2003），*Why the Bottom Line Isn't!: How to Build Value Through People and Organization*, John Wiley & Sons，（伊藤邦雄監訳『インタンジブル経営』ランダムハウス講談社，2004年）。

第15章

統合報告と管理会計

1 はじめに

　今日，外部報告は，企業の外部への情報開示から経営者による戦略策定への情報利用へと大きく変化してきている。会計に関わる外部への情報開示は財務会計の研究領域であり，過去の財務情報を中心に行われてきた。ところが，投資家が自らの意思決定に必要とする情報は，将来の財務情報と非財務情報，それも企業の戦略ないし価値創造に関する情報であるとの認識が高まっている。この変化によって，管理会計情報の開示が求められるようになってきた。財務情報と非財務情報に一貫性を持たせた開示を求めているのが，国際統合報告評議会（International Integrated Reporting Council：IIRC）の国際統合報告フレームワークである。

2 統合報告の目的と管理会計

　IIRCのフレームワークでは，統合報告の目的を，「組織が長期にわたって価値をいかに創造するかについて，財務資本の提供者に説明することである」（IIRC, 2013, p.8）としている。このことから，統合報告の目的は，主として株主や投資家への情報開示である。また，統合報告書は「組織の戦略，ガバナンス，業績，将来見通しが組織の外部環境の下で，いかに短期・中期・長期の価値創造に導くかについての簡潔なコミュニケーションである」（IIRC, 2013, p.7）と定義している。つまり，統合報告書で開示する内容は，短期・中期・長期の価値創造である。

　統合報告が提案される以前は，投資家への開示情報の中心はアニュアルレ

ポートであった。過去の財務業績を報告するアニュアルレポートだけでは，投資家が行う将来の意思決定にとって不十分であるという認識が広がってきた。投資決定のためにESG（environment, social and governance：環境，社会，ガバナンス）情報の開示を求める声が上がってきた。同時に，企業では環境報告書や企業の社会的責任（corporate social responsibility：CSR）報告書，あるいは持続可能性報告書によって，任意に非財務情報の開示を行う企業が増加してきた。ところが，財務情報の開示であるアニュアルレポートと非財務情報である持続可能性報告書などに一貫性がないという問題があった。ここに，両者を統合して，信頼性ある情報を開示するために，IIRCからフレームワーク（IIRC, 2013）が発表された。

　統合報告の情報開示という目的に対して，開示情報の内部利用という目的も考えられる。外部に情報開示することが市場の論理となって，内部経営管理にも影響を及ぼすという主張である。この点を明らかにするために，持続可能性報告書の情報開示の目的を取り上げて検討する。

　ブリットとシャルテガー（2010）は，持続可能性報告書の情報開示には２つのアプローチがあることを明らかにした。持続可能性報告書は規制に準拠するアウトサイドイン・アプローチか内部管理を開示するインサイドアウト・アプローチかという問題提起である。持続可能性報告書はアニュアルレポートと違って内部情報を企業が任意に作成している。しかし，ステークホルダーとの対話に有用な情報の開示であるとして，この情報開示を規制するようにGRI（Global Reporting Initiative）ガイドラインが設定されている。このような情報開示に関わる２つのアプローチの議論は管理会計にとって本質的な課題ではない。むしろステークホルダーとの対話を通じて企業の戦略策定と経営管理に情報利用することが管理会計では重要である。ここに管理会計として統合報告の意義を考察することの意義がある。

　情報開示と情報利用の両方を考慮に入れたとき，統合報告書を作成することは，情報ギャップの解消，信頼性確保，戦略情報への利用という３つの利点があると考えられる。第１の利点は，情報ギャップの解消というメリットである。財務情報だけでの情報開示ではステークホルダーが正しい意思決定ができない。その補完として非財務情報の開示がステークホルダーにとって有益である。第

２の利点は，ステークホルダーからの信頼性確保である。価値創造プロセスや戦略など企業内部のESG情報までもステークホルダーへ開示することによって，ステークホルダーからの企業への信頼性が向上する。アニュアルレポートと持続可能性報告書を結合するだけでなく，戦略をベースに両報告書が密接に絡んだ報告書へと統合することが信頼性の確保を担保する。第３の利点は，戦略の策定と実行の改善である。戦略情報を開示することでステークホルダーと対話を図り，ステークホルダーの考えを取り入れて，戦略の策定と実行に活かすことができる。

3　IIRCフレームワークの基本概念

IIRCは，統合報告の基本概念（fundamental concepts）として，情報開示のフレームワークを明らかにしている（IIRC, 2013）。この基本概念こそがIIRCフレームワークの最も重要な概念である。そこで，この基本概念である価値創造，資本，価値創造プロセスを順に明らかにする。

3.1　価値創造

価値創造とは，「企業の事業活動とアウトプットによって資本の増加，減少，変換をもたらすプロセス」（IIRC, 2013, p.38）である。IIRCでは創造すべき企業価値を明確には定義しておらず，後述する６つの資本と指摘しているだけである。そこで，企業価値について掘り下げて検討する。

櫻井は，「企業の究極的な目的は，多元的な諸目的を勘案しながら企業価値を創造し，長期的に満足しうる適正利益を獲得することで，組織の持続的発展を図ることにある」（櫻井, 2015, p.5）と指摘している。このように企業価値の創造は企業の目的である。企業目的が企業価値の創造であるが，企業価値とは何かについては，人によって価値観が異なるように，企業価値観も一様ではない。

欧米の経営者は企業価値を，経済価値と考えてきた。ドラッカーは，事業の目的は顧客の創造であって，経済価値のような利益最大化は事業の目的ではなく，むしろ害さえ与えると経済価値を強く否定する（Drucker, 1954, p.34）。この概念は，顧客の満足を高めたり顧客に信頼される企業を目指すという意味で，顧客価値を志向したものと捉えることができる。両者の主張は大きく異なるが，

企業が単一目的を志向すべきであるという意味では同類の主張である。

　他方，複数目的の企業価値観も存在する。たとえば，ポーターとクラマー（Porter and Kramer）は共有価値（shared value）を提唱している。CSRを追求する企業は社会価値のある企業目的を持っているが，企業業績に何ら貢献していない。経済価値とCSRも共に重視する共有価値観を目指すべきであるという。ポーターとクラマーの共有価値観は，経済価値とCSRの和集合ではなく，共通部分のことである。

　統合報告の示す価値には，企業自身のために創造される部分と，企業以外のステークホルダーに対して創造される部分がある（IIRC, 2013）。その意味では，IIRCもポーターとクラマーと同様に，経済価値とCSRを志向している。ところが，IIRCの企業価値観は共有価値観とは違って，経済価値とCSRの和集合に近い概念である。このような企業価値観は，むしろ，「企業の目的は，経済価値の増大だけを図るだけではなく，組織価値，社会価値，および顧客価値を含む企業価値を高めることにある」（櫻井, 2015, p.41）という拡張された価値観であると考えられる。

3.2　資　　本

　IIRCでは資本は企業価値との関係で明確に定義されている。つまり，「資本は企業の活動とアウトプットにより増加，減少，変換される企業価値のストックである」（IIRC, 2013, p.12）と定義している。この定義から，現在の企業価値は資本で開示できると主張している。そのような資本とは何か。IIRC（2013）では，財務資本，製造資本，知的資本，人的資本，社会・関係資本，自然資本という6つの資本をガイドラインとして示している。

　財務資本と製造資本はこれまでもアニュアルレポートで貸借対照表上の資産として開示してきたものであり，ここで改めて問題視すべきものはない。これに対して自然資本は，化石エネルギーについて言えば，資源の枯渇リスクと同時に，その資源を使うことで地球温暖化といった環境リスクが高まるという問題がある。エネルギー産業などの企業にとっては自然資本の開示は重要なリスク開示であり重要な資本である。

　これに対して，知的資本，人的資本，社会・関係資本は，持続可能性報告書

第15章 統合報告と管理会計 197

のようなCSR関係の報告書で取り上げられてきた。こうした資本を開示すべき理由は，競争優位の源泉が企業の内部資源にあるとする資源ベースの視点（re-source-based view：RBV）の論理から理解できる。

3.3 価値創造プロセス

IIRCフレームワークでは，すでに明らかにしたように，価値創造，資本，価値創造プロセスを基本概念としている。当初はビジネス・モデルという用語も基本概念にあったが，ビジネス・モデルだけでは戦略が可視化されない可能性がある。そこで，ビジネス・モデルよりも戦略と密接な価値創造プロセスを基本概念としたと考えられる。企業が策定した戦略を具現化したものが価値創造プロセスであり，そうした戦略の実行がリスクを伴うとき，それを開示する必要がある。

ここでビジネス・モデルとは，「企業が戦略目的を達成し，短期，中期，長期の価値創造のために，事業活動を通じて，インプットをアウトプットおよびアウトカムに変換するシステム」（IIRC, 2013, p.33）である。このビジネス・モデルと価値創造プロセスの関係は**図表15-1**で表される。

図表15-1の価値創造プロセスより，企業価値を資本と捉えていることが理解できよう。企業は，企業を取り巻く外部環境の下で，ミッションとビジョンを明示し，ガバナンスを保ちながら，リスクと機会にチャレンジする戦略と資源配分を実行する。企業は業界もしくは独自のビジネス・モデルを採用し，期首資本を期末資本に価値創造する。その価値創造プロセスは，インプットとして期首資本を取り入れ，これを用いて事業活動を行い，その結果，将来見通しを推定しながら，業績を向上するように努力する。定量的なアウトプットを産出し，これが企業価値にとっての成果へと導かれる。

ここでインプットとは，企業が事業活動に取り入れる期首資本のことであり，明解である。これに対してアウトプットと成果，およびそれらの関係は必ずしも明らかではない。IIRCの定義を見ると，アウトプットとは，「企業の製品とサービス，副産物および廃棄物」（IIRC, 2013, p.34）であり，成果とは，「事業活動およびアウトプットの結果として資本に（正もしくは負となる）内部と外部の影響」（IIRC, 2013, p.34）としている。このIIRCの定義では，アウトプット

[図表15-1] 価値創造プロセス

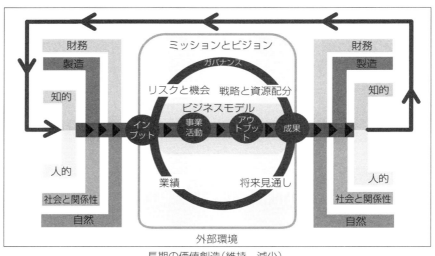

出典：IIRC（2013, p.13）．

が原因で成果が結果になるという関係のようではあるが，それらが要因のことを指すのか指標まで想定しているのかははっきりしない。一般的に言えば，アウトプットは物量的な産出量であり，成果はアウトプットから導き出された結果と考えられる。このような理解にしたがえば，**図表15-1**のIIRCで提案する価値創造プロセスは実際には作成することができず，企業がオリジナルで作成しているケースが多い。そうであるなら，IIRCの価値創造プロセスを描くのではなく，バランスト・スコアカード（balanced scorecard：BSC）の戦略マップに基づいて価値創造プロセスを可視化する方が有用である。

ところで，企業はステークホルダーとの対話のために価値創造プロセスを開示する必要があるのだろうか。戦略をすべて開示することは競争相手に手の内をすべて曝け出してしまうため，そこまでIIRCが開示を要求しているわけではない。IIRCが価値創造プロセスとして要求しているのは，ステークホルダー・エンゲージメント（対話）である。このステークホルダー・エンゲージメントを取るのは，2節で明らかにしたように，情報ギャップの解消，ステー

クホルダーからの信頼性確保，戦略策定と実行の改善のためである。企業がどのような戦略を策定したかを開示するにも，戦略目標の因果関係（戦略マップ）の部分と打つべき手段（スコアカード）の部分がある。戦略の開示の仕方にもよるが，目標の開示だけであれば競争相手に手の内を見せなくて済む。戦略目標によって価値創造プロセスを開示できれば，ステークホルダーとの対話に効果的であるばかりでなく，競争劣位にも至らないと考えられる。

4　エーザイの価値創造プロセスの可視化

　エーザイでは，国際統合報告フレームワークの基本概念に基づき，企業理念を前面に出した価値創造を可視化している。BSCの4つの視点を用いることは理解できるが，価値創造プロセスを明らかにする戦略マップを示しているわけではない。統合報告の目的には，すでに明らかにしたように，情報開示だけでなく戦略策定のための情報利用も含まれる。開示情報によってステークホルダーとの対話を濃密にするためには，価値創造プロセスを戦略マップとして開示する必要がある。そこで，エーザイの開示情報から推定して戦略マップを構築する。

4.1　戦略マップの構築

　まず，BSCの4つの視点ごとに戦略目標を特定する。この4つの視点とは，財務の視点，顧客の視点，内部プロセスの視点，学習と成長の視点である。これらを区分するために，横棒の実線で示す。また，戦略目標はBSCでしばしば示されるように楕円とした。この楕円の戦略目標間を矢印で結んで，その因果関係を明らかにすることで，戦略マップを図示できる。BSCは戦略マップとスコアカードで構成されている。このうちスコアカードは，戦略目標の達成度を測定する尺度，尺度の実績値と目標値，実績値と目標値のギャップを埋めるための戦略的実施項目を特定しなければならない。スコアカードについては社外から特定することは不可能なので，戦略マップだけを作成することにした。

　学習と成長の視点の戦略目標は，人的資産，情報資産，組織資産で構成されている。情報資産と考えられる戦略目標は統合報告書の15頁に，「ICTによるデータセンターの高度化」を見つけることができる。この情報資産の戦略目標

200　第2部　管理会計の新展開

を実現するために組織資産の戦略目標を探したが見つからなかった。そこで，組織資産の戦略目標として「価値観変革」を追加した。この価値観変革という戦略目標は，hhc（ヒューマンヘルスケア）の価値観を否定するという意味ではなく，これまで以上に革新的な薬品を創出したり，製品の安全性を重視する価値観へと従業員をシフトするという意味である。そのような価値観が醸成されれば，革新的製品と製品の安全性を創出するデータセンターを高度化することができる。

　次に，情報資産の戦略目標を実現することによって人的資産の戦略目標を推進すると考えられる。人的資産の戦略目標としては，統合報告書の41頁に「グローバルリーダー養成の強化」が記述されている。15頁の「ICTによるデータセンターの高度化」により，「グローバルリーダーの養成が強化」される。

　統合報告書に基づいて，BSCの戦略マップに関わる4つの視点のすべてで戦略目標と推定できる記述を見つけることができる。

　学習と成長の視点では，上述した戦略目標のほかに「倫理性と透明性の進展」がある。内部プロセスの視点には，「革新的製品の増加」，「治癒薬剤の増加」，「製品の安全性と副作用への対応強化」，「医療品アクセスの向上」，「コーポレートガバナンスの強化」，「コンプライアンス，リスク管理の強化」という戦略目標がある。顧客の視点の戦略目標には，「顧客創出の増大」，「顧客満足度の向上」，「顧客維持の拡大」，「社会価値の向上」がある。そして，財務の視点の戦略目標には，「収益増大」と「利益増大」がある。以上のようにして，統合報告書に記述されている戦略的に重要な開示情報を戦略マップとして図示すると，**図表15-2**のように作成することができる。

4.2　戦略マップの改善

　統合報告の情報開示を**図表15-2**の戦略マップとして可視化する上で，いくつか不明な点がある。これらの点について明らかにしておきたい。

　統合報告書には原価低減についての記述がない。統合報告には生産性向上の記述があるので，この点を検討する必要がある。戦略担当者たちに原価低減の意義を伝えて，原価低減を取り込んだ戦略策定の修正をすべきである。

　顧客の視点に関して，統合報告には顧客創造，顧客維持，顧客満足の記述は

第15章　統合報告と管理会計　201

[図表15-2]　エーザイの戦略マップ

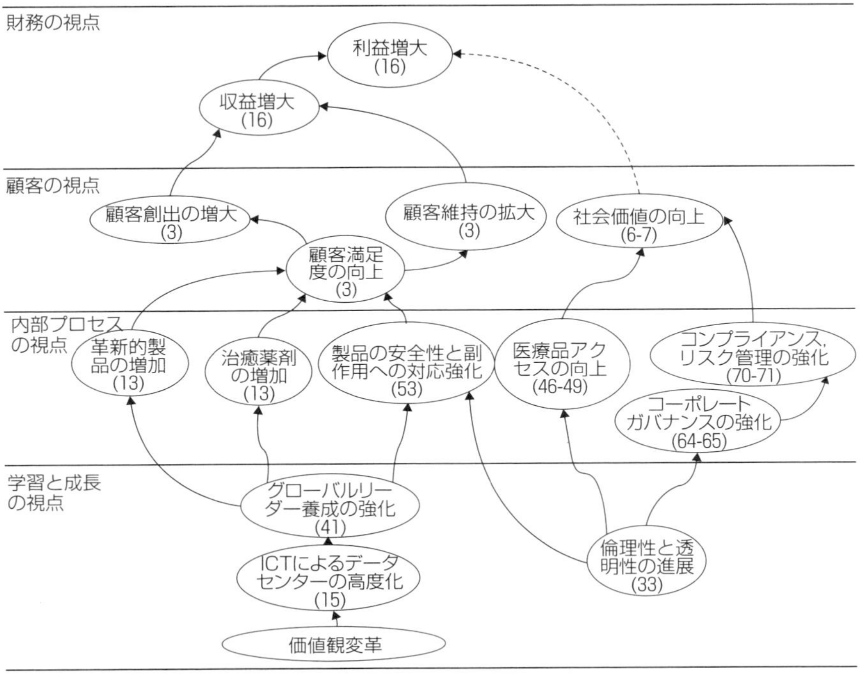

財務の視点

利益増大
(16)

収益増大
(16)

顧客の視点

顧客創出の増大
(3)

顧客満足
度の向上
(3)

顧客維持の拡大
(3)

社会価値の向上
(6-7)

内部プロセス
の視点

革新的製
品の増加
(13)

治癒薬剤
の増加
(13)

製品の安全性と副
作用への対応強化
(53)

医療品アク
セスの向上
(46-49)

コンプライアンス,
リスク管理の強化
(70-71)

コーポレート
ガバナンスの強化
(64-65)

学習と成長
の視点

グローバルリー
ダー養成の強化
(41)

ICTによるデータ
センターの高度化
(15)

倫理性と透
明性の進展
(33)

価値観変革

注）括弧内の数字は統合報告書2016のページ数

出典：エーザイ株式会社（2016）に基づいて筆者作成。

あるが，その達成度を測定する尺度が不明である。エーザイにとっての顧客は，医薬を選択する病院の医師が中心である。同社のビジネスとして抗がん剤のオンコロジーと神経領域のニューロロジーを重要視している。医師からの信頼と評判が重要であり，そのためには，すでに指摘した「世界で最も持続可能な100社」，医薬品アクセス貢献度（ATM Index 2014）のランキング，製薬会社37社のコーポレート・レピュテーション評価のランキングといった尺度を取り入れることが考えられる。他にも，患者や一般消費者向けの薬局なども顧客と認識して，そのための評価も検討する必要がある。

　内部プロセスに関して，統合報告では生産体制の刷新が取り上げられている。生産モデルから脱却して，世界規模でのデマンドイノベーション活動を行って

202　第2部　管理会計の新展開

いくといった趣旨である。このことは生産効率ではなく，顧客ニーズにマッチした企業への転換である。戦略マップに示すことはできなかったが，この戦略目標は重要である。同時に，既述したパートナーシップによる生産の効率化という戦略目標も設定すべきであった。

　学習と成長の視点に関しては，統合報告書では倫理性と透明性の進展という記述があった。これは研究開発との関係で記述されているため，内部プロセスの視点の戦略目標とすべきだったかもしれない。

5　ま と め

　本章では，統合報告の管理会計活用について明らかにした。まず，統合報告の目的は，株主や資本家への情報開示を主とするが，ステークホルダーとの対話として情報開示することもある。さらに，ステークホルダーと対話するために作成した開示情報が戦略策定の有用な情報利用にもなりえる。開示情報については基本概念として，価値創造，資本，価値創造プロセスを明らかにして，BSCの戦略マップによる開示の重要性を明らかにした。最後に，エーザイの統合報告書の開示内容を参考に作成した戦略マップの構築を紹介した。この事例を参考に，多くの企業が統合報告書の価値創造プロセスを戦略マップで可視化することを期待している。

[参考文献]

エーザイ株式会社（2016）『統合報告書2016』。

櫻井通晴（2015）『管理会計〔第六版〕』同文舘出版。

Burritt, R. L. and S. Schaltegger（2010），Sustainability Accounting and Reporting : Fad or Trend？ *Accounting, Auditing & Accountability Journal*,Vol.23, No.7, 829-846.

Drucker, P. F.（1954），*The Practice of Management*, Harper & Row, Publishers, Inc.,（上田惇生訳『現代の経営　上』ダイヤモンド社，2002年）。

International Integrated Reporting Council（2013），*The International <IR> Framework*. International Integrated Reporting Council.

Porter, M. E. and M. R. Kramer（2011），Creating Shared Value, *Harvard Business Review*. Vol.89, No.1-2, 62-77,（ダイヤモンド社編集部訳「共通価値の戦略」『Diamond Harvard Business Review』第36巻，第6号，2011年，pp.8-31)。

第16章

組織間管理会計

1　はじめに

　管理会計とは，企業経営に役立つ会計のことをいう。伝統的には，企業内部の経営管理問題を対象としてきた。近年，企業経営が複雑化し，企業経営をより大きな文脈の中で捉えなければ適切な解が導けないようになった。大企業といえども，事業運営を単独で成功に導くのは難しくなり，事業全体の中で，どこを自分たちで行い，どの部分をほかの企業に任せるかを考える必要が大きくなっている。事業の価値連鎖（value chain）は，ひとつの企業が単独で担うのではなく，多くの企業が共同し，分担して形成しているといったものの見方，考え方が新しい常識になったのである。それにともない，管理会計の理論は，従来，前提とされてきた「組織内」管理会計から，新たに「組織間」管理会計を対象とするように拡大しているのである。

2　組織間管理会計の意義

2.1　組織内から組織間へ：ビジネスエコシステムとSCM

　単独企業の経営活動に限定して繁栄を目指す考え方は，視野が狭すぎて，望ましい成果が残せないと考えられるようになった。このような状況を象徴的に表現する言葉として，ビジネスエコシステム（事業生態系）がある。企業活動を単独で見るだけでは十分ではなく，より大きなつながりのなかで考えることが重要だという認識が普及している。個別には立ち行かない，さまざまな企業が，相互に依存しあって，事業を発展させていく様を，異なる生物種が相互に

支えあっている自然界の生態系になぞらえて表現するようになった言葉である。個々の企業は，大きな生態系の中に位置づけられ，他社と連携しながら事業活動を遂行している。

たとえば，一部のファブレス（fabless）企業が好業績で注目を集めている。代表例としては，iPhoneで有名なアップル社を考えてもらえばよい。ファブレス企業とは，fab（fabrication facility：工場）を持たない（less）という意味で，工場（製造機能）をもたずに，企画開発とアフターサービスに特化しつつ，製造業としての活動を行う企業をいう。ファブレス企業では，生産機能を外部の企業にすべて委託することにより，経営資源を企画開発とアフターサービスに集中させることができる。企業活動のあり方は，多様性に富んでいるのである。ファブレス企業が好業績を享受しているのは，製造機能だけを請け負う電子機器受託生産（electronics manufacturing service：EMS）企業が急成長したことが要因となっている。EMS世界最大手として有名な企業としては，フォックスコン・グループ（鴻海科技集団）の中核会社である鴻海精密工業がある。鴻海に代表されるEMSの巨大かつ高品質で安価な製造能力とファブレス企業の企画開発能力は，相互依存関係にある。

ファブレス企業，EMS以外にも，OEM（original equipment manufacturer），グローバルアウトソーシング[注1]，シェアードサービスなどの新たなビジネスモデル，あるいは戦略的提携，事業統合，合弁事業などの新たな組織間関係のあり方が企業経営上重要なトピックとなっている。戦略的提携ということでは，ユニクロと東レが成功例として注目されている。2社で，2016年から2020年までの取引累積額1兆円を目指すことなどを柱とした5カ年計画を共同で推進するなど，緊密な協力体制を構築している。個々の企業としてどう活動するか，社内の活動をどうコントロールするかが重要なのは変わらないが，ほかの企業とどのような関係を築くか，運命共同体となったほかの企業の活動をいかにコントロールするかも，同じように重要な問題となっている。

ビジネスエコシステムを管理する側の立場から表現した言葉として，供給連鎖管理（supply chain management：SCM）もよく知られている。SCMとは，価値連鎖の形成に参加する多くの企業の活動を全体最適の観点から，調整し，管理しようとする取り組みである[注2]。同一事業に組み込まれていても，もと

もとは個別の企業どうしなので，工夫しなければバラバラになってしまう。**図表16-1**に一般的な価値連鎖が図示してある。価値連鎖の取り方次第で，価値連鎖すべてを1社で形成することもできるが，価値連鎖を大きく見れば見るほど，1つの企業がすべてを担うことはできない。SCMの具体的な内容は，同一の価値連鎖内にある，自社内あるいは取引先との間で受発注や在庫，販売，物流などの情報を共有し，原材料や部材，製品の流れを全体最適に導く管理手法である。

[図表16-1] 価値連鎖の概念図

出典：筆者作成。

　単独の企業だけをいくら上手に管理しても，企業としての成功にはたどり着けない時代になったのである。従来の伝統的な管理会計は，「組織内」管理会計であった。それでは，現代的な企業経営の問題を解決することができない。企業をビジネスエコシステムの中に位置づけ，SCM全体を経営するという発想から導かれた，新しい問題領域が「組織間」管理会計である。

　合計で4,000万台以上とも言われる空前の規模に達するリコールの原因となった，タカタ製のエアバッグ用インフレーターのニュースを耳にしたことがあるかもしれない。影響はタカタや部材を購入していたホンダだけにとどまらず，自動車業界全体に及んでいる。巨大リコール時代においては，1つのサプライヤー（供給業者）の大きな過失が同一の価値連鎖に含まれる多くの企業に大きな衝撃をあたえる。今日の企業環境のもとでは，組織間マネジメント，それを支援する組織間管理会計の重要性は，どれほど強調しても強調しすぎることはない。

2.2　組織間マネジメントのための管理会計

　企業をビジネスエコシステムの中に位置づけ，最適なSCMを実現しようと

するのが，組織間管理会計である。サプライチェーンの川上側，部材の供給業者をサプライヤー，川下側の購入業者をバイヤーということがある。組織間管理会計をバイヤーの側から見れば，サプライヤーとの取引関係をいかにマネジメントすべきかが中心的な課題となる。取引関係にある企業の行動に望ましい影響を与えるため，企業は，公式，非公式のさまざまなコントロールシステムを利用する。これが組織間管理会計の構成要素である。企業内だけではなく，外部の取引先企業の行動をコントロールしなければならない。

　サプライチェーンの中に含まれる，サプライヤーとバイヤーの間の関係性が，組織間管理会計の主たる対象である。サプライヤーには，連結対象となる企業群だけでなく資本関係のない部品サプライヤー，加工組立を請負う外部企業，販売を委託する卸売業者，小売業者，支援サービスに携わる業者などすべての関係先を含む。バイヤー・サプライヤー関係以外にも戦略的提携やジョイントベンチャーなども広義の組織間管理会計の対象となる。

3　組織間管理会計の源流

　組織間管理会計は，新しい問題領域である。組織間管理会計は，ビジネスエコシステムへの注目もあり，現在では非常に活発な研究テーマとなっている。その生成にはさまざまな研究成果が影響を及ぼしているが，ここでは，その源流として，無視できない主要な研究動向を２つあげることにしよう。１つめは，1980年代以降の日本的経営への注目である。２つめは，戦略的コストマネジメントである。

3.1　日本的経営への注目

　日本的経営とは，高度経済成長を可能とした日本企業群の国際競争力の源泉とされる日本独自の経営システムを言う。古くは，日本企業の特徴として企業別組合，終身雇用，年功序列賃金があげられ，日本的経営の「三種の神器」と呼ばれていた。これ以外にも，集団主義的意思決定，長期志向，系列取引，株式持合いなどに関する研究も広範に展開された。特に1980年代には，政治問題化した日米貿易摩擦を背景に日米構造協議が開始されるなど，日本企業の国際競争力の進展には多くの注目が寄せられていた。

日本的経営の研究を通じて，日本企業の成功を支えたJIT/TPS（just in time production, Toyota production system），リーン生産方式（lean manufacturing），TQC（total quality control），かんばん方式（kanban system），原価企画（target costing）といった経営手法の実施にはサプライヤーの役割が重要であるとの認識が高まった。長期的な取引関係の優位性が主張され，理解が広がっていったのである。単純な市場取引で，スポット的に部品を調達した場合，TCO（total cost of ownership）[注3] が購入価格の数倍になることもめずらしくはなく，長期的に信頼できる取引先から安定的に購入するのが望ましいこともありうるのだということが，日本企業の成功を分析した結果から，一般に認識されるようになっていった。

3.2 戦略的コストマネジメント

1990年代，シャンクとゴビンダラジャンによって提唱された「戦略的コストマネジメント（strategic cost management）」も組織間管理会計の発展の呼び水となった。戦略的コストマネジメントは，当時，競争戦略論で広く支持されていたマイケル・E・ポーターが提唱したバリューチェーン（価値連鎖）の考え方に依拠した，コストマネジメントに対する新しいアプローチである。従来の企業内で完結したコストマネジメントから，企業内外の価値連鎖の関係を考慮に入れた，より戦略性の高いコスト分析への拡張の必要性が主張されたのである。

戦略的コストマネジメントでは，個別企業の枠を超えて，サプライチェーン全体において，各企業がどのような付加価値を提供しているのかを把握しようとする。価値連鎖の一部を構成する企業およびその中の部門のどこが重要であるか，どの程度の原価低減が可能であるか，いかにすれば顧客に対する価値をよりいっそう高めることができるかを検討する。戦略的コストマネジメントの具体的な手法としては，価値連鎖分析，戦略的ポジショニング分析，コストドライバー分析があげられている。戦略的コストマネジメントは，次のステップで実施される。

①　所属する産業内の価値連鎖が検討され，価値を創造する諸活動の原価，収益，資源が割り当てられる。この手続きによって，各活動の収益性を確

認することができる。必要性や収益性を分析することで，付加価値活動と非付加価値活動が識別され，どの部分を自社で実施し，どこを他に任せるかを決定することができる。

② 価値を創造する各活動に影響を与えるコストドライバーが検討される。コストドライバーとなる変数は，コスト優位戦略を採用するか，製品差別化戦略を採用するかで大きく異なる。競合企業に対する，自社の立ち位置を明らかにするのが戦略的ポジショニング分析である。競争優位性を獲得し，維持するには，コスト発生に影響を及ぼすコストドライバーを適切にコントロールする必要がある。その大前提として，自社のコストドライバーについて，深く理解していなければならない。

③ 競合企業よりも効率的にコストドライバーをコントロールする，あるいは，価値連鎖全体を再構成（自製/外注の方針変更，前方後方プロセスの統合）することによって，持続的な競争優位を生み出す。なお，コストドライバーは，企業活動の大枠を決定する構造的コストドライバー（企業規模，活動ドメイン，経験値，技術，複雑性など）と実施段階での遂行的コストドライバー（従業員の意欲，工場レイアウト，設備稼働率，製品設計，取引先との関係など）に分けられる。

　戦略的コストマネジメントによって，企業経営を単独ではなく，価値連鎖の枠組みの中で考えるべきであるとの見解が一般的に広まった。組織間管理会計の源流として，大きな影響があったと考えられる。戦略的コストマネジメントでの，構造的なコストドライバーと遂行的コストドライバーの2分法は，その後の組織間管理会計でも引き継がれている。

4　組織間管理会計の問題領域

4.1　組織間管理会計の分類

　組織間管理会計は，組織間コストマネジメント（inter-organizational cost management；IOCM）と呼ばれることもある。組織間管理会計の内容は，以下のように2分される。

・価値連鎖をどう設計するか　　　構造的コストマネジメント

　・個別の活動をどう管理するか　　　遂行的コストマネジメント

　自社とサプライヤーの守備範囲を決定する事業ドメインの決定と自社が行わ
ない領域をどのサプライヤーに委ねるかのサプライヤー選択プロセスが，構造
的コストマネジメントの主要な課題である。サプライヤーの業績測定によるコ
ントロールが，遂行的コストマネジメントの課題である。

4.2　構造的コストマネジメント

　構造的コストマネジメントの領域では，価値連鎖の中のどの部分を自社で行
い，どの部分を誰に任せるかが重要な問題となる。アウトソーシングや事業ド
メインの意思決定とも密接に関連する。事業ドメインとは，企業が事業活動を
行う領域，活動範囲のことを言う。事業ドメインの決定は，企業経営にとって
最重要な決断となる。事業ドメインをある程度明確にしなければならない理由
は，活動する事業分野を規定することで経営資源の分散を抑制し，組織のベク
トルを同じ方向へ結集させることができるからである。事業ドメインは現在の
事業だけではなく，今後，核となる経営資源（コアコンピタンス）の蓄積状況
および将来の事業展開の方向性をも左右する。

　構造的コストマネジメントの具体的な手法としては，前述の価値連鎖分析，
戦略的ポジショニング分析，コストドライバー分析などが含まれる。構造的コ
ストマネジメントは，高度な戦略性を伴うため，完全に数値化，計量化するこ
とは困難である。定性的な判断で補完することが重要である。後述する取引コ
スト経済学が，構造的コストマネジメントの取り組みを理論的に裏づけている。

　構造的コストマネジメントにおける事業ドメインの決定は，差額原価収益分
析で頻出される問題状況である，自製か購入かの意思決定と問題状況が似てい
るが，分析の次元と時間軸が大きく異なっている。構造的コストマネジメント
は，企業の活動領域を決定する戦略的な意思決定であり，価値連鎖を自社だけ
ではなく，自社以外にも広げて考え，影響も長期に及ぶことが想定される。こ
れに対して，自製か購入かの意思決定は，業務的意思決定として扱われ，自社
内で完結し，短期的な経営問題として考えられている。

210　第2部　管理会計の新展開

4.3　遂行的コストマネジメント

　遂行的コストマネジメントは，構造的コストマネジメントで決定された，自社の活動領域を前提として，他社と適切に連携して，競争優位を実現するための取り組みである。サプライヤーをいかに評価し，コントロールするかが議論の焦点となる。サプライヤーのコントロールのために，バイヤーは，サプライヤーのパフォーマンスや活動状況などを財務・非財務のデータによってチェックする。パフォーマンスの追跡は「結果によるコントロール」，活動状況の追跡は「行動によるコントロール」である。バイヤーによるサプライヤーのコントロールは，公式に設計されたものとしては，結果によるコントロールあるいは行動コントロールによって実施される。これに加えて，サプライヤーのコントロールには，社会的コントロールの一種である，信頼（レピュテーション）が用いられる。

　遂行的コストマネジメントのツールは，事前事後の区分とマネジメントコントロールの属性による分類とで**図表16-2**のように6つのカテゴリーに整理できる。

[図表16-2]　遂行的コストマネジメントの整理

	公式コントロール		非公式コントロール
	結果による コントロール	**行動による コントロール**	**信頼によるコントロール （社会的コントロール）**
事前メカニズム (Ex-ante mechanism)	目標設定 報酬制度	計画策定 規定順守・手順遂行の徹底 業者選考・発注に関する社内規則	日常的なやり取り 評判・信頼 ネットワーク
事後メカニズム (Ex-post mechanism)	サプライヤーパフォーマンス測定 報酬算定	規定順守状況の組織的確認と評価 報酬算定	リスク共有 共同意思決定 長期的信頼関係の醸成

出典：Dekker（2004）をもとに筆者作成。

　サプライヤーを管理するためには，結果によるコントロール，行動によるコントロール，信頼によるコントロールの3種類のコントロール手段を効果的に

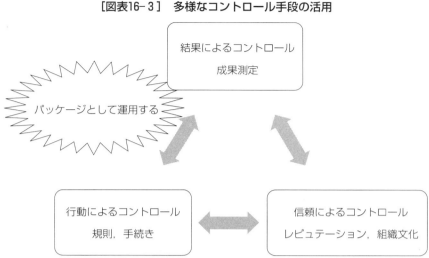

出典：筆者作成。

組み合わせて用いる必要がある。

　結果によるコントロールは，サプライヤーの発揮するパフォーマンス（主要なものとして，品質，コスト，納期がある）に関するチェックである。事前段階では，パフォーマンスの各次元でクリアすべき要件を明示した選考基準による業者の選考が実施され，サプライヤーに購入側の期待が達成すべき目標として伝達される。事後段階では，個々のサプライヤーのパフォーマンスが実績として評価され，次期以降の業者選定の基礎資料となる。

　行動によるコントロールは，具体的な手順やマニュアルによって，とるべき行動を定めることで，望ましい状態を作り出す。購入企業側にとっては，業者を選定し，必要な部材・サービスを購入する際の手続きを定めたものが相当する。これをサプライヤー側から見れば，自社の製品やサービスを納入する際に守ることが要求された手続きである。

　信頼によるコントロールとは，一般に，社会または集団が秩序を維持するために，集団の構成員の思考，感情，行動に対して一定の拘束を加える作用を言う。社会的同調圧力と言い換えることができる。集団に所属し，関係を継続しようとするために守らなければならない暗黙のルールや思考様式である。信頼

212 第2部 管理会計の新展開

によるコントロールには，何らかの制裁がともなう。暗黙のルールを守らない場合には寄せられていた信頼が失われ，破門，除名，道徳的非難，叱責，村八分などといったさまざまな形で社会的制裁が科せられる。相互の信頼関係が維持されることを前提としたコントロール手段である。環境が不確実で結果や行動を事前に明記できない場合には，結果によるコントロールや行動によるコントロールは効果を期待できないため，きわめて有効なコントロール手段となる。サプライヤー側は，バイヤー側の意図や期待を推測し，それに沿うように自らの行動を律することになる。関係が長期的になればなるほど，経験値が蓄積されることから，意図や期待を推測する能力が高くなる。事前メカニズムとしても，事後メカニズムとしても機能する[注4]。

4.4　組織間管理会計の具体的手法

(1)　サプライヤー評価システム

　前述したとおり，遂行的コストマネジメントには多様なコントロール手段が総動員されており，具体的な手法や運用形態は，企業や組織によって，さまざまである。著名な手法としては，サプライヤー評価システム（SPRS, supplier performance rating systems）とコンカレント・コストマネジメント（コンカレント・エンジニアリング）があげられる。

　サプライヤー評価システムとは，サプライヤーのパフォーマンスを評価するための枠組みである。代表的な評価項目としては，品質，コスト，納期，技術力，経営状態，協力レベル（信頼の程度）がある。サプライヤー評価システムの具体例は**図表16-4**のようになる。

　上記のような評価項目に即して，定期的にサプライヤー評価を行い，取引するサプライヤーが選定される。

(2)　コンカレント・コストマネジメントとOBA

　コンカレント・コストマネジメントは，製品に関連するすべての工程を巻き込んで，品質，コスト，納期などのすべての要素を，なるべく早い段階から同時に考慮するように意図されたものである。製品開発の初期段階から設計，試験，購買，生産技術，サプライヤー，製造，品質保証などの各部門が必要な情報を持ち寄って，コミュニケーションを図ることで，最適な製品開発の実現を

第16章　組織間管理会計　213

[図表16-4]　サプライヤー評価システム

評価項目	サプライヤー選定基準	評価方法
品質	製品の品質レベル 品質保証体制（評価検査体制，不良品の処置方法） 生産工程（設備の状況，作業標準）	サンプル評価 サプライヤー訪問調査
コスト	見積価格 原価企画能力 原価管理・原価改善能力	提出された見積りによる評価 サプライヤー訪問調査
納期 （受注能力）	生産可能数量 量産準備の状況（量産準備リードタイム，外注品量産準備管理方法） 生産現場の状況（工程レイアウト，作業標準） 設備管理の状況（設備保全体制，異常処置体制）	サプライヤー訪問調査
技術力	製品の技術水準（品質基準適合率，他社比較，先進性） 技術開発力（設計能力，試験研究設備の有無，試作リードタイム）	サンプル評価 サプライヤー訪問調査
経営管理能力	経営姿勢（トップマネジメントのリーダーシップ，社内コミュニケーション） 経営の健全性 労使関係 ２次サプライヤーに対する管理体制	サプライヤー訪問調査 日常業務での観察

出典：藤本（2001, p.145）をもとに筆者作成。

目指す。なるべく早い段階から，サプライヤーも含む関連部署を結集させるというのがポイントである。期待される成果としては，開発期間の短縮とコストダウンなどである[注5]。

　サプライヤーの側からみれば，バイヤーの要求仕様を満たす範囲内で部品の品質や機能を見直し，目標として提示された部品価格の達成に取り組む。サプライヤー内での試行錯誤は，品質・機能・価格トレードオフ（Quality-Function-Price Trade-Off）と呼ばれる。このとき，サプライヤーとバイヤーは相互に協力してコスト低減方法を探索するための会議体である，最小原価調査（Minimum Cost Investigations）が行われる。

　コンカレント・コストマネジメントの前提として，バイヤー・サプライヤー

間で情報の共有が行われている。このような慣行は，原価や技術など企業の根幹にかかわる内部情報を外部にだすべきではないとする通常の思考方法とは真逆である。組織間で情報の共有を促す仕組みは，オープンブックアカウンティング（組織間コスト調査（open book accounting；OBA））と呼ばれることもある。オープンブックのブックは企業の会計帳簿や財務諸表を指し，原価情報をはじめとする詳細な会計数値が開示される。詳細情報の開示によって，経営の透明性が高まり，バイヤーとサプライヤーが協力して，問題を解決する条件が整う。同時に，情報が開示されることは，サプライヤーに対する信頼醸成の条件となる。

5　組織間管理会計の理論的背景：取引コストの経済学

　組織間管理会計の理論的な背景には，取引コスト経済学（transaction cost economics）がある。取引コスト経済学の着想は，1930年代のロナルド・コースの論文に端を発する。コースはこの業績で，新制度派経済学の創始者として評価されている。取引コスト経済学は，コースの取引コスト理論を継承・発展させた，オリバー・ウィリアムソンによって確立された。ウィリアムソンは，この業績を評価され，2009年にノーベル経済学賞を受けている。

　取引コスト理論の考えに基づけば，複雑な環境下の市場取引には取引コスト（取引費用）が発生し，多大な取引コストを回避するために企業は取引を自社内に取り込もうとする。企業内部の業務が複雑になり過ぎ，調整のための内部管理コストが取引コストを上回るときには，企業は自社の業務を外部にアウトソーシングして，市場取引に委ねる。

　主な取引コストには，財の交換の機会探索に関する探索（調査）コスト，交換の条件に関する交渉コスト，契約を合意どおりに実施するための監視コストがある。

　探索コストとは，どの企業から買えば安くて高品質な部材が調達できるかを探し出すための情報探索コストである。交渉コストとは，売り手と買い手が，取引の合意に至るまでにかかるかけひきや取り決めのために生じるコストをいう。監視コストとは，合意したとおりに取引が実行されているかを確認したり，されていない場合に対応したりするのにかかるコストをいう。

取引コスト経済学の前提として，「制約された合理性」と「機会主義的行動」があげられる。制約された合理性とは，取引当事者は，いつでも適切な判断ができるほど完全に合理性な人間ではないことが想定されている。企業や個人は，利益の最大化を求めて合理的に行動しようとはするが，判断材料としての情報と処理・予測能力には限界があり，限られた条件の下での合理的判断になってしまう。

機会主義的行動とは，取引当事者は，機会があれば相手を出し抜こうとする性質を持っていると仮定されている。企業や個人は，交渉や取引を有利に進めるために情報を相手方に隠したり，裏切ったりしかねないと仮定されている。

[図表16-5] 取引コストと取引形態

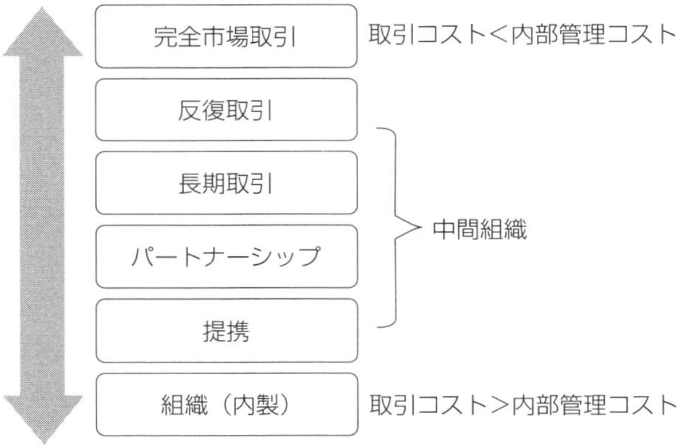

出典：筆者作成。

「制約された合理性」と「機会主義的行動」を前提とすると，探索・交渉・監視といった取引コストがより多くかかる。そのような状況では，企業は取引コスト削減のため，市場取引から組織取引へと移行する。理論上は，取引コストと内部管理コストを比較して，取引コストのほうが大きい場合には組織が，内部管理コストのほうが大きい場合には市場取引が選択される。**図表16-5**に示されるように，取引形態は純粋に市場取引と内部取引に分けられるわけではなく，連続体のどこかに位置づけられる。完全市場取引と組織の中間的形態として，中間組織（中間取引）という取引形態がさまざまなバリエーションで考えられる。

216　第2部　管理会計の新展開

ケース研究：日産自動車のサプライヤー系列解体

　どのような組織間関係を構想し，サプライヤーをいかにコントロールするかというのは重要な論点である。

　日産自動車では，これまで競争優位の源泉とされてきた系列の解体に乗り出している。倒産の危機に瀕していた日産の再建のために，1999年にルノーから送り込まれたカルロス・ゴーンによる経営改革に端を発して，徐々に系列は解体されつつあった。2017年になってから，系列最大のサプライヤーであるカルソニックカンセイの保有全株式を米投資ファンドに売却することが発表された。

　自動車メーカーでは，新車の設計段階から系列サプライヤーと協議し，原価低減に共同して取り組む一方，系列サプライヤーからの調達が当然視されていた。自動車メーカーはサプライヤーと資本関係を持ち，役員も送り込むなど，強く結びついていた。

　カルソニックカンセイは，熱交換器や排気部品，計器類などを開発・製造するサプライヤーであり，日産車向けにコックピットモジュールと呼ばれる運転席周辺の部品群（モジュール）を供給している。日産の工場内にサブラインを設けて，日産車の生産ラインにコックピットモジュールを供給するなど，両社は密接な関係を築いてきた。カルソニックカンセイの売上高全体の約8割が日産向けである。

　日産側の判断を推測すると，従来の系列を完全に解体することによって，自動運転などの新技術への対応のしやすさ，部材調達先の自由度拡大などのメリットを重く見たのであろう。結果がどうなるのか，今後の動向が注目される。

[注]

注1　アウトソーシング（outsourcing）とは，従来は組織内部で行っていた業務について，それを外部組織からサービスとして購入することを言う。対義語はインソーシング（自製または内製）である。アウトソーシングには国内，国外の両方が含まれ，後者は特にオフショアリング，グローバルアウトソーシングと呼ばれる。類似の表現として，業務請負，外注，外製，外部委託などさまざまな呼称が使われ実務に根付いている。組織間関係の問題が企業経営上，重要であることの証拠であろう。

注2　SCMの起源としては，複数の実務が考えられる。米国アパレル業界のQR，加工食品業界のECR，ブルウィップ効果対策，トヨタ自動車のJIT，ウォルマートとP&GによるVMI（Vendor Managed Inventory）などである。いずれも，同一の価値連鎖に属する企業群間で適切かつ迅速な情報共有の仕組みを構築し，協調・連携することによって，

無駄を排除し，利益を増大させようとする取り組みである。

注3　所有する上で必要となるすべてのコストを指す。

注4　原価企画を支える重要なインフラストラクチャーとして，組織間マネジメント（日本的サプライヤー関係）が位置づけられている。自動車産業では最終製品の製造者であるバイヤーは，複数のサプライヤーに同時に発注し，将来の取引をよりよい条件で行うことを賭けての競争を促す。自由な参入は制限されているが，取引を失うことへの脅威が動機となって原価低減が達成されてきた。バイヤーはサプライヤーを多元的な評価尺度で選別すると同時に，サプライヤーに対する能力開発支援を行う。バイヤーとサプライヤーの間で原価情報が共有され，原価低減のための取り組みは共同で推進される。

注5　バイヤーである自動車メーカーの指示どおりに部品製造をサプライヤーに依頼する調達方法を貸与図方式，バイヤーが満たすべき最終スペックを提示し，開発も含めて製造を依頼する調達方法を承認図方式と言う。承認図方式では，サプライヤー側に部品の開発能力があることが前提となっている。

［参考文献］

梶原武久（2016）「組織間管理会計研究の現状と展望」『會計』森山書店，Vol.189, No.2, pp. 159-172。

窪田祐一（2005）「組織間管理会計研究の意義と課題」『経済研究』大阪府立大学経済学部，Vol.50, No.2, pp.165-186。

窪田祐一・大浦啓輔・西居豪（2008）「組織間管理会計研究の回顧と展望」『国民経済雑誌』神戸大学経済経営学会，Vol.198, No.1, pp.113-131。

坂口順也（2005）「組織間管理会計研究の動向」『桃山学院大学環太平洋圏経営研究』桃山学院大学，Vol.6, pp. 3-25。

櫻井通晴（2015）『管理会計〔第六版〕』同文舘出版。

藤本隆宏（2001）『生産マネジメント入門（2）生産資源・技術管理編』日本経済新聞社。

Dekker, H. C.（2004），Control of inter-organizatio nraellationships: Evidenee on appropriation concerns and coordinatien requirements, *Accounting Organizations and Society*, 29 (1), 27-49.

Porter, M. E.（1980），*Competitive Strategy: Techniques for Analyzing Industries and Competitors*, Free Press,（土岐坤・中辻萬治・服部照夫訳『競争の戦略』ダイヤモンド社，1982年）。

Shank, J. K. and V. Govindarajan（1993），*Strategic Cost Management: The New Tool for Competitive Advantage*, Free Press,（種本廣之訳『戦略的コストマネジメント―競争優位を生む経営会計システム』日本経済新聞社，1995年）。

Williamson, O. E.（1975），*Markets and Hierarchies, Analysis and Antitrust Implications: A Study in the Economics of Internal Organization*, Free Press,（浅沼萬里・岩崎晃訳『市場と企業組織』日本評論社，1980年）。

第 3 部

領域別の管理会計

第17章

顧客管理会計

1 はじめに

　企業にはさまざまなステークホルダーが存在する。なかでも，顧客は企業の売上や利益と直接的な関係を有する，非常に重要なステークホルダーである。企業は顧客なしには存続することができないため，多くの企業は企業理念やミッションとして顧客満足の追求を掲げている。しかし，現実的には，各々の顧客がもたらす売上は，その企業の利益に対して平等には貢献しない。多大な利益を長期間にわたってもたらす顧客が存在する一方で，売上には貢献していても赤字の顧客も存在する。

　有名な企業の経験則に20対80の法則（上位20％の顧客が80％の売上をもたらすという法則）があるが，この法則も顧客の貢献度には差があることを示している。したがって，企業は利益をもたらす優良な顧客との間に築かれた強固な関係性に注目する必要がある。この関係性は企業にとって有益なインタンジブルズ（intangibles：無形の資産）であり，顧客資産と呼ぶことができる。

　顧客資産の価値を向上させるためには，まずその企業に対して利益をもたらしている顧客または顧客のグループを何らかの方法で明らかにする必要がある。次に，その顧客との長期的な関係を構築し，企業価値を向上させるような戦略を策定し，実行する必要がある。適切に構築された管理会計システムは，これらに貢献する。本章の目的は，顧客がその企業にもたらす利益を明らかにするための顧客別収益性管理の特徴と問題点を明らかにすることと，その問題点を解消するための方法を明らかにすることである。

2　インタンジブルズとしての顧客資産の意義

　顧客資産は，顧客との関係性に基づいている。しかし，顧客との関係性をインタンジブルズとしてどのように分類し，位置づけるべきかについては，定まった見解はない。また，顧客との関係性を金額で正確に測定することは難しい。なぜなら，顧客関係からもたらされる利益は，将来の見積りだからである。そのため，多くの文献や第15章の統合報告において，顧客資産や顧客関係性は，顧客満足度や取引継続意向（今後もその企業と取引を継続したいと考えているか）といった非財務尺度を用いて測定されている[注1]。

　一般的に，顧客満足度が向上すると，次回の購入金額が増加するとされている。満足した顧客は，次回はより多くの数の，より単価の高い商品またはサービスを購入する傾向があるからである。また，顧客満足度の高い顧客は，知り合いにその企業の商品やサービスを紹介してくれる可能性がある。または，企業や商品の良い評判を口コミとして投稿してくれるかもしれない。また，顧客の継続取引意向が高まると，取引期間が長期化するので，長期にわたって利益をもたらしてくれると期待できる。また，広告費などのプロモーション費用が低下し，費用面からも利益に対して貢献する。これらの顧客に関連する尺度の向上は，顧客維持率やウォレット・シェア[注2]といった尺度の向上をもたらす。

3　顧客別収益性管理

3.1　顧客別収益性管理の概要

　顧客別収益性管理は関係性を構築すべき顧客もしくは顧客グループを発見し，その業績を評価するための管理会計手法である。顧客別収益性管理の実施においては，管理対象のセグメントとして顧客を選び，選択した顧客セグメントに収益と費用とを跡づけ，セグメントごとの利益を算定する[注3]。セグメントとして選定される顧客は，個別の顧客である場合と顧客を取引規模や属性などに基づきグループ化した顧客セグメントの場合とがある。**図表17-1**は，セグメント分類のいくつかの例を示している。

　また，顧客別収益性管理を行う場合には，すべての顧客（または顧客セグメ

222　第3部　領域別の管理会計

[図表17-1]　顧客別収益性管理におけるセグメント分類の例

> （取引規模による分類）大口顧客，中口顧客，小口顧客
> （属性による分類）学生，社会人，主婦
> （地域による分類）A地域，B地域，C地域

出典：筆者作成。

ント）の収益性を測定する場合と，特定の顧客（または顧客セグメント）の収益性を測定する場合とがある。たとえば，特定の顧客の収益性を評価する必要性を示す例として，物流会社とアマゾン・ドット・コム（以下「アマゾン」と表記する）との関係を考えてみよう。

　宅配業界最大手のヤマト運輸は，佐川急便の撤退に伴い，2013年からアマゾンが販売した商品の宅配を開始した。取扱数量は，アマゾンの日本市場における成長に伴って急激に増加した。2016年の数値では，ヤマト運輸の売上高の1割以上をアマゾンが占めたとされる。ヤマト運輸にとってアマゾンは典型的な大口顧客であり，安定的な売上をもたらしてくれる。また，アマゾンからの集荷は個別集荷ではなく，同社の倉庫からの一括的な集荷であるため効率的であり，集荷に関連する費用は低い。

　一方で，取扱数量の劇的な増加に伴って配送の一部を外部業者に委託せざるをえず，ヤマト運輸の外部委託費は増加した。また，ヤマト運輸がアマゾンから受け取る配送運賃は，アマゾンが大口顧客であるために低い。結果として，アマゾンという顧客の収益性は低下してしまった。

　今後，収益性を向上させるため，ヤマト運輸はアマゾンに対して運賃の値上げの交渉を行うと同時に，当日配送サービスからの撤退，時間指定サービスの一部のサービスを廃止すると報道されている。これは大口顧客に対して行ってきたコストの高いサービスを廃止することで費用を削減し，採算性を上げようとする試みである。

3.2　顧客別収益性管理の例

　本節では，ジャンバルボに基づき，プライスト・ライト・オフィス・サプライ社（PLOS社）における顧客別収益性管理の例を示す（Jamvalvo, 2013）。同社のスタッフは，**図表17-2**で示すコストプールとコストドライバーとを決定し

た。年間の間接費の合計額は$14,982,400である。最初の2つのコストプールは，注文処理に関連するコストプールである。次のコストプールは，倉庫の在庫から注文をピッキングする原価に関連している。商品ごとに保管場所が異なるので，商品の種類ごとにピッキング作業が必要となるからである。コストドライバーは注文における商品の品種数である。最後の3つのコストプールは，配送と注文の梱包，そして返品処理に関連している。

[図表17-2] PLOS社におけるコストプールとコストドライバー

コストプール	年間費用	コストドライバー	年間ドライバー量	配賦率
インターネット注文処理に関連するコストプール	$ 434,400	インターネット注文数	362,000	$1.20
電話，ファックス，メール経由で受注した注文処理に関連するコストプール	576,000	ファックス・電話・メールでの注文数	128,000	$4.50
倉庫内の在庫からの注文選択に関連するコストプール	7,200,000	注文されたすべての品種数	8,000,000	$0.90
配送に関連するコストプール	720,000	顧客の配送場所までの距離	2,000,000	$0.36
注文の梱包に関連するコストプール	6,000,000	注文品の重量	15,000,000	$0.40
返品処理に関連するコストプール	52,000	返品された商品の数	65,000	$0.80
	$14,982,400			

出典：Jamvalvo (2013, p.221).

PLOS社は卸売業であるため，顧客は法人である。2社の顧客別収益性を測定した結果は，**図表17-3**のとおりである。顧客1と顧客2の売上はほとんど同じであるが，顧客2の間接費の額は，顧客1の2倍以上である（顧客2が$8,294であるのに対して，顧客1は$3,498に過ぎない）。なぜなら，顧客2は注文回数が多く，かつインターネットよりもコストのかかるファックス経由の注文が多かったからである。また，顧客2は注文した商品の種類が顧客1よりも多い（5,100品種の商品）。その結果，注文のピッキングコストが増加している。さらに，顧客2は商品を配送する距離も長く，返品した商品も多いことがわかる。

PLOS社は同様の分析をすべての顧客に対して実施し，収益性に基づいて顧客の優先順位を決定した。最も収益性の高い顧客セグメントは，優遇措置を受けた。同社はまた，最も収益性の高い顧客の特徴について研究した。その目的

224 第 3 部 領域別の管理会計

[図表17- 3] 2 社の顧客別収益性管理の結果

顧客 1

売上			$732,600
差引 売上原価			666,000
売上総利益			66,600
差引 間接費			
インターネットの注文回数 165回×$1.20	$	198	
ファックスでの注文回数 20回×$4.50		90	
2,500品種の注文×$0.90		2,250	
1,200マイル×$0.36		432	
900ポンド×$0.40		360	
返品数210×$0.80		168	3,498
顧客利益			$63,102
売上高利益率			8.61%

顧客 2

売上			$727,650
差引 売上原価			661,500
売上総利益			66,150
差引 間接費			
インターネットの注文回数 0 回×$1.20	$	0	
ファックスでの注文回数 320回×$4.50		1,440	
5,100品種の注文×$0.90		4,590	
3,300マイル×$0.36		1,188	
870ポンド×$0.40		348	
返品数910×$0.80		728	8,294
顧客利益			$57,850
売上高利益率			7.95%

出典：Jamvalvo（2013, p.223）.

は，彼らとよく似た顧客との取引を拡大する方法を検討することであった。逆
に，収益性の低い顧客セグメントについては値上げ交渉を行ったり，低コスト
のサービスへの移行を試みたり，最悪の場合には取引自体を終了した。

4 顧客別収益性管理の発展

　顧客別収益性管理の基本的な枠組みは，いくつかの管理会計手法や隣接分野
の概念を取り入れる形で発展している。本節では，ABC（activity-based cost-

第17章 顧客管理会計 225

ing）の適用による計算の精緻化，クジラ曲線の作成による累積利益の検討および固定収益会計の採用による重要顧客の貢献度の検証について述べる。

4.1 ABCの適用による計算の精緻化

顧客別収益性管理において，顧客もしくは顧客セグメントに跡づけられる原価および費用をより正確に計算するために，第11章で取り上げたABCを用いることができる。前節のPLOS社の事例においても，ABCが用いられていた。Kaplan and Cooper（1998）は，ABCを用いることによって，通常の原価計算の方法で計算すると実際のサービス提供原価よりもコストが低く計算されてしまう顧客（計算上の原価よりも実際のサービス提供原価の方が高いので，「損失が隠れている顧客」と表記する）とその逆の「利益が隠れている顧客」とをより明確に示せることを指摘している。それぞれの顧客の特徴は，**図表17-4**のとおりである。

[図表17-4] サービス提供原価の高い顧客と低い顧客

サービス提供原価が高い顧客 （損失が隠れている顧客）	サービス提供原価が低い顧客 （利益が隠れている顧客）
カスタマイズされた製品を注文する	規格品を注文する
少量の注文	大量の注文
注文の到来が予測できない	注文の到来が予測できる
カスタマイズされた配送	標準的な配送
配送に関する要求を変更する	配送に関する要求を変更しない
手作業による処理	電子的な処理（EDI）
販売前のサポートが多い （マーケティング・技術・販売）	販売前のサポートがほとんど必要ない
販売後のサポートが多い （導入・訓練・保証・フィールドサービス）	販売後のサポートがない （標準的な価格決定と注文）
在庫を保有するよう要求する	生産時に補充する
支払いが遅い（売掛金が多額）	期日通りの支払い

出典：Kaplan and Cooper（1998, p.242）.

4.2 クジラ曲線を用いた累積利益の検討

 顧客別の収益性を算定すると，収益性の高い顧客と低い顧客，さらに赤字の顧客が存在することが明らかになる。顧客別の利益を計算し，営業利益のプロフィールを示すことは，潜在的に獲得可能な利益の最大額を知るという点においても，赤字顧客が利益に及ぼす影響を知るという点においても有用である。

 キャプランとクーパーは，多くの企業における累積利益の推移が鯨のヒレの部分のような形状を示すことから，それをクジラ曲線（whale-curve）と名づけている（Kaplan and Cooper, 1998）。また，キャプランとナラヤナンによると，多くの企業において，最も収益性の高い20%の顧客が150%から300%の利益を生み出しており，中間的な70%の顧客が利益も損失を生み出しておらず，残り10%の顧客が50%から200%の損失を生み出しているという（Kaplan and Narayanan, 2001, p.7）。**図表17-5**は，典型的なクジラ曲線の事例を示している。

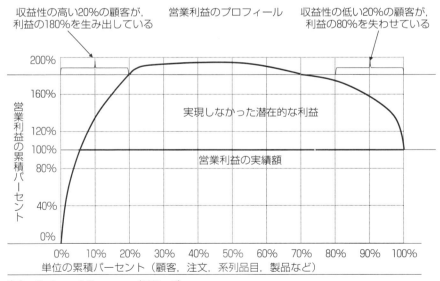

[図表17-5] クジラ曲線の例

出典：Kaplan and Narayanan（2001, p.7）．

4.3　固定収益会計による重要顧客の貢献度の検証

　従来の顧客別収益性管理は，収益性の高い顧客もしくは顧客セグメントを発見し，収益性の低い顧客をいかに収益性の高い顧客に転換するかに主眼を置いていた。そして，セグメントを分類するための基準として，取引規模や顧客の属性などが用いられてきた。しかし，近年，顧客との関係性に着目した経営理論が展開され，取引継続意向の向上が当該顧客から得られるキャッシュフローを増加させることが主張されるようになった。また，同時にその理論に対する疑念も提示されるようになった。すなわち，取引継続意向の高い顧客が必ずしも利益を生んでいないのではないかという疑念である。常連客を重視したり無理に囲い込むために値引き率を高めたり，ポイントの付与などの販促費をかけ過ぎたりすると，むしろ利益率が低くなってしまう可能性がある。したがって，取引継続意向が高い顧客セグメントの収益性は本当に高いのかを測定する仕組みが必要である。

　固定収益会計は，取引の継続性という尺度に基づく顧客セグメント会計である。顧客を取引頻度などの尺度によって分類し，その顧客セグメントごとに収益，費用，利益，キャッシュフローなどを測定する（鈴木, 2007, p.46）。固定収益会計と顧客別収益性管理の大きな違いは，顧客別収益性管理が収益性の高い顧客を見つけだすことに焦点が当てられているのに対して，固定収益会計は，顧客関係性が収益性や安定性につながっているかどうかを評価することに焦点を当てている点である（鈴木, 2008, p.92）。

　固定収益会計の対象は特定の顧客または顧客セグメントではなく，すべての顧客セグメントである。分類基準は対象企業の取引の実態に依存するが，顧客ごとに2期間の取引頻度を測定し，顧客関係性の程度が2期間でどのように変化しているかによって変動顧客，準変動顧客，固定顧客，準固定顧客に分類する。典型的な例として，小売業A社の分類方法を示したのが**図表17-6**である。

　固定収益会計における損益計算書を固定損益計算書と呼ぶ。固定損益計算書では，各顧客セグメント別の売上，費用が集計され，セグメント別の貢献利益が測定される。固定収益会計ではさらに，顧客セグメント別の収益性を比較してどのセグメントの収益性が高いかを明らかにする。また，固定顧客の収益性

228　第3部　領域別の管理会計

［図表17-6］　小売業Ａ社における顧客の区分方法

		前年の取引回数	
		12回未満	12回以上
前々年の取引回数	12回未満	変動顧客 （友達）	準固定顧客 （恋人）
	12回以上	準変動顧客 （元カレ・元カノ）	固定顧客 （ファミリー）

出典：鈴木（2007, p.49）。

が高い場合には，固定顧客化を推進する要因を探索するという手順が取られる。
図表17-7 は，小売業Ａ社における固定損益計算書の例を示している[注4]。

［図表17-7］　小売業Ａ社における固定損益計算書

○○店 2004.4.1-2005.3.31（千円）		計	変動顧客 （友達）	準固定顧客 （恋人）	固定顧客 （ファミリー）	準変動顧客 （元カレ・元カノ）
売上高	売上Ａ（商品系列Ａ）	304,000	15,000	17,000	227,000	45,000
	売上Ｂ（商品系列Ｂ）	897,000	52,000	60,000	640,000	145,000
	・・・					
	計	5,299,000	503,000	480,000	4,110,000	206,000
変動費	商品原価	3,322,000	312,000	298,000	2,585,000	127,000
	ポイント還元	489,000	28,000	34,000	413,000	14,000
	計	3,811,000	340,000	332,000	2,998,000	141,000
限界利益		1,488,000	163,000	148,000	1,112,000	65,000
個別固定費	会報・DM費	19,000	10,000	1,000	6,000	2,000
	会員サービス費など	75,000	37,000	6,000	24,000	8,000
	計	94,000	47,000	7,000	30,000	10,000
	貢献利益	1,394,000	116,000	141,000	1,082,000	55,000

出典：鈴木（2007, p.50）。

第17章　顧客管理会計　229

5　顧客別収益性管理の問題点

顧客別収益性管理の発展にもかかわらず，いまだに解決されない課題もある。その課題は，顧客別収益性管理を予測に用いるときに生じる。

5.1　過去の数値は将来に期待される利益とは等しくない

顧客別収益性管理は，事後的な評価のための枠組みである。過去の情報を将来の予測に用いることは難しい。ある期間のある顧客の収益性は，必ずしも将来の収益性を予測したものではないからである。したがって，顧客別収益性管理において有望とされた顧客（もしくは顧客セグメント）が将来も関係性を維持すべき有望な顧客である保証はない。

5.2　非財務尺度との関係が明確でない

顧客別収益性管理は過去の数値であり，顧客資産および顧客関係性に関連する非財務尺度との関係を明確に示さない。将来の期間にわたって顧客がもたらす利益またはキャッシュフローの予測値のことを顧客生涯価値（customer life-time value：CLV）と呼ぶ。顧客生涯価値の算定方法の多くは，顧客維持率などの非財務尺度を見積りのために利用する。しかし，顧客別収益性管理はセグメント会計であるため，その枠組みのなかで両者を結びつけることは非常に困難である。

顧客生涯価値の算定式は，以下のとおりである。ある顧客の生涯価値は，その顧客が当該企業との取引間にわたって生み出すキャッシュフローの割引価値を合計したものである。

$$\text{CLV} = \sum_{j=1}^{n} \frac{CF_j \times r_j}{(1+i)^j} \qquad \text{式(1)}$$

ただし，i＝割引率，j＝経過年数，r＝顧客維持率（％），CF_j＝顧客セグメント別正味キャッシュフロー

顧客生涯価値の計算は，顧客関係性に基づく非財務尺度を用いている。式(1)によれば，CLVを高めるための方策は以下のとおりである。

①　生涯を長くする：顧客維持率を向上させるか，または顧客との取引期間

230　第3部　領域別の管理会計

を長くする。顧客維持率や顧客との取引期間の長さは，顧客満足度および取引継続意向と密接な関係を有している。

② 売上を増大させる：顧客満足度を向上させて商品の追加購入を促すだけでなく，顧客の紹介率（顧客が他人とその会社の製品またはサービスを推奨したり言及したりする頻度）を高めることによって売上を増加させる。

③ 顧客セグメントに対するサービス提供コストを削減する。

式(1)や上記の方策から明らかなように，CLVの将来予測のための計算式には多くの非財務尺度が含まれている。したがって，顧客別収益性管理の結果とCLVの計算式に含まれる非財務尺度とを総合的に管理する必要がある。また，その管理の方針は，企業の戦略と一貫していなければならない。

6　バランスト・スコアカードによる両者の関連づけ

顧客別収益性管理や固定収益会計によって導き出されたセグメント別の利益とCLVを構成する非財務尺度とを統合することは難しい。しかし，両者は相互に深い関連を有している。とりわけ顧客との関係性の構築を戦略のテーマとしている企業にとっては，両者は一貫して関連づけられ，戦略の実行において管理されるべきである。本節では，バランスト・スコアカード（balanced scorecard：BSC）を用いて両者を結びつける方法を示す。

企業が重視すべき戦略目標および非財務尺度は，業界を取り巻く環境や企業の戦略によって異なる。戦略マップは企業の戦略を記述するものであり，顧客の視点ではターゲット顧客と価値提案が提示される。価値提案とは，どのような製品を，いくらで，どのような付帯的サービスをつけて，どのようなイメージで販売するかを示した属性の組み合わせである。代表的な価値提案には，最低のトータルコスト，製品リーダシップ，完全な顧客ソリューション，システム・ロックインの4つがある。このうち，完全な顧客ソリューションは，顧客関係性の構築と強化を戦略の柱として認識する価値提案である。この価値提案を採用する企業は，ターゲット顧客を明確に認識する必要がある。顧客別収益性管理は，ターゲット顧客の選定に有益な情報を提供する[注5]。

さらに，キャプランとノートンは内部プロセスの視点において実行されるべ

第17章　顧客管理会計　231

[図表17-8]　顧客管理シートのテンプレート

視点		目標	尺度
財務		■新たな収益源の創造	■新規顧客からの収益
		■顧客1件当たり収益増大	■シェア・オブ・ワレット
		■顧客別収益性の向上	■顧客1件当たり利益
		■販売生産性の向上	■売上高に対する費用（チャネルごと）

視点		目標	尺度
顧客		■顧客満足度の向上（価値提案による）	■非常に満足した顧客の割合（％）
		■顧客ロイヤルティの向上	■顧客維持
		■熱烈なファンの創造	■関係性の深度
			■顧客の推薦による取引の割合（％）

視点		目標	尺度
内部プロセス	顧客の選別	■セグメントの理解	■セグメント別の貢献
		■収益性の低い顧客の洗い出し	■収益性の低い顧客の割合
		■収益性の高い顧客をターゲットとする	■戦略上重要な得意先の数
		■ブランドの管理	■ブランドの認知／選好
	顧客の獲得	■価値提案の伝達	■ブランド認知度
		■マス・マーケティングのカスタマイズ	■キャンペーンへの反応率
		■新規顧客の獲得	■見込み客数／見込み客変換率
		■ディーラーネットワークの構築	■ディーラー品質の格付け
	顧客の維持	■上質な顧客サービスの提供	■上質な顧客サービスを求める顧客数
		■指定企業とのパートナーシップの構築	■指定企業からの収益の割合（％）
		■卓越したサービスの提供	■チャネルごとのサービス水準
		■生涯顧客の創造	■顧客の生涯価値
	顧客との関係の強化	■クロスセル	■顧客当たりの販売製品数
		■ソリューションの販売	■共同開発されたサービス契約数
		■関係性の管理と統合性の管理	■利益配分契約の数／金額
		■顧客の教育	■顧客に費やされた時間

視点		目標	尺度
学習と成長	人的資本	■戦略的コンピテンシーの開発	■人的資本のレディネス
		■豊かな才能の採用と維持	■重要な従業員の離職率
	情報資本	■戦略的CRMポートフォリオの開発	■アプリケーション・ポートフォリオのレディネス
		■知識共有の強化	■従業員1人当たり顧客KMS数
	組織資本	■顧客志向の組織文化の創造	■顧客調査
		■個人目標を戦略へと方向づける	■BSCに結びつけられた従業員目標

出典：Kaplan and Norton（2004, p.174）.

きプロセスとして，業務管理のプロセス，イノベーションのプロセス，規制と社会のプロセスと並んで顧客管理のプロセスをあげている（Kaplan and Norton, 2004）。顧客管理のプロセスは，ターゲット顧客との関係を拡大し，深めるた

232 第3部　領域別の管理会計

めのプロセスである。顧客管理のプロセスは，ターゲット顧客の選別，ター
ゲット顧客の維持，顧客の維持，顧客との関係の強化という4つの段階が設け
られており，各々の段階ごとに戦略目標と尺度とが設定されることになる。顧
客管理プロセスにおける戦略目標は，顧客の視点における尺度，財務の視点に
おける尺度と因果関係に基づいて結びつけられる。**図表17-8**は，顧客管理の
プロセスに関連する典型的な目標と尺度を示している。顧客別収益性管理の結
果は，財務の視点の尺度として利用されている。また，顧客生涯価値は顧客維
持の段階における尺度として示されている。

　顧客管理のためにBSCを利用することの利点は，その企業の独自の戦略に合
わせて顧客別収益性管理の数値および顧客生涯価値の数値，そして関連する非
財務尺度を配置し，因果関係を検証できる点にある。

[注]

注1　近年，顧客満足を表す1つの指標として，NPS（net promoter score）が注目されて
　　　いる。NPSとは，ある製品またはサービスに対する評価を推奨，中立，批判に分け，推
　　　奨者の比率から批判者の比率を差し引いて計算される値である。
注2　ウォレット・シェアとは，顧客が特定のセグメント（例：スーパーマーケット）に対
　　　して支出した金額のうち，自社に対してどれだけ支出したのかを比率で示した指標であ
　　　る。この比率が高ければ，その顧客の支出（財布）に対するシェアが高いことになる。
注3　顧客との取引の継続を判定するために顧客セグメント別の利益を計算するときには，
　　　その顧客セグメントの売上高から変動費とセグメントに跡づけ可能な個別固定費を差し
　　　引いた貢献利益を利用する。共通固定費を差し引いて計算したセグメント別の営業利益
　　　に基づいて，取引継続の有無を判定してはならない。なぜなら，その顧客セグメントと
　　　の取引を打ち切っても，配賦された共通固定費は発生し続けるからである。
注4　本章では紙幅の関係で紹介しなかったが，固定収益会計に関連する一連の研究におい
　　　ては，顧客関係性が与えた影響を評価する予算と実績の差異分析や，顧客関係性セグメ
　　　ント間の顧客の移行状況を見るためのバスタブ・モデルも提唱されている。
注5　顧客別収益性管理を実施している企業が，完全な顧客ソリューションという価値提案
　　　を常に選択するとは限らない。どのような価値提案を選択する場合であっても，顧客セ
　　　グメント別の利益に関する情報は有益である。

[参考文献]

鈴木研一（2007）「固定収益会計の適応可能性についての考察」『會計』Vol.171, No.2, pp.218-
　　229。
鈴木研一（2008）「固定収益会計の現状と課題」『経営論集』Vol.55, No.4, pp.91-109.
Jamvalvo,J.（2013），*Management Accounting 5ʰ edition*, John Wiley & Sons Inc,（ワシント

ン大学フォスタービジネススクール管理会計研究会訳『新版 管理会計のエッセンス』同文舘出版, 2015年)。

Kaplan,R.S. and R.Cooper (1998), *Cost and Effect*, Harvard Business School Press, (櫻井通晴監訳『コスト戦略と業績管理の統合システム』ダイヤモンド社, 1998年)。

Kaplan,R.S. and V.G.Narayanan, (2001), Measuring and Managing Customer Profitability.Journal of Cost Management, Vol.15, No.5, 5-15.

Kaplan,R.S and D.P.Norton, (2004) *Strategy Maps: Converting Intangible Assets into Tangible Outcomes,* Harvard Business School Press, (櫻井通晴・伊藤和憲・長谷川惠一監訳『戦略マップ—バランスト・スコアカードの新・戦略実行フレームワーク』ランダムハウス講談社, 2005年)。

234 第3部 領域別の管理会計

第18章

人的管理会計

1 はじめに

　企業経営における経営資源として，しばしば「ヒト・モノ・カネ・情報」と言われる。なかでも，組織に参加する人たちが持つ知識や能力，高いモチベーションは人的資産（human asset）[注1]と呼ばれ，不可欠な経営資源である。今日，企業経営における人とその管理の重要性は一層高まっている。

　日本企業では，従来，均一的な基幹従業員（一般に，新卒採用・男性・日本人という属性を持つ人たち）の長期雇用を前提に，人材に対する投資の効果を長期間にわたって享受してきた。しかし，近年の雇用の流動化や従業員の意識の変化，女性の社会進出や経営のグローバル化などに伴う基幹従業員の性別・国籍等における多様性（ダイバーシティ）の進展などによって，これまでの雇用慣行は見直しが進んでいる。さらに，企業経営における経済性の観点からは，労働効率と労働意欲を高め，生産性の向上に一層努める必要がある一方で，企業経営における社会性や人間性の観点からは，多様な人材に対して，働き甲斐やワーク・ライフ・バランス，健康などを維持し，従業員のより豊かな生活につながる労働環境を確保することが一層重要になっている。そして，これら経済性と社会性・人間性との両立が持続可能な企業価値創造にとって不可欠であるという認識が，一般的になりつつある。

　しかしながら，経営資源である人を会計情報で把握することには困難が伴う。また，学問分野として，組織における人の管理は人的資源管理（human resource management：HRM）論を中心に研究が行われてきた。人を管理会計の枠組みのなかで捉え，経営管理に役立てるにあたっては，実務上も学術上もさ

第18章　人的管理会計　235

まざまな課題が存在する。本章では，管理会計の立場で，コスト，経営資源，
インタンジブルズ（intangibles：無形の資産），企業価値創造の要素という観点
から，人をどのように捉えるかについて考える。

2　コストとしての人

2.1　人の原価計算と原価管理

　製造業ではとりわけ，利益計算のために原価計算が必要であり，利益獲得の
手段として原価管理が行われる。労働用役の消費によって生じる製造原価は労
務費と呼ばれ，賃金，給料，雑給，従業員賞与手当，退職給与引当金繰入額，
福利費（健康保険料負担金等）に分けられる（『原価計算基準』八（一））。販売活
動や企業全般の管理活動にかかわる給料，賃金などは，販売費及び一般管理費
として，一定期間の発生額を計算する（『原価計算基準』三七，三八）。

　製造活動に労働力は不可欠であるが，製造作業に直接従事した従業員にかか
わる原価である直接労務費は，作業や従業員ごとに「消費賃率×直接作業時
間」によって計算される。原価計算は，まずは原価の実際発生額によって実際
原価計算として行われるが，原価管理にあたっては，標準値としての原価額を
設定し，この標準原価と実際原価とを比較して差異の原因を明らかにする標準
原価計算が行われる。標準原価の設定はできる限り科学的・合理的に行われる
必要があり，多くの場合工学的知見や動作研究・時間研究などが用いられる。

　ただし，原価管理における標準原価計算の有用性は今日では大きく低下して
いる。その理由として，製造工程の自動化（機械化）や製品の多品種少量生産
化，モデルチェンジの多頻度化などがあげられる。これらに共通するのは，人
の習熟によって原価を低減する余地を著しく減少させていることである。

　また，製造における自動化（機械化）は，製造原価に占める直接労務費の割
合を著しく減少させ，代わって，機械関連のコストや間接労務費といった間接
費の割合を増加させた。間接費の割合の増加を背景として誕生したのが，第11
章で取り上げたABC（activity-based costing）である。

236　第3部　領域別の管理会計

2.2　マンパワー・コスト

　主として給料・賃金を対象とする人件費にとどまらず，人的資源に要する支出または費用をすべて対象として，マンパワー・コスト（manpower cost）と広く捉える考え方がある（西澤，1990）。マンパワー・コストとは，「人的資源を調達し運用するために直接又は間接に要する現金又は現金等価物の支出額又は消費額」（西澤，1990, p.4）とされる。そこには，当期の費用として処理される役員および従業員の人件費のほか，資産として計上し償却される人間資産（マンパワー・コストのうち資産として計上される金額）も含まれる（西澤，1990, pp.4-5）。ただし，人的資源そのものにかかわる資産計上は制度上行われていない。

3　経営資源としての人

3.1　人的投資

　前節のように人をコストとして捉えるのではなく，さまざまな投資によって価値の上がるものとする考え方が，Becker（1964）が示した「人的資本（human capital）」の概念によって広く認知されるようになった。組織に参加する従業員を教育訓練などの投資によって能力や価値の高まる「資本」と捉えることは，たとえば長期雇用の有効性を説明する際に有用なツールとなる。

　人を投資対象として考えると，投資額の算定，投資から得られる産出額の算定，それらの間の関係の把握と管理が問題となる。投資対象である人的資産の価値の会計的測定については，1960年代以降に「人的資源会計（human resource accounting）」として盛んに研究が行われてきた。

3.2　人的資源会計

　人的資源会計とは，「組織内における効果的な測定を促進するために，人的資源に関する情報を識別し，測定し，伝達するプロセス」（Brummet et al., 1969, p.iii）である。特に1960年代から1970年代には，経済学，経営学，会計学の分野で，経営における人的要素を資本や資産と捉えた研究が多く見られるよ

うになる。人的資源会計の研究も，単なる伝統的会計の延長ないし拡大として出現したのではなく，社会心理学的，行動科学的，経営学的研究成果の蓄積の上に展開され（若杉, 1973, p.16），さまざまな測定モデルが提案された。

人的資源会計に関する最初の研究は外部報告目的から人的資産の価値測定を扱っているが，その後，人的資源会計では内部管理目的に比重を置いた研究が進められた。管理会計と財務会計の枠を超えて，人的資源会計の真の目的は次のように説明される。すなわち，「人的資源会計情報を通じて，企業の経営者に対しては組織のあり方や人事政策の核心にふれた重要性を示し，また利害関係者に対しては，人的資源の情況や経営者の人的資源に対する取扱い方を正しく評価せしめることによって社会的プレッシャーとして，経営者に間接的に人的資源に対する正しい取扱い方を促すことによって，結果において企業内の人々にやる気をよび起こし，生き甲斐をもたせ，その結果として企業の経営効率の向上を期待しようとする点にある」（若杉, 1976, p.38）。

一方で，人的資産の会計的価値測定には，当初から次のような阻害要因が指摘されてきた。すなわち，人的資産への支出を投資と見ようとしても，機械などの物的資産への投資と比べて人的投資はその根拠が希薄であること，支出のうち将来の効益分と現時点での費消分との区分が困難であること，法的には所有されていないために人を個別の資産として考えることが難しいこと，個人を貨幣単位で価値づけることに対する文化的制約やタブーが存在すること（Brummet et al., 1968, pp.217-218）などである。

人的資源会計の研究は期待される成果を完全に得られたとは言えない。しかし，人をめぐる経営課題はさまざまなものが生じており，人的資源会計の考え方やモデルは今日でも多くの示唆を与えている。

4　インタンジブルズとしての人

4.1　インタンジブルズとその管理

人的資産は，インタンジブルズとして，今日その重要性が一層高くかつ幅広く認識されるようになってきている。インタンジブルズとは，「財の生産もしくはサービスの提供に貢献するか，それに用いられる非物的な要因，またはこ

238　第3部　領域別の管理会計

れら要因の利用をコントロールする個人もしくは企業に対して将来の生産的便
益を生み出すと期待される非物的な要因」（Blair and Wallman, 2001, p.3），ある
いは「イノベーション（新発見），独自の組織デザイン，または人的資源制度
によって生み出される無形の価値源泉（将来のベネフィットに対する請求権）」
（Lev, 2001, p.7）とされる。

　以上から，インタンジブルズには次の3つの要件があると考えられる。第1
に，非物的要因であること。第2に，短期的には財の生産やサービスの提供に
貢献し，長期的には将来の経済的便益を生み出すと期待されること。そして第
3に，これらの要因をある程度コントロールできることである（内山, 2010, p.2）。

4.2　インタンジブルズとしての人的資産

　インタンジブルズは，次の3つに分類することができる。第1が，所有，売
却が可能な資産であり，例として特許権やブランド・商標などがある。第2が，
コントロール可能（限定的であるが，所有していると理解できる）であるが，分
離して売却することができない資産であり，例として開発途上の研究開発投資
やレピュテーション，独自の経営管理システムや業務プロセスがある。そして
第3が，企業によって完全にはコントロールできないインタンジブルズであり，
例として人的資本やコア・コンピテンシー，組織資本，関係資本がある（Blair
and Wallman, 2001, pp.51-55. ただし，括弧内筆者）。

　同様に，インタンジブルズの関連要素として，新発見，組織上の慣行，そし
て人的資源の3つがあげられている（Lev, 2001, pp.6-7）。

　これらの見解に基づくと，人的資産はインタンジブルズの1つとして位置づ
けることができることがわかるであろう。また，人的資産は管理が最も難しい
インタンジブルズでもある。

4.3　インタンジブルズとしての人的資産の特徴と管理上の問題

　インタンジブルズの1つとして位置づけられる人的資産には，もたらされる
ベネフィットの専有可能性が不完全である（インタンジブルズから生じるベネ
フィットに関する部分的排除）という，他のインタンジブルズとは異なる特徴と，
それに伴う管理上の問題が存在する（内山, 2010, pp.8-9）。

企業がもつ資源の価値は，顧客デマンド充足性，希少性，資源がもたらす利益の専有可能性という3つの要素が交わるところに創造される（Collis and Montgomery, 1998, pp.30-37）と言える。人的資産は，このうちの，資源がもたらす利益の専有可能性という要件を完全には満たさない。企業は従業員を法的な意味において「所有」しているとは言えず，企業にとって有用な知識や能力を持った従業員が退職や転職をすることを止めることはできないからである。この問題は，人的資産については，インタンジブルズから生じるベネフィットを他者が享受することを完全には排除できないという，部分的排除の問題として指摘される（Lev, 2001, p.33）。企業が従業員教育に投資する場合，教育を受けた従業員が転職すると，転職先の企業（広い意味で社会全体）がそのような投資からベネフィットを受けることになる。

したがって，人的資産の管理においては，その前提として，人的資産を長期に企業にとどめ，人的資産が生み出すベネフィットをできる限り企業が専有できる状態が維持されなければならない。そのためには，まず，従業員の持つ知識やノウハウを特許化するといった，人的資産を所有や売却が可能な資産に変換することが求められるが，多くの場合，それはごく一部に限定される。そこで，有用な従業員（の持つ知識や能力）を企業に長期につなぎとめるために，その企業でのみ通用するような企業特殊性の高い教育訓練や，有能な従業員や優れた成果を出す従業員に対して高い報酬を提供する報酬制度，やり甲斐や仕事の意義・楽しさを提供する職務環境，終身雇用の組織文化といった，早期退職や転職が不利になるような仕組みが重要になる。実際に，日本企業においては，企業独自の従業員教育の制度・文化や，職場での仲間意識の醸成，終身雇用制度などが伝統的に観察されてきた。ただし，このような仕組みには固有のコストや組織的制約も伴う（内山, 2010, pp.9-10）。

4.4　戦略的人的資源管理

人的資産を含めたインタンジブルズの管理における特徴の1つとして，インタンジブルズはどのように創造され，利用されるかにより価値が異なり，とりわけその価値が戦略に依存する点が指摘できる（内山, 2010, p.2）。

経営における戦略の重要性の高まりと戦略論の進展に伴って，HRM論にお

いても，戦略との連携や戦略実行による企業業績への貢献を明確に意識した研究が行われるようになった。それが戦略的人的資源管理（strategic human resource management：SHRM）論である。SHRMとは，「システム理論と経営戦略論の融合から生まれたHRMへのマクロ的なアプローチであり，また，『環境―戦略―組織構造―組織過程―業績』といったコンティンジェンシー的組織・管理論のパラダイムに則り，HRMの組織業績に対する貢献性を全体組織レベルで議論していくもの」（岩出，2002，p.59）とされる。岩出（2002，pp.59-60）の指摘をまとめると，SHRM論においては，競争市場としての外部環境への適応として競争戦略の決定と実行がなされ，HRMはその戦略実行を通じた企業業績への貢献性によって評価され，その最終的な有効性評価の基準は，戦略評価と同じレベルにある収益性を中心とした財務業績とされる。

図表18-1は，SHRM論の枠組みを示したものである。

[図表18-1] SHRM論の枠組み

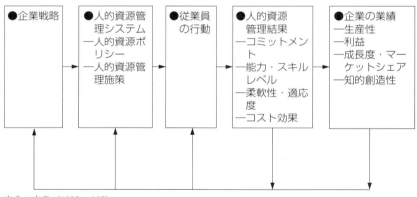

出典：守島（1996，p.105）。

4.5 バランスト・スコアカード

インタンジブルズを戦略実行にどのように結びつけるかという問題意識で研究と実践が行われているものとして，第12章で取り上げたバランスト・スコアカード（balanced scorecard：BSC）をあげることができる。BSCでは，学習と成長の視点に人的資本，情報資本，組織資本の3つを設定し，戦略マップを

使って，これらのインタンジブルズの創出と戦略への「アラインメント（align-ment：整合）」を図る。また，その創出・整合の評価のために「レディネス（readiness：準備状況）」という概念を提示している（Kaplan and Norton, 2004）。

戦略にアラインメントされた人的資本のマネジメントは，次のようなステップを経て行われる。まず，戦略マップにおける重要な内部プロセスを遂行する個人に対して求められるコンピテンシーに基づき，このようなコンピテンシーを持つ従業員が就く「戦略的職務群（strategic job families）」を識別する。続いて，識別された戦略的職務群において従業員が成功を収めるのに必要な知識，スキル，価値観を記述する。これらはジョブ・プロファイルまたはコンピテンシー・プロファイルと呼ばれる。そして，戦略的職務群を構成する従業員の現時点での能力とコンピテンシーを，戦略において求められる知識・能力という観点から評価する（人的資本レディネス）。その上で，それに基づいた人的資本の育成プログラムの構築と人的資本レディネスの報告を行う（Kaplan and Norton, 2004, pp.225-237）。

このように，人の管理の基礎を重要な戦略目標に置き，また，その最終的な貢献を財務業績（BSCでは財務の視点）とする点で，人的資産に関してBSCが示す考え方はSHRM論と共通性を持っている（内山, 2010, p.16）。

4.6　人的資産と複合的マネジメント

人的資産を含めたインタンジブルズの管理におけるもう１つの特徴として，インタンジブルズは他の有形・無形の資産と結びついて価値をもたらすため，その管理においては複合的なマネジメントシステムが求められることが指摘できる（内山, 2010, p.2）。BSCは，学習と成長の視点において，戦略実行に不可欠なインタンジブルズとして人的資本，情報資本，組織資本を設定し，それらが他の要素とも組み合わさって最終的に財務業績に貢献するという考え方を示しており，複合的マネジメントシステムの一例となっている。

しかしながら，どのインタンジブルズがどのように組み合わさって財務業績に対して影響を与えているかを個別的，具体的に明らかにするのは容易ではない。その理由は，１つには，インタンジブルズが多種多様であり，その組み合わせ方がきわめて多数に及ぶこと，いま１つには，インタンジブルズが財務業

242　第3部　領域別の管理会計

績に与える影響には短期的なものも長期的なものもあることである。

　筆者らは，人的資産，組織資産，情報資産，顧客資産，ブランド，コーポレート・レピュテーションの6つのインタンジブルズを取り上げて，インタンジブルズと企業業績との関係を実証的に研究した（内山他, 2015）。その結果，人的資産には情報資産（組織内に蓄積されるIT関連の知識や組織能力）が正の影響を与えており，人的資産は組織資産（企業独自の組織構造や定型化された業務プロセス，組織文化など）や顧客資産（利益をもたらす優良な顧客との間に築かれた強固な関係）などに正の影響を与えていることがわかった。さらに，人的資産から正の影響を受けた顧客資産はブランドやコーポレート・レピュテーション（会社の評判）に正の影響を与え，また顧客資産とコーポレート・レピュテーションは企業業績に正の影響を与えていることがわかった。以上からは，人的資産を含めたインタンジブルズが複合的に企業業績に対して影響を与えており，インタンジブルズを複合的に管理することに意義があることがわかる。

5　企業価値創造と人

5.1　非財務尺度の役割

　企業が利益の獲得を主たる目的とする以上，戦略実行による最終的な成果は財務尺度で測定，管理される必要がある。人的資産の貢献も最終的には財務的成果に結びつけて考えることが求められる。しかし，SHRMやBSCに見られる考え方のように，その最終的な貢献を財務的成果に見出す形で人的資産を戦略的に管理するとしても，前節の実証研究で見たように，人的資産と財務業績との直接的な関係を把握することは困難である。

　そこで，人的資産やそのマネジメントがどのように財務的成果に影響を与えるかを理解するためには，企業活動の成果に関する幅広い測定尺度を用いる必要がある。具体的には，従業員の知識や能力，モチベーション，仕事や企業に対する満足度，心身の健康といった非財務的成果に関する尺度を用いて測定と管理を行う。そして，財務尺度と非財務尺度とを組み合わせることで，人的資産への投資とその非財務的成果，財務的成果との関係を明らかにしていく。

5.2 企業の社会性・人間性

　企業価値を広く捉えると，財務尺度で測定できる経済価値だけでなく，財務尺度では測定しにくい社会価値や組織価値が含まれる。そのため，企業における人の管理は，企業経営における経済性の側面からだけでなく，社会性・人間性の側面からも考える必要がある（内山, 2015, pp.46-47）。そこでは，上述した，財務尺度と非財務尺度とを組み合わせて用いることが必要になる。

　HRMの初期のテキストであるBeer et al.（1984）では，**図表18-2**の「HRM領域のマップ（Map of the HRM Territory）」が示されている。

［図表18-2］　HRM領域のマップ（Map of the HRM Territory）

```
┌──────────────┐
│ ステークホルダーの      │
│ 利益             │
│ ・株主            │◀┄┄┄┄┄┄┄┄┄┄┄┄┄┄┄┄┄┄┐
│ ・経営者          │                              ┊
│ ・従業員グループ     │     ┌─────────┐ ┌─────────┐ ┌─────────┐
│ ・行政            │     │ HRM制度の    │ │ 人的資源の成果  │ │ 長期的な結果   │
│ ・地域社会         │     │ 選択肢       │ │ ・コミットメント │ │ ・従業員の幸福  │
│ ・労働組合         │     │ ・従業員のもた │ │ ・能力        │ │  (individual   │
└──────────────┘     │  らす影響    │ │ (competence) │ │  well-being)  │
        ▲            │ ・人的資源の   │─▶│ ・整合性      │ │ ・組織の効果性  │
        ┊            │  フロー      │ │ (congruence) │ │ ・社会の幸福   │
┌──────────────┐     │ ・報酬システム │ │ ・コスト効果性  │ │  (societal    │
│ 状況的要因         │─▶│ ・職務システム │ └─────────┘ │  well-being)  │
│ ・労働力の特性      │     └─────────┘              └─────────┘
│ ・ビジネス戦略と条件  │         ▲
│ ・経営理念         │         ┊
│ ・労働市場         │◀┄┄┄┄┄┄┄┄┘
│ ・労働組合         │
│ ・課業の技術        │
│ ・法律，社会の価値観  │
└──────────────┘
```

出典：Beer et al.（1984, p.16）.

　「HRM領域のマップ」は以下の点に注目すべきである。第1に，HRMを規定する状況的要因にビジネス戦略を明示している。第2に，しかし戦略のみによってHRMが規定されるのではなく，また多様なステークホルダーを認識している。第3に，HRMによる成果を，従業員のコミットメントや能力，従業員の目標と組織の目標との整合性，HRMの実践におけるコスト効果性といっ

244　第3部　領域別の管理会計

た短期的なものと，従業員の幸福，組織の効果性（環境に対して反応し，適応する組織能力），社会全体の幸福といった長期的なものとに分けて設定している。そして第4に，これらの一連のつながりに循環性を認め，HRMによる成果が戦略などの状況的要因やさまざまなステークホルダーの利益に影響を与え，それらが再びHRMを規定するという関係が考えられている（内山，2010，pp.13-14）。

　SHRM論との対比でとりわけ強調すべき点は，「HRM領域のマップ」が示すところでは，戦略はHRMを規定する複数ある要因の1つにすぎないということである。また，HRMによる財務的成果はHRMによるさまざまな成果・結果のあくまで1つとして位置づけられていることである。このように，初期のHRM論では，多様なステークホルダーを前提として，企業経営，人的資産の管理において，経済性と社会性・人間性とを同時に考慮している。

　重要なのは，このような企業経営における社会性・人間性を経済性と対立するもの，あるいは無関係なものとして考えるのではなく，経済性と社会性・人間性との両立が持続可能な企業価値創造にとって不可欠なものとして，近年あらためて強く認識されていることである。そのような認識を表す一例として，日本企業でも実施が拡大している，第15章で取り上げた統合報告がある。

　次節では，企業価値創造の観点から人的資産について多面的かつ統合的に明らかにしているケースとして，伊藤忠商事株式会社（以下，伊藤忠商事）のアニュアルレポート（統合報告書）を取り上げる。

6　ケ ー ス

6.1　企業理念，目指すこと（経営者メッセージ）（伊藤忠商事株式会社，2016，p.9，pp.10-17）

　伊藤忠商事は，企業理念として「豊かさを担う責任」を，コーポレートメッセージとして「ひとりの商人，無数の使命」を，それぞれ掲げる。そのベースには，創業以来，近江商人の経営哲学である「三方よし（売り手よし，買い手よし，世間よし）」がある。

　経営者メッセージのなかでは，「当社は人事施策でも『個の力』を伸ばしていくために独自の施策を打ち，確実に成果を出してきました。」として，人事

第18章　人的管理会計　245

給与制度の改正や「朝型勤務」の施策とそれらの成果を紹介している。また，「『商社新時代』をリードしていくためには，全社員の『個の力』を更に結集していかねばなりません。」として，多様な人材の能力を最大限発揮させることや，その一方で能力本位を基本とすること，中国戦略と連動した人事施策を紹介している。さらに，「当社では，成果に見合った報酬で報いていくことで，優秀な社員を採用し，定着させ，『集中力』を持続させることで，最大限の能力を引き出すという人的資産の好循環をより確かなものにしていきたいと思います。」としている。他方で，「『自分だけ儲かれば良い』という利己主義的なビジネスが長続きするはずもありません。」，「これからの企業は国際社会の要請に応えていくことなしに，持続的成長を語ることはできない時代になっていくでしょう。」として，「社員一人ひとりがそれぞれの持ち場で社会へ価値を提供し続けることが大切なのです。」としている。

6.2　ビジネスモデル，人材戦略 （同pp.36-37, pp.46-49）

伊藤忠商事は「ビジネスモデル」を明らかにしている。そこでは，経営資源に，「内部」において財務基盤，人的資産，総合商社の伝統的な機能，ビジネスノウハウ，グループ企業の各種機能，組織資産を，「外部」において顧客資産（販売先・仕入先），パートナー資産を，それぞれあげており，人的資産をはじめとして，インタンジブルズを重視していることがわかる。これらの経営資源に基づいて，「付加価値の創造」と「資産戦略」を両輪として，「経営資源の高度化」を図りながら，「トレード・投資収益の最大化」を追求している。

人材戦略については，「世界で多様な事業を展開する伊藤忠商事にとって，『人材』は最大の経営資源です」とした上で，経営計画とも連動したさまざまな取り組みをあげている。まず，コーポレートメッセージにある「無数の使命」を担う人材のために，企業風土に合った人材を性別・国籍・年齢にかかわらず人物本位で採用している。その上で，人的資産の最適配置を図っている。

能力向上のための施策としては，次の３つがあげられている。第１に，「『現場力強化』を通じた改革」として，社員一人ひとりの働き方や意識の改革を進めている。具体的には，業務効率化と生産性向上を目的とした「『朝型勤務』を通じた働き方改革」，企業価値を高めるための「社員の経営参画意識向上」，

246　第3部　領域別の管理会計

そして「健康力向上による人材力強化」である。第2に,「『多様化』の推進による人材力向上」である。これは,「多様なビジネスを展開する総合商社においては,性別や国籍など様々な違いのある多様な人材が活躍する組織が競争力の源泉と考えています。」という考え方に基づく。そして第3に,「育成を通じた『個の力』の向上」である。そこでは,語学研修や人材育成制度について説明がなされ,各種研修の受講者数が示されている。

　さらに,能力に加え,モチベーションや健康を含めた人的資産の健全な構築が重要視されていることがわかる。定期的な社員意識調査が実施されており,たとえば「伊藤忠商事で働くことに誇りを感じる」かについての問いへの回答結果が明らかにされている。また,先述の「朝型勤務」は「長時間労働の是正を通じた社員の健康増進も狙いとして」おり,早朝入館者・深夜退勤者の割合や時間外勤務時間についての導入前後での変化が示されている。

6.3　人材戦略の成果 （同pp.48-49）

　上記のような,経営計画とも連動した一連の先進的な施策とその成果は,多くの企業表彰を通じて社会的にも高く評価されている。2015年度だけでも,「新・ダイバーシティ経営企業100選」[注2]（経済産業省）,「なでしこ銘柄2016」[注3]（経済産業省・東京証券取引所）,「健康経営銘柄2016」[注4]（経済産業省・東京証券取引所）などに選定されている。取り組みは,人的資産における成果や企業の社会的責任（CSR）における成果だけでなく,株式会社日本政策投資銀行（DBJ）による「DBJ健康経営（ヘルスマネジメント）格付」において最高ランクの格付の取得につながっており,これにより資金調達の点でより良い財務的成果が得られると期待される。

[注]

注1　本章では,それぞれの学問分野や先行研究での呼称に倣い,「人的資産」,「人的資源」,「人的資本」という言葉を併記するが,これらを特に区別しない。

注2　「ダイバーシティ経営」とは,「多様な人材を活かし,その能力が最大限発揮できる機会を提供することで,イノベーションを生み出し,価値創造につなげている経営」（経済産業省経済産業政策局経済社会政策室,2016, p.1）とされる。伊藤忠商事のダイバーシティ経営については,経済産業省経済産業政策局経済社会政策室（2016, pp.81-82）に詳しい。

注3 「なでしこ銘柄」については，「女性活躍推進に優れた上場会社を『中長期の成長力』を重視する投資家にとって魅力ある銘柄として紹介することを通じて，そうした企業に対する投資家の関心を一層高め，各社の取組を加速化していくことを狙いとしています。」（経済産業省経済産業政策局経済社会政策室, 2016, p.107）とされる。伊藤忠商事の女性活躍推進に関する取り組み状況については，経済産業省経済産業政策局経済社会政策室（2016, p.135）。

注4 「健康経営銘柄」については次のように説明されている。「『健康経営』とは，従業員等の健康管理を経営的な視点で考えて，戦略的に実践することです。『健康経営銘柄』は，健康経営に取り組むことで，従業員の活力向上や生産性の向上等，組織の活性化，中長期的な業績・企業価値の向上を実現し，そこに投資家からの理解と評価が得られることを期待して実施するものです。」http://www.meti.go.jp/press/2015/01/20160121001/20160121001.pdf（2017年3月31日閲覧）。伊藤忠商事の取り組みについては，http://www.jpx.co.jp/news/0010/nlsgeu000001ej8w-att/report.pdf（2017年3月31日閲覧）のp.17。

[参考文献]

伊藤忠商事株式会社（2016）『アニュアルレポート2016（統合報告）』。

岩出博（2002）『戦略的人的資源管理論の実相―アメリカSHRM論研究ノート―』泉文堂。

内山哲彦（2010）「インタンジブルズとしての人的資源の管理と管理会計―統合的業績管理システム研究における意義と課題―」『千葉大学経済研究』Vol.24, No.3・4, pp.1-25。

内山哲彦（2015）「企業の社会性・人間性と企業価値創造―統合報告と管理会計の役割―」『管理会計学』Vol.23, No.2, pp.45-59。

内山哲彦・青木章通・岩田弘尚・木村麻子・小酒井正和・細海昌一郎（2015）「企業価値創造に向けてのインタンジブルズの複合的活用」『日本管理会計学会2013年度スタディ・グループ研究成果報告書』日本管理会計学会, pp.1-35。http://www.sitejama.org/publi-cations/docs/studygroup/JAMA2013-2014sg-report.pdf（2017年3月31日閲覧）

経済産業省経済産業政策局経済社会政策室編（2016）『経済産業省 平成27年度 新・ダイバーシティ経営企業100選・平成27年度なでしこ銘柄　ダイバーシティ経営戦略4〜多様な人材の活躍が，企業の成長力に繋がる〜』一般財団法人経済産業調査会。

西澤脩編著（1990）『人件費の会計と管理』白桃書房。

守島基博（1996）「戦略的人的資源管理論のフロンティア」『慶應経営論集』Vol.13, No.3, pp.103-119。

若杉明（1973）『人的資源会計論』森山書店。

若杉明（1976）「人間尊重の会計学の展開―人的資源会計および環境会計の性格と両者の関連をめぐって」『企業会計』Vol.28, No.1, pp.37-44。

Becker, G.S. (1964), *Human Capital; A Theoretical and Empirical Analysis with Special Reference to Education*, ColombiaUniversity Press.

Beer, M., B.Spector, P.R.Lawrence, D.Q.Mills, and R.E.Walton (1984), *Managing Human Assets*, Free Press, (梅津祐良・水谷榮二訳『ハーバードで教える人材戦略』生産性出版, 1980年)。

Blair, M.M. and S.M.H. Wallman (2001), *Unseen Wealth: Report of the Brookings Task Force on Intangibles*, Brookings Institution Press, (広瀬義州他訳『ブランド価値評価入

248　第3部　領域別の管理会計

門―見えざる富の創造』中央経済社, 2002年)。

Brummet, R.L., E.G.Flamholtz, and W.C. Pile (1968), Human Resource Measurement ― A Challenge for Accountants, *The Accounting Review*, Vol.43, No.2, 217-224.

Brummet, R.L., E.G.Flamholtz, and W.C.Pile. eds. (1969), *Human Resource Accounting: Development and Implementation in Industry*, Foundation for Research on Human Behavior.

Collis, D.J. and C.A.Montgomery (1998), *Corporate Strategy: A Resource-based Approach*, McGraw-Hill, (根来龍之・蛭田啓・久保亮一訳『資源ベースの経営戦略論』東洋経済新報社, 2004年)。

Kaplan, R. S. and D. P. Norton (2004), *Strategy Maps: Converting Intangible Assets into Tangible Outcomes*, Harvard Business School Press, (櫻井通晴・伊藤和憲・長谷川惠一監訳『戦略マップ―バランスト・スコアカードの新・戦略実行フレームワーク』ランダムハウス講談社, 2005年)。

Lev, B. (2001), *Intangibles: Management: Measurement, and Reporting*, Brookings Institution Press, (広瀬義州・桜井久勝監訳『ブランドの経営と会計』東洋経済新報社, 2002年)。

第19章

IT管理会計

1　はじめに

　現在のような知識基盤社会において，IT（information technology：情報技術）が新しいビジネスモデルの創造やイノベーションに対する役割はとても大きい。ITに関連するインタンジブルズは情報資産と呼ばれるようになり，企業価値創造のために適切にマネジメントする必要がでてきた。情報資産への投資の重要性が増せば増すほど，企業の管理会計システム，とりわけIT予算の決定も精緻にする必要性も高まる。

　本章ではひとまず，情報資産を「人的資産および組織資産への投資との組み合わせによって組織内に蓄積されるIT関連の知識や組織能力」（内山他, 2015）と定義する。情報資産にはITに関連する物的な資産だけでなく，組織が有するITの活用力やノウハウなどが含まれる。

2　ITマネジメントと管理会計上の課題

　1980年代まではITという言葉もなく，コンピュータと言えばメインフレーム（大型コンピュータ）やオフコン（中型コンピュータ）が主流であった。この時代にはソフトウェア原価計算とチャージバックシステムが重要な役割を担っていた（櫻井, 1987）。ソフトウェア原価計算は，ソフトウェア開発業者がソフトウェア開発コストの管理のために用いる原価計算手法である[注1]。他方，チャージバックシステムは，ソフトウェアを利用する企業が情報システム部門のコストを，情報システムの利用度に応じてユーザー部門へ課金する制度である[注2]。当時はコンピュータ単体で集中処理を行っていたので，情報システ

ムに関するコストを集計して，ユーザー部門に課金することは容易であった。

　しかしながら，1990年代になると，Windows95の登場が契機となり，ネットワークを通じて複数のコンピュータが接続されたクライアント・サーバ・システムがオフィスへ普及した。それ以降，企業の情報システムが急激にWebシステムやクラウドコンピューティングへと移行した。このようなネットワーク・コンピューティング環境では，数多くの端末を用いた情報処理となるため，情報システム全体にかかわるトータルコストの把握が難しくなる。それと同時にコンピュータの用途が単なる業務の自動化だけではなく，アナリティクスやビジネスモデルの変革へと用途が大幅に広がった。そのため，ソフトウェア原価計算やチャージバックシステムよりも，IT投資評価の手法への関心が高まった（櫻井, 2006）。

　2000年代になると産業構造がさらに変化し，インタンジブルズが競争優位を確保するうえで決定的な要素となった。現在ではITが新しいビジネスモデルの創造やイノベーションに対する役割はとても大きくなるとともに，PC，スマートフォン，ロボティクス，センサー端末などがクラウド上でつながるIoT（internet of things）も普及し，Industry4.0（第4次産業革命）のコンセプトも現実のものとなった。ビッグ・データの活用範囲は最近ではAI（人工知能）にまで及んできている[注3]。そのため，インタンジブルズの1つとしての情報資産の有効な管理に関心が高まっている。

3　IT投資評価の方法と課題

　ここでIT投資評価の基本的な指標として用いられるNPV（net present value：正味現在価値）について取り上げる（NPVの詳細については第5章参照）。また，IT投資評価について例題を用いて解説する。

3.1　IT投資評価のためのNPV

　有名な大企業ではIT投資の評価にNPVを用いることが多い。また，優れたITマネジメントを行う企業では，IT投資における事前評価だけでなく，事後評価もきちんと行う傾向にある。

　NPVの算定式は以下のとおりである。

$$NPV = \sum_{j=1}^{n} \frac{CF_j}{(1+r)^j} - I_0$$

ただし，j＝経過年数，r＝割引率，CF_j＝正味キャッシュフロー，I_0＝初期投資額

　ここで課題となるのが，IT投資にかかるコストと効果をどのように測定し，正味キャッシュフローとして算定するかである。コストについてはITにかかわるライフサイクルコストやTCO（total cost of ownership）を用いることとなる。ただし，効果の認識についてはIT投資評価における重大な論点となる。

　IT投資の効果には，①経済的効果，②戦略的効果，③基盤整備効果の３つがある（櫻井，2006，pp.112-117）。経済的効果には収益の向上（直接的効果），業務の効率化や省力化によるコストの減少（間接的効果）の２つがある。経済的効果は金銭的に測定され，NPVなどの経済性指標によってIT投資の効率（efficiency）を評価するのに用いられる。

　戦略的効果とはIT投資によって競争優位の確保，顧客満足度の向上など，必ずしも経済的な効果として金銭的に測定できない効果である。戦略的効果はIT投資によって期待どおりの成果が得られたこと，すなわち効果性（effectiveness）として評価する。もちろん，戦略的効果も金銭的に測定できる部分についてはできるだけ定量的に評価すべきである。しかし，無理に金銭的に評価すべきではなく，金銭的に測定できない部分については定性的な評価を行わざるをえない。

　基盤整備効果とはネットワークやデータベースなどのITインフラへの投資によって得られる効果である。インフラ整備は企業にとって必須の投資であり，汎用的で企業の業務活動において多様で複合的な効果を生み出す。また，短期的な効果を生み出すものでもない。そのため，他の効果と混同してしまい，無理に経済性を評価すると過大な評価や過小な評価をすることになってしまう。したがって，基盤整備効果は経済的効果と戦略的効果と切り分けて評価を行うべきである。

3.2　IT投資評価の計算例

　ここで計算例を用いて，IT投資評価におけるNPVの利用について検討しよう。

252　第3部　領域別の管理会計

【設例1】

　初期投資額が20億円かかる新規顧客管理システム導入への投資に対して予想される収益向上は将来5年間で8億円/年，省力化によるコスト削減は将来5年間で2億円/年と見込まれる。また，このIT投資によって顧客満足度が20ポイント向上すると予想されている。なお，割引率として資本コスト3％を使用する。このIT投資のNPVを求め，事前評価を行いなさい。

〔解　　答〕

$$\frac{10}{(1+0.03)^1}+\frac{10}{(1+0.03)^2}+\frac{10}{(1+0.03)^3}+\frac{10}{(1+0.03)^4}+\frac{10}{(1+0.03)^5}-20\fallingdotseq25.8$$

　NPVが25.8億円となるため，このIT投資を行う方が経済的に有利である。

　なお，上記の解答は，経済的効果のみを金銭的に評価し，戦略的効果については金銭的に評価をしていない。可能な限り，金銭的に評価することは必要であるが，顧客満足度という戦略的効果を過剰に評価すべきでない。

　企業では，以上のように，中期経営計画の策定や資本予算の編成において，経済的効果，戦略的効果，基盤整備効果を考慮して，IT投資の計画をどう入れ込むかを検討することとなる。

4　情報資産の定義とレディネス評価

　現在のようなIT環境となると，経済的効果として測定できない戦略的効果や基盤整備効果が大きくなってきていると同時に，クラウドコンピューティングの進展により，数年間を見越したIT投資というよりも短期的なITコストとして取り扱われるべきIT関連支出も増えてきている。さらに，ITに関わるハードウェアやソフトウェアだけではなく，ITを活用できる組織能力を含めたインタンジブルズとしての情報資産こそが重要視されるようになってきた。そこで，戦略的効果や基盤整備効果を生み出す情報資産を，戦略の実行と関連づけてマネジメントするためのツールが必要となってきた。

4.1 情報資産とはなにか

　情報資産というインタンジブルズについての研究は，1990年代にまで遡る。ブリニョルフソンとヒットは，ITへの投資は単体では効果を得ることができず，人的資産や組織資産への投資との戦略的な組み合わせによって効果が得られるということを明らかにした（Brynjolfsson and Hitt, 1998）。ここでITへの投資を行うだけでは企業の利益増大にはつながらず，ITを活用できるスキルのある人材，ITによって高度化された業務プロセスが必要になることが実証された。

　情報資産は，ITに関する物的資産（ハードウェアやソフトウェア）とは若干異なる。ITに関する物的資産に加えて，ITケイパビリティと呼ばれる組織能力を含めて捉える必要がある。ITケイパビリティは資源ベースの戦略論（resource-based view：RBV）のなかで研究されてきた。RBVの研究では資源とケイパビリティは区分される。資源には有形資源，無形資源がある。ケイパビリティとはそれらの資源を調整して一定のタスクや活動を実行するための能力であるとされ，とりわけITを活用して企業活動を円滑に実行する能力がITケイパビリティとされる（Ross et. al., 1996：Powell and Dent-Michallef, 1997：Aral and Weill, 2007）。

　研究上は1990年代のうちに，ITだけでなく，それに関する人材や業務プロセスを連携・統合してマネジメントしなければならないことが明確になった。具体的なマネジメントの方法論は，2000年代のBSCのフレームワークの発展を待つこととなった。キャプランとノートンは，戦略マップの学習と成長の視点と連携させてマネジメントすべきインタンジブルズとして，人的資産，情報資産，組織資産をあげている（Kaplan and Norton 2004：2006）^{（注4）}。人的資産や組織資産に加えて情報資産がマネジメントの対象に位置づけられるのは，企業価値創造においてITの貢献が大きくなっている以上，管理会計の実践的側面から考えるとマネジメントの対象とするほうが有益だからである。なお，キャプランとノートンによれば，情報資産にはデータベース，情報システム，ネットワーク，ITインフラが含まれる。情報資産は，①情報資産アプリケーションと，②ITインフラに分類される（Kaplan and Norton, 2004, pp.251-255）。

　以上のような先行研究から，本章では基本的にキャプランとノートンの見解

254　第3部　領域別の管理会計

に基づき情報資産を捉える。

4.2　情報資産に対する管理会計上の課題

　情報資産にはITにかかわる物的資産だけでなく，ITケイパビリティも含まれるため，情報資産への投資を行っても，生まれてくる効果が複合的で，直接的な効果の測定は困難となる場合も多い。また，経済的効果として把握できず，戦略的効果や基盤整備効果として効果性の評価をしなければならない場合も増える。そこで，管理会計の課題として，①どのように情報資産の価値を評価するのか，②どのようにマネジメントすべきかという課題を解明しなければならない。

　第1に，どのように情報資産を評価するかについて，キャプランとノートンは，情報資産が人的資産や組織資産と統合されることによって企業価値が創造されると主張すると同時に，これらのインタンジブルズはどれも「その価値を別々に独立して測定することはできない」（Kaplan and Norton, 2004, p.14）と述べている。その理由は，これら3つのインタンジブルズの価値が，それぞれの企業の戦略実行を支援する能力が統合されて引き出されるからである。そこで，

[図表19-1]　価値創造プロセスにおける情報資産の位置づけ

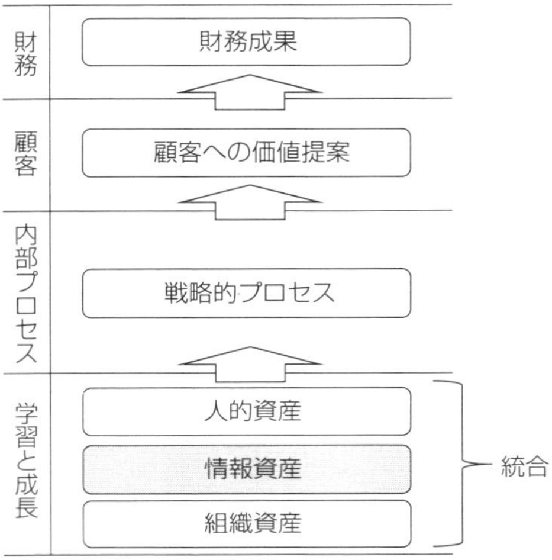

出典：筆者作成。

キャプランとノートンは戦略マップの学習と成長の視点において，人的資産や組織資産とともに，情報資産に関わる戦略目標を設定し，それらが戦略実行にどの程度貢献できるかをマネジメントすることを提案している。

キャプランとノートンは，企業価値創造のための戦略を支援する人的資産，情報資産，組織資産に対して，戦略実行を支援するための即応性を評価する指標として，戦略レディネスを導入した（Kaplan and Norton, 2004, p.213）。とりわけ，情報資産の即応性を評価する指標が情報資産レディネスである。

第2に，情報資産をどのようにマネジメントするかについて，キャプランとノートンは，情報資産のマネジメントツールとして，情報資産ポートフォリオを提案している（Kaplan and Norton, 2004：2006）。情報資産ポートフォリオは，情報資産の予算編成や投資意思決定のために用いる。

5　BSCを活用したIT投資の資本予算管理

ここで企業での事例を用いて，情報資産ポートフォリオと情報資産レディネスの活用方法について考察する。最後に，情報資産レディネスに基づいたIT投資の資本予算管理について検討する。

5.1　情報資産ポートフォリオの構築

キャプランとノートンは情報資産の構築ツールとして，情報資産ポートフォリオを提案した。このツールを戦略マップと連携させて活用することで，事業戦略の実行と情報資産への投資とのアラインメント（整合性）を確保することができる。

情報資産への投資と事業戦略の実行とのアラインメントを確保するためには，まず戦略実行のために必須となる情報資産を特定し，情報資産レディネスを評価する。次に，その情報資産への投資に関わる優先順位を決め，中期経営計画におけるIT予算の配分の助けとする。

図表19-2はコンシューマ・バンクにおける情報資産ポートフォリオである（Kaplan and Norton, 2004, pp.256-267）。これに基づき，情報資産ポートフォリオと情報資産レディネスによる評価について説明する。

事業戦略の実行に必須となる情報を特定するには，まず戦略マップの学習と

[図表19-2] 情報資産ポートフォリオ（コンシューマ・バンク）

戦略的プロセス	業務の卓越性		顧客管理		イノベーション	
	問題発生最小化 / 迅速な対応の実現		商品ラインのクロスセル / 適切なチャネルへの変更		顧客セグメントの理解 / 新商品の開発	
戦略的職務群	品質管理担当マネジャー	コールセンターの責任者	公認フィナンシャルプランナー	テレマーケター	コンシューママーケター	ジョイントベンチャーマネジャー
情報資産ポートフォリオ						
変革アプリケーション		・顧客セルフ・ヘルプ(CSH) 〔4〕	・顧客ポートフォリオ自己管理システム(PPM) 〔4〕			
分析アプリケーション	・サービス品質分析システム(SQA) 〔2〕	・ベスト・プラクティス・コミュニティ(BPC) 〔3〕	・顧客別収益性分析システム(CPS) 〔3〕	・ベストプラクティスコミュニティ(BPC) 〔2〕	・顧客別収益性分析システム(CPS) 〔3〕	・ベストプラクティスコミュニティ(BPC) 〔2〕
トランザクション処理アプリケーション	・トラブル追跡システム(ITS) 〔6〕 ・障害管理システム(PRM) 〔2〕	・従業員スケジューリング(WSS) 〔3〕 ・障害管理システム(PRM) 〔2〕	・統合的顧客ファイル(ICF) 〔2〕	・CRM/セールス・リードマネジメント(LED) 〔6〕 ・CRM/発注管理(OMS) ・CRM/営業支援システム(SFA) 〔4〕	・顧客フィードバック・システム(CFS) 〔2〕	・プロジェクト管理システム(PMS) 〔2〕
ITインフラ	双方向型音声応答(IVR) 〔3〕　ウェブシステム(WEB) 〔3〕 コンピュータ・テレフォニー・インテグレーション(CTI) 〔4〕　CRM標準機能 〔2〕　CRMパッケージ・ソフト(CRM) 〔2〕					
	赤	赤	黄	赤	緑	緑

出典：Kaplan and Norton（2004, p.257）の図に情報資産レディネスを追加。

成長の視点における戦略的プロセスにおいてカギとなる戦略的職務群を特定する。これは人的資産のマネジメントの一環として行う。これら戦略的職務群が最高の業績をあげるのに必須となる情報資産をリストアップしたものが情報資産ポートフォリオである。

　図表19-2では，たとえば顧客管理の戦略テーマに関わる内部プロセスの視点の戦略目標として，商品ラインのクロスセル[注5]が設定されている。その商品ラインのクロスセルという戦略目標の達成にとって重要な役割を担う戦略的職務群として，公認フィナンシャルプランナーが特定されている。この公認フィナンシャルプランナーにとって必須となる情報資産アプリケーションとして，顧客ポートフォリオ自己管理システム，顧客別収益性分析システム，統合的顧客ファイルの3つが特定されている。他にも，これらの情報資産アプリケーションを支えるITインフラとして，双方向型音声応答とウェブシステム

などが特定されている。

　また，**図表19-2**ではあげられてはいないが，情報資産ポートフォリオでは人的資産や組織資産の構築へ重要な役割を持つ情報資産の特定も行う（Kaplan and Norton, 2004, p.254）。これらは直接的に企業価値創造に貢献する情報資産ではないが，人的資産や組織資産の構築に役立ち，間接的に企業価値創造に貢献する。これらの情報資産についても別途，ポートフォリオを作成し，中期経営計画や資本予算編成のためも活用する。

5.2　情報資産レディネスと戦略的IT予算配分

　次に，情報資産ポートフォリオにおいて特定されている情報資産の情報資産レディネスを評価する。ここでは1～6の数字を用いて情報資産レディネスが評価されている。1は問題なし，2は若干の強化が必要，3はスケジュールどおりに開発中，4はスケジュールは遅れているが開発中，5はかなりの強化が必要ではあるが未着手，6は新規開発が必要であるが未着手といった6段階である。

　図表19-2の最下段に赤，黄，緑といったマークがあるのは，情報資産レディネスを総合的に評価し，内部プロセスの戦略目標の達成に必須となる情報資産が構築できているかを示している。赤は情報資産レディネスが低くて達成できる準備が整っていない戦略目標，緑は情報資産レディネスが高くさほど問題がない戦略目標，黄はその中間となる。

　最終的に，情報資産レディネスの評価を参照し，中期経営計画における全体的な情報資産への投資に関わる投資規模や投資配分を決める。また，それを考慮し，情報資産への投資を単年度の資本予算の編成へ組み込むことになる。

　ただし，ここでの情報資産への投資はすべてのIT関連の支出を示しているとは限らない。情報資産への投資とは別に，セキュリティ投資など，経常的なシステムの更新に関わるIT支出（非戦略的なITコスト）も必要となることに注意を要する。これらのIT支出は資本予算の中に含まれることもあるし，損益予算の中に含まれることもある。

258　第3部　領域別の管理会計

6　まとめ

　本章では，情報資産にかかわる管理会計上の課題と，その解決方法として
IT投資評価と情報資産ポートフォリオの活用について考察した。IT投資評価
において，効果については経済的効果，戦略的効果，基盤整備効果に分類し，
基本的にはなるべく経済的効果として測定すべきであるが，過大評価あるいは
過小評価しないことが求められる。

　2000年代に入り，産業構造の変化にともないITが競争優位の源泉となると，
IT投資の評価に加えて，企業価値創造のための戦略に結びついた情報資産の
マネジメントへの関心や期待が高まってきた。インタンジブルズとしての情報
資産のマネジメントのために情報資産ポートフォリオと情報資産レディネスを
活用すれば，中期経営計画や資本予算の編成のなかに，情報資産への投資を適
切に組み込むことができる。

[注]

注1　大型汎用コンピュータのソフトウェア（情報システム）は，それを使用する企業から
　　　ソフトハウス（ソフトウェア開発企業）が個別受注することによって開発されることが
　　　多かった。そのため，価格決定や原価管理などのために，ソフトハウスがソフトウェア
　　　原価計算を行う必要があった。ソフトウェア原価計算は，①原価計算対象が無形の資産
　　　であること，②インプット（労働用役の投入）とアウトプット（ソフトウェアの品質や
　　　価値）との関係が必ずしも一定ではないこと，③ほとんど材料費がかからないことなど，
　　　通常の製品原価計算との相違点がある。
注2　大型汎用コンピュータのソフトウェア（情報システム）を使用する企業では，不要な
　　　情報処理サービスを抑制し，社内の情報システム部門の業務の費用対効果を検討し，資
　　　源の有効活用をするため，チャージバックシステムを導入する有効性が高かった。
注3　近年ではAIをArtificial Intelligence（人工知能）ではなく，Advanced Intelligence（先
　　　端知能）の略語とすることもある。
注4　原書を忠実に訳すと，情報資本（Information Capital）であるが，本章では情報資産
　　　と同義と捉え，情報資産という用語を用いる。
注5　顧客1人の売上単価を上げるために，他の商品を奨めて一緒に購入させること。

[参考文献]

内山哲彦・青木章通・岩田弘尚・木村麻子・小酒井正和・細海昌一郎（2015）「企業価値創
　　　造に向けてのインタンジブルズの複合的活用」『日本管理会計学会2013年度スタディ・
　　　グループ研究成果報告書』。http://www.sitejama.org/publications/04.html（2017年6月
　　　30日閲覧）。

櫻井通晴（1987）『ソフトウェア原価計算〔増補版〕』白桃書房。

櫻井通晴（2006）『ソフトウエア管理会計〔第 2 版〕—IT戦略マネジメントの構築—』白桃書房。

Aral, S., and Peter Weill（2007）IT Assets, Organizational Capabilities, and Firm Performance: How Resource Allocations and Organizational Differences Explain Performance Variation, *Organization Science*, Vol.18, No.5, 763-780.

Bharadwaj, A. S.（2000）A Resource-Based Perspective on Information Technology Capability and Firm Performance: An Empirical Investigation, *MIS Quarterly*, Vol.24, No.1, 169-196.

Brynjolfsson, E. and L. M. Hitt（1998）"Beyond the Productivity Paradox: Computers are the Catalyst for Bigger Changes," *Communication of the ACM*, Vol.41, No.8, 49-55.

Kaplan, R. S. and D. P. Norton（2004）*Strategy Maps: Converting Intangible Assets into Tangible Outcomes*, Harvard Business School Press.

Kaplan, R. S. and Dd. P. Norton（2006）*Alignment: Using the Balanced Scorecard to Create Corporate Synergies*, Harvard Business School Press.

Powell, T. C. and A. Dent-Micallef（1997）Information Technology as Competitive Advantage: The Role of Human, Business, and Technology Resource, *Strategic Management Journal*, Vol.18, No5, 375-405.

Ross, J. W., B. C. Mathis and D. L. Goodhue（1996）, Develop Long-Term Competitiveness through IT Assets, *Sloan Management Review*, Vol.38, No.1, 31-42.

260　第3部　領域別の管理会計

第20章

病院管理会計

1　はじめに

　日本の医療提供体制は，公的な保険で国民を保障する国民皆保険，医療機関を国民自ら選択できるフリーアクセスなど世界に冠たる特長がある。しかし，急速な少子高齢化，医療技術の高度化に伴う医療費の高騰および医師・看護師不足など，医療機関を取り巻く環境は年々厳しさを増している。医療機関はこのような環境の中で，今後も持続可能な医療を提供していくためには，自らが中長期的な改革に取り組む必要がある。本章では，医療機関のうち，主に病院に焦点を当てる。病院は効率性と効果性の双方を実現するために，管理会計手法を積極的に経営に取り入れることで，現場が動き出すための仕組みづくりを行っている。

2　経営環境の変化と病院経営

　近年の病院経営は，人口の高齢化，医療技術の急速な進歩，予防や健康づくりの関心の高まりを受けて，大きな変貌を遂げている。本節では，国民医療費と医療施設の動向，病院経営の現状と課題，管理会計と医療の質という観点から，病院経営を取り巻く環境を概説する。

2.1　国民医療費と医療施設の動向

　日本の国民医療費は増加傾向にある。国民医療費とは医療機関等における保険診療の対象となりうる傷病の治療に要した費用を推計したものを言う。2014年度の国民医療費は40.8兆円，このうち35.6%（14.5兆円）を後期高齢者が占め

第20章　病院管理会計　261

ている。現在，国の医療政策は増加し続ける国民医療費をできるだけ適切に配分するために試行錯誤している。医療政策の基本路線は，医療サービスの質を向上させつつ，効率的に地域へ医療を提供する体制を整備する方向にある。そのため，病院は医療政策から乖離しないように努力をし続けなければならない（木村，2013, p.12）。

　次に，医療施設数の推移をみてみよう（**図表20-1**）。2015年現在，全国には8,480施設の病院がある。病院数は1992年の10,096施設をピークに年々減少傾向にある。ここで，病院とは20床以上の病床を有する施設を言い，診療所は病床を有さないものまたは19床以下の病床を有する施設を言う。

［図表20-1］　開設者別にみた施設数

	施設数		対前年		構成割合（%）	
	平成27年 (2015)	平成26年 (2014)	増減数	増減率 （%）	平成27年 (2015)	平成26年 (2014)
病　　　院	8 480	8 493	△ 13	△ 0.2	100.0	100.0
国	329	329	－	－	3.9	3.9
公的医療機関	1 227	1 231	△ 4	△ 0.3	14.5	14.5
社会保険関係団体	55	57	△ 2	△ 3.5	0.6	0.7
医療法人	5 737	5 721	16	0.3	67.7	67.4
個　人	266	289	△ 23	△ 8.0	3.1	3.4
その他	866	866	－	－	10.2	10.2
一般診療所	100 995	100 461	534	0.5	100.0	100.0
国	541	532	9	1.7	0.5	0.5
公的医療機関	3 583	3 593	△ 10	△ 0.3	3.5	3.6
社会保険関係団体	497	513	△ 16	△ 3.1	0.5	0.5
医療法人	40 220	39 455	765	1.9	39.8	39.3
個　人	43 324	43 863	△ 539	△ 1.2	42.9	43.7
その他	12 830	12 505	325	2.6	12.7	12.4
歯科診療所	68 737	68 592	145	0.2	100.0	100.0
国	5	4	1	25.0	0.0	0.0
公的医療機関	274	273	1	0.4	0.4	0.4
社会保険関係団体	7	7	－	－	0.0	0.0
医療法人	12 880	12 393	487	3.9	18.7	18.1
個　人	55 244	55 588	△ 344	△ 0.6	80.4	81.0
その他	327	327	－	－	0.5	0.5

出典：厚生労働省（2016）。

262　第3部　領域別の管理会計

2.2　病院経営の現状と課題

　病院の収入を決めるものに診療報酬制度がある。診療報酬とは保険診療において，保険者が医療機関に対して支払う医療費である。診療報酬点数は1点が10円と公で定められており，病院は保険診療に関して自身で値決めを行うことができない。診療報酬の価格を決めるのは厚生労働大臣の諮問機関である中央社会保険医療協議会である。

　中央社会保険医療協議会（2015）「第20回医療経済実態調査」によれば，一般病院における1施設当たりの損益差額（医業・介護収益－医業・介護費用）は，△117,784千円の赤字である。また，全国公私病院連盟・日本病院会（2017）「平成28年病院運営実態分析調査の概要」によれば，総損益差額（総収益－総費用）からみた黒字・赤字病院の割合は，回答のあった638病院のうち27.1%（173病院）の病院が黒字，赤字病院の割合は72.9%（465病院）である。

　日本能率協会総合研究所（2016）は2004年度から病院の経営課題等に関する質問票調査を毎年実施している。同調査によれば，「診療報酬改定」「各種コストの高騰」「医師・看護師不足」「機能分化と連携を推進する制度改革」などの外部環境の変化が病院経営に大きな影響を与えている。他方，病院内部の経営課題としては，「職員のモチベーションの向上」「給与体系の整備」「管理職層のマネジメント能力強化」などがあげられている。

2.3　管理会計と医療の質

　病院経営の厳しい実情を診療報酬に反映するためには，エビデンスに基づく経営を通して現場の経済的データを測定・管理して，外部に発信していく必要がある。その手段の1つとして原価計算・管理会計を活用することができる。日本で病院経営がアカデミックな研究対象となったのは戦後のことである。それから大きく遅れることなく原価計算は病院経営と結びつきだした（山元, 1950：染谷, 1956：神馬・神馬, 1964）。病院における原価計算の歴史は，厚生省（当時）が1951年に公表した「病院・診療所原価計算要綱試案」に遡る。その後，試案に一部改定を加えた形で，日本病院協会が1954年に「病院原価計算要綱」を公表した（荒井, 2009, pp.2-3）。

原価計算以外にも，病院に適用されている伝統的な管理会計手法として予算管理（衣笠, 2013）がある。国立大学病院では，全国の国立大学病院間でベンチマークが可能なシステムとして国立大学病院管理会計システム（HOMAS2）が導入されている。HOMAS2は原価計算に係る各種データの比較分析，予算管理を行うことが可能なシステムである。

病院経営の重要なキーワードの1つに，医療の質がある。医療の質の高い医療機関は，レピュテーション（reputation：評判）が高く，患者が安心する医療を提供することができる。病院経営の世界ではこれまで，医療の質を高めるためにQI（quality indicator），TQC（total quality control），TQM（total quality management），医療版MB賞（マルコム・ボルドリッジ賞）などの品質管理に積極的に取り組んできた。

医療の質を科学研究の俎上に上げた第一人者であるDonabedian（1980）によれば，医療の質の評価対象は，①構造の評価，②プロセスの評価，③アウトカムの評価の3つの評価対象から測定して管理される。①構造の評価は，医療の提供者，または提供者が使える道具や資源，その働く組織的な場所の比較的安定した特徴を意味している。言い換えれば，医療を提供するのに必要なヒト，モノ，カネなどの経営資源と言えよう。②プロセスの評価とは，どのような形でサービスが提供されているかと言う診療プロセスを指す。③アウトカムの評価とは，治療によって患者にもたらされた現在とその後の健康の変化を意味する。現代における医療の質には，臨床技術の高さや物理的な豊かさだけではなく，患者の精神面の豊かさまでを含んだQOL（quality of life：生活の質），そして経営の質までを包括した病院の価値そのものであると言えよう。

3　医療の質の向上に資する管理会計手法

近年，医療の質の向上に資する管理会計手法として注目され，病院に導入されているのは，バランスト・スコアカード（balanced scorecard：BSC），アメーバ経営，リーン・マネジメント，ABC（activity-based costing）などである。本節では，前者の3つの導入事例を紹介する（ABCの詳細は第11章を参照）。

264 第3部 領域別の管理会計

3.1 バランスト・スコアカード

BSCは，財務業績はあくまでも結果であり，それに至る患者満足，卓越した業務プロセス，医療従事者の能力といった非財務業績の向上があって初めて財務につながるという因果関係に基づいたマネジメントシステムである（BSCの詳細は第12章を参照）。言い換えれば，良い医療を行った結果として財務につながるという発想である。まさに，医療従事者に最適なマネジメントシステムと言えよう。

(1) 病院におけるBSCの導入目的と課題

日本で病院にBSCが導入されはじめたのは2000年代初頭である。最も早くBSCを導入したのは三重県立病院，聖路加国際病院などがある。日本能率協会総合研究所（2016）によれば，病院経営にBSCを導入する目的は，「戦略の策定・共有・実行のため」（70.7%）が最も多く，「経営の質向上のため」（60.9%），「経営の全体最適の向上のため」（55.4%）が続いている。病院の経営理念・ビジョンに基づいて，経営戦略をいかに実現するかを病院全体で共有するために導入している事例が多くみてとれる。なお，2016年時点でBSCを導入しているのは，回答した病院中21.3%であった。

病院が取り組むBSCの課題は，医師をいかに巻き込むかということがあげられる（関谷，2013）。これまでの導入事例をみると，看護部や特定の事務部門に導入された事例は数多く報告されているが，組織全体の取り組みをしているという事例は数える程度である。すなわち，BSCを組織全体で成功裏に実行していくためには，医師の参加が必要不可欠である。

(2) 医療の質を向上させるBSC

医療の質を向上させるための1つの方策として，病院でもBSCを活用した取り組みが行われている。医療の質の向上とBSCを結びつけた代表的な取り組み方としては，次のような3つのタイプがあげられる（関谷，2013，pp.213-214）。

第1のタイプは，戦略マップを活用して医療の質を戦略目標として扱うタイプである。このタイプをとっている病院としては，たとえば国保旭中央病院（千葉県旭市）がある。同病院では，業務プロセスの視点のところで，戦略目標として，医療の質の向上が掲げられている。

第20章　病院管理会計　265

　第2のタイプは，戦略マップに医療の質の視点を加えたタイプである。このタイプをとっているのは，済生会熊本病院（熊本県熊本市）などがある。同病院では，4つの視点に加えて5つめの視点として「質の視点」を設けている。

　第3のタイプは，医療の質を戦略として扱うために戦略テーマと結びつけるタイプである。戦略テーマとは，戦略を細分化したものを言う。このタイプをとっているのは，厚生連相模原協同病院（神奈川県相模原市），社会医療法人海老名総合病院（神奈川県海老名市）などがある。これらの病院では，ビジョンを実現するために1つの戦略マップとするのではなく，いくつかの戦略テーマごとに戦略マップを策定する。そして，それらの戦略テーマを実現した先に，医療の質の向上があると考えている。すなわち，第3のタイプでは医療の質を戦略そのものとして扱い，BSCと結びつけることで戦略的に病院の価値創造が実現できるタイプである。

　戦略を実行するためには，策定した戦略をすべての職員の日々の業務に落とし込む必要がある。戦略の落とし込みのことをカスケード（cascade）という。医師をはじめ現場の職員の理解を得ながら，病院の戦略をいかにしてカスケードしていくかを考えることがBSC導入のポイントの1つであると言えよう。

3.2　アメーバ経営

　アメーバ経営とは機能ごとに小集団部門別採算制度を活用して，すべての組織構成員が経営に参画するプロセスである（アメーバ経営学術研究会，2010, p.20）。アメーバ経営は京セラ株式会社の創業者である稲盛和夫氏が，「市場に直結した部門別採算制度の確立」「経営者意識を持つ人材の育成」「全員参加経営の実現」を目的に構築された管理会計システムである。日本航空（JAL）が2010年に会社更生法の適用を申請した際，稲盛氏が同社の会長職に就任すると同時にアメーバ経営を導入した。わずか2年間という短期間で再上場できたのもアメーバ経営を実践した成果の1つであると言われている。近年，アメーバ経営は病院にも導入されはじめている。

(1)　部門別採算制度と時間当たり採算

　経営の本質は「売上最大，経費最小」を実現することにある。そのために，アメーバ経営では，会計の知識がない者でも簡単に実践できるように時間当た

266 第3部 領域別の管理会計

り採算と言う評価尺度を用いて部門別に採算計算を行っている。具体的には
「収入（病院の場合は診療報酬）－経費（人件費を除く）＝収益」,「収益÷総時間
＝時間当たり採算」で算出する。時間当たり採算を高めるためには，収入を増
やす，ムダを省いて経費を削減する，業務プロセスを改善して時間を短縮する
という3つの方策がある。部門別採算制度では，経費に人件費を含めないこと
が特徴の1つである。

(2)　院内協力対価システムでチーム医療を実現

　通常，病院の利益センターは診療部である。一方，看護部・医療技術部など
の部門は単体で利益を生み出すことが難しいため原価センターに位置づけられ
る。病院におけるアメーバ経営では，原価センターを利益センターにすること
により，チーム医療を促進させることが可能になるという。それを支える仕組
みが院内協力対価である。院内協力対価によって各部門の活動成果が可視化さ
れる。

　京セラコミュニケーションシステム株式会社が，医療機関向けのアメーバ経
営コンサルティングで初めて「協力対価方式」を採用したのは2006年である。
以来，医療機関へのアメーバ経営導入は，すべての案件で「協力対価方式」を
採用している。2016年9月末での医療機関へのアメーバ経営導入実績数は50施
設となっている（松井，2017，p.298）。

　院内協力対価の流れは次のとおりである（挽，2013）。第1に，診療報酬は保
険医の請求に基づく収益であるとの観点から，すべての診療報酬と患者負担金
が，まず医師の所属する各診療科の収益とされる。第2に，各コメディカル部
門などの採算単位の部門に対して，協力してもらった対価を支払う。これを協
力対価というが，協力対価は診療報酬に基づいて該当する部門間の交渉によっ
て決定される。第3に，診療科は各部門への協力対価を差し引いたものを自身
の収入とする。

　とくなが病院（兵庫県たつの市）は，診療報酬のマイナス改定などの影響等
の危機意識から2006年にアメーバ経営のコンサルティング会社である京セラコ
ミュニケーションシステム株式会社の支援のもとでアメーバ経営を導入した。
導入前の病院組織は，診療部，看護部，事務部門の3部門であったものを，診
療活動に基づき14のチームに細分化して，チーム別の収支管理（部門別管理）

第20章　病院管理会計　267

を行うようになった。院内協力対価の比率配分については，各チームリーダーによる交渉の結果，入院基本料は看護部，投薬や注射関連費用は薬剤科の収入として扱うことにした。同病院ではアメーバ経営を導入したことにより，詳細な部門別採算管理が可能になりチーム医療がより深まった。加えて，医師からは個人の業績に完全に連動した給与・賞与を望む声が上がるようになった（庄司, 2010, pp.72-75）。

3.3　リーン・マネジメント

リーン・マネジメント（lean management）は，1980年代にマサチューセッツ工科大学の国際自動車プログラムにおいて，日本の自動車産業の強さを探る試みのなかでトヨタ自動車のトヨタ生産方式を研究し，それを体系化した概念である。リーン・マネジメントの原点であるトヨタ生産方式の基本思想は，徹底したムダの排除である（櫻井, 2015）。

(1)　リーン・マネジメントとは何か

リーン・マネジメントは製造業において，主にコスト低減の手段として考えられてきた。しかし，1990年中葉になると顧客にとっての価値を起点としたリーン・シンキング，バリュー・ストリーム・マップなどの拡張された概念が提示されたことで，製造業のみならずサービス業にも適用されるようになった。その適用領域の1つに病院がある。

リーン・エンタープライズ・インスティテュート（Lean Enterprise Institute）によれば，リーン・マネジメントは「従来のシステムと比較して，正確な顧客の要望に対し，より欠陥の少ない製品（サービス）を作るために，少ない人的努力，少ない場所，少ない資本，少ない時間で，製品（サービス）の開発，業務，サプライヤー，および顧客との関係を組織し管理するためのビジネス・システムである」と定義される（Chalice, 2007, p.20）。

病院におけるリーン・マネジメントは，米国および北欧を中心に導入されている。主な導入目的は患者待ち時間の短縮，コスト低減といった業務改善だけでなく医療の質の向上に資することにある。病院にリーン・マネジメントを導入することで，医療の現場に携わる者が曖昧さを可視化できるように業務プロセスを設計し，その場しのぎの文化から脱却できるようになる。また，北欧の

268　第3部　領域別の管理会計

導入事例では，経営管理の基礎になる業務プロセスまたは業務の流れの重要性に医療従事者たちが気づいたことが病院にリーン・マネジメントを導入する契機であったと言われている（Spear, 2005：大西，2010, p.231）。

(2)　リーン・マネジメントで患者第一主義を実現

　日本でリーン・マネジメントを導入している数少ない施設の1つに，いでした内科・神経内科クリニック（広島県広島市）がある。同クリニックでは，患者の待ち時間短縮のためにリーン・マネジメント（同クリニックはトヨタ生産方式と呼称）を導入した。1992年に開院した当初の待ち時間は平均90分であった。QCサークル活動にも積極的に挑み，外部発表にも参加したが改善効果は得られなかった。

　同クリニックでは外来の流れに潜むムダを省けば全体として時短効果が向上するという思いのもと，お客さま第一主義に基づく待ち時間短縮の改善テーマとして，「来院・受付から会計・帰院まで60分以内」という具体的な目標を掲げた。トヨタ系の経営コンサルタントの支援を受けてリーン・マネジメントを導入した結果，受付から会計に至る流れのなかで診療部のレイアウトが待ち時間を長引かせる要因の1つになっていることが明らかになった。

　課題の対策として，分散しているカルテを1カ所にまとめる，作業に必要な通路を確保する，不要なものは処分するという基本的な改善を行った。一連の取り組みで外来患者の待ち時間は目標の60分以内を達成し，現在は平均45分となり開院当初の90分に比べて半減した。同クリニックは2007年に「ハイ・サービス日本300選」に輝いた（井手下，2015, pp.14-17）。

　米国ワシントン州シアトルにあるバージニアメイソン病院（Virginia Mason Medical Center）は，病床数336床の私立総合病院である。同病院がリーン・マネジメントを導入した背景には，近隣の病院間との競争が激化したことで赤字経営に陥り，医療従事者のモラルが低下したことがキッカケであった。同病院はまず新たな戦略プランを策定し，全従業員に方向性を与えた。具体的には，2001年に策定された戦略プランは，新たな病院ビジョンとして患者第一主義に焦点を当てた。そのコンセプトは患者をピラミッドの頂点に位置づけ，患者のために病院全体が一丸となって治療などに取り組むという姿勢を表している。

　策定された戦略を実行するために，日々の医療現場を支えるのがトヨタ生産

第20章　病院管理会計　269

方式の考え方を取り入れたリーン・マネジメント（同病院ではVMPSと呼称）が導入された。同病院における取り組みの成功要因としては，第1にトップ・マネジメントのリーダーシップ，第2に改善推進オフィス（KPO）による改善活動の制度化，第3に医師や看護師といった医療専門職の巻き込みがあってはじめて実現された（川上・工藤, 2010, p.70）。

4　まとめ

　本章では，近年，病院に導入されている医療の質の向上に資する管理会計手法について事例を交えて紹介した。まず，病院を取り巻く経営環境の変化では，年々増加する医療費問題，診療報酬の改定，医師・看護師不足，医療従事者のモチベーションの低下といった経営課題が明らかになった。病院内外の諸課題に対応するべく，近年，医療の質の向上に資する管理会計手法が導入されている。本章では戦略の策定と実行に資するBSC，チーム医療を実現するアメーバ経営，患者（顧客）第一主義を作り込むリーン・マネジメントの導入事例を紹介した。これらの事例を参考にして，多くの病院が医師をはじめとする現場の医療従事者を巻き込んで，エビデンスに基づく経営を実現されることを望む。

[参考文献]

アメーバ経営学術研究会編（2010）『アメーバ経営学─理論と実証』KCCSマネジメントコンサルティング。

荒井耕（2009）『病院原価計算─医療制度適応への経営改革』中央経済社。

井手下久登（2015）「待ち時間が半分に減少，功を奏した「トヨタ生産方式」─医療法人社団いでした内科・神経内科クリニック（広島市安佐北区）」『月刊保険診療』70巻2号。

大西淳也（2010）『公的組織の管理会計─効果性重視の公共経営をめざして』同文舘出版。

川上智子・工藤美和（2010）「病院におけるトヨタ生産方式の導入：バージニアメイソン病院」，猶本良夫・水越康介編著『病院組織のマネジメント』中央経済社，2010年。

衣笠陽子（2013）『医療管理会計─医療の質を高める管理会計の構築を目指して』中央経済社。

木村憲洋（2013）「病院経営とは」，木村憲洋・的場匡亮・川上智子編著『1からの病院経営』碩学舎，2013年。

厚生労働省（2016）「平成27年（2015）医療施設（動態）調査・病院報告の概況」。http://www.mhlw.go.jp/toukei/saikin/hw/iryosd/15/（2017年5月20日閲覧）

櫻井通晴（2015）『管理会計〔第六版〕』同文舘出版。

庄司育子（2010）「とくなが病院（兵庫県たつの市）部門別の収支管理徹底で収益を改善：職員のコスト意識が向上し全員参加の経営が実現」『日経ヘルスケア』通巻249号。

神馬新七郎・神馬駿逸（1964）『病院会計』中央経済社。

270 第3部 領域別の管理会計

関谷浩行（2013）「バランスト・スコアカード」，木村憲洋・的場匡亮・川上智子編著『1か
　　らの病院経営』碩学舎，2013年。
全国公私病院連盟・日本病院会（2017）「平成28年病院運営実態分析調査の概要」。https://
　　www.hospital.or.jp/pdf/06_20170306_01.pdf（2017年3月16日閲覧）
染谷恭次郎（1956）「医療報酬の決定方法と医療原価」『企業会計』8（12）。
中央社会保険医療協議会（2015）「第20回医療経済実態調査（医療機関等調査）報告：平成
　　27年実施」。http://www.mhlw.go.jp/bunya/iryouhoken/database/zenpan/jittaityousa/
　　dl/20_houkoku_iryoukikan.pdf（2017年3月4日閲覧）
日本能率協会総合研究所（2016）「【第12回】病院の経営課題等に関する調査結果報告」。
　　http://jmar-im.com/healthcare/news/bsc-report_12nd.pdf（2017年3月4日閲覧）
挽文子（2013）「病院における経営と会計」『會計』183（6）。
松井達朗（2017）「協力対価方式の発案―医療・介護業界，日本航空への導入」，アメーバ経
　　営学術研究会編『アメーバ経営の進化―理論と実践』中央経済社，2017年。
山元昌之（1950）『病院経理の理論と実際』学術書院。
Chalice, Robert（2007）, *Improving Healthcare Using Toyota Lean Production Methods: 46
　　Steps for Improvement, 2nd ed*, American Society for Quality, Quality Press.
Donabedian, Avedis（1980）, *Definition of Quality and Approaches to Its Assessment: Explo-
　　rations in Quality Assessment and Monitoring Vol1*, Health Administration,（東尚宏訳
　　『医療の質の定義と評価方法』NPO法人健康医療評価研究機構，2007年）。
Spear, Steven J.（2005）, "Fixing Health Care from the Inside, Today," *Harvard Business
　　Review*, September,（林宏子訳「トヨタ生産方式で医療ミスは劇的に減らせる」『DIA-
　　MONDハーバード・ビジネス・レビュー』2006年，8月号）。

【謝辞】　本研究は，JSPS科研費 JP16K17210および北海学園大学学術研究（一般）の
　　　　助成を受けたものです。

第21章

銀行管理会計

1 はじめに

　日本はバブル崩壊後，長期デフレ状態に陥っている。政府や金融当局は，デフレ脱却を目指し，強力に金融緩和を推し進めている。とくに，日本銀行は銀行から企業や個人にマネーが一層行き渡るようにマイナス金利政策を導入した。マイナス金利政策とは，民間銀行が日本銀行に預け入れる金利を0％よりも低い水準に設定する政策である。

　民間銀行にとっては，日銀に資金を預け入れると逆に金利を支払う必要が出てくるため，資金を企業への融資や市場の有価証券購入に振り向ける効果が期待される。ただし，顧客が銀行に預ける預金金利がマイナスになるわけではない。しかし，現状では思いどおりに行っていない。貸出（融資）は想定ほどには伸びないうえに，逆に市場の心理へ悪影響を及ぼしてしまい，長期国債金利の低下を招く結果となり保険や年金の運用低下といった副作用さえ起きている。

　企業への融資が増加しないのは，国内外の経済情勢によるマクロの要因だけでなく，銀行側の融資金利設定や顧客収益性測定などのミクロの要因である管理会計にも課題があるからである。そこで本章では，現状の銀行管理会計の課題をまとめ，実際の4つの銀行をケースとして現状の対応方法と今後のあるべき方向性をまとめる。なお，本章の銀行管理会計の対象とするサービスは，伝統的な預金・貸金・ローン・内国為替・外国為替だけでなく，保険・信託・証券などの預り資産サービス，ならびに株式や債券売買による市場取引サービスなどすべてである。

272　第3部　領域別の管理会計

2　銀行管理会計の現状

　銀行管理会計は，IR（investor relations：投資家向け広報）やセグメント会計に適用する部門別管理会計，業績評価や減損会計に適用する店別管理会計，そして金利プライシングや収益性を判断する顧客別収益性管理の主たる3つの収益性管理体系からなる。

　銀行管理会計の構成要素は，①原価計算，②収益計算，③リスク調整，である。とくに，リスク調整を行って銀行の収益性を計算する方法は，他の業種ではあまりみられない銀行管理会計の特徴である。以下では，銀行管理会計の構成要素の現状とその課題について考察する。

2.1　原価計算の現状と課題

　国内のメガバンク，地方銀行，第二地方銀行，そして信用金庫の一部までABC（activity-based costing：活動基準原価計算）が適用されている。銀行ABCの課題については，以下のとおり3点にまとめられる。

　第1に，ほぼすべてが固定費からなるとも言える銀行の費用において，取引量（トランザクション量）に比例して増減する原価に納得感が低い。また，顧客へのサービスの提供であるトランザクションを減少させようとする誤ったインセンティブが働きかねない。

　第2に，最近では銀行業にABCを適用しても費用の削減効果が期待ほど高くないという声もある。ABCは，要素還元型の原価計算である。銀行ABCは，実際に支出された費用を詳細な活動コストに変換し，さらに主に取引量によるコストドライバーによって顧客や商品などの原価計算対象へ実際配賦する仕組みである。そのため，事後に細かく活動に分解され配賦される原価であるものの，将来支出される費用を減じる方向に影響することはほとんどなかった。

　第3に，ABCの運用負荷が極めて大きい。銀行では，1960から70年代頃からIE（industrial engineering）による事務量分析が実施されていたこともあり，標準時間や事務処理件数などが，ABC導入に極めて有用であった。そのおかげで，世界的にみても日本の銀行のほとんどにABCの適用が進んでいると言っても過言ではない。その後，コンビニATMの開始，共同の事務集中センター

の設立，さらにはインターネット・バンキングの普及により，事務量分析自体の運用は年々難しくなってきている。実際のところ，いくつかの銀行では営業店別の定員算定にのみ事務量分析データが利用されている状況にある。

このように，事務量分析の衰退とともに，それを基にした銀行のABCもまたメンテナンスされなくなっていった。とくに，ABCでは担当者（人）の行う事務だけでなく，ATMやインターネット・スマホなどの無人チャネルの投資や経費こそ管理したいところであるが，事務量分析だけではそれら無人チャネルのコストドライバーは取得不可能であった。そのため，企画部署のABC担当者自ら莫大な枚数の伝票を数え，営業推進に関係のないABCの計算目的だけのアンケート報告を求めるしかなかった。そのため，ますます本部や営業店のABCの手間が大きくなっていった。とくに，ABCの運用担当者が人事異動で替わると，ほとんどの銀行でメンテナンス不能な状況に陥りかねない。

2.2 収益計算の現状と課題

一般に，銀行ではFTP[注1]（funds transfer pricing：資金振替価格制度）が適用される。一部の小規模な銀行においては，旧来の本支店勘定利息方式[注2]が適用されているが，1990年代後半から2000年代前半にかけてほとんどの国内の銀行にFTPが適用された。

FTPは，もともとALM[注3]（asset liability management：資産負債総合管理）を高度化させるにあたって，派生的に収益計算に応用されたものである。ALMとは，金利や為替の変動リスクに対して，資産と負債を一元的かつ総合的に管理するリスクマネジメントのことである。金融機関にとっては，ALMによって市場動向に対する損失発生のリスクが適切に予測されるので，最適なポートフォリオ管理が実現できる。

そのため，FTPはALMを精緻に行うため，本部ALM部門と営業店との間で商品・金利適用日・期間などの相当詳細な単位で資金と金利や期間リスクを振り替える仕組みとなる。すなわち，本来はALM目的でのFTPであるために，収益管理目的に対してFTPは，十分に適合できるとは言えない仕組みである。

これまでの銀行では，ALMと収益管理の目的の相違からくる課題を抱えながらも，日本経済が超低金利であったため，大きな問題にならなかった。しか

274　第3部　領域別の管理会計

し，今般のマイナス金利政策は，低金利どころか符号が逆の金利になるもので，銀行では全く想定さえしていなかった。そのため，FTPに関しては，さまざまな課題が浮き彫りになってきている。銀行で認識されるFTPの課題は，現状の預金の振替金利の設定（市場金利方式，インセンティブ金利方式）に対して，以下のとおり2つある。

　第1に，振替金利に市場金利が適用されると，営業店は預金のスプレッド収益がマイナスになる。現状でも，銀行の普通預金は0.001％等超低金利であるが，市場金利であるTIBOR（注4）（Tokyo Interbank Offered Rate）をもとにすればマイナス金利が設定される。そうなると，顧客に対する預金金利＞本部ALM部門へのマイナスの振替金利となり，預金収益はマイナスとなる。

　その結果，銀行業務への影響として，ある地域金融機関の担当者のほとんどが口をそろえて「営業店が預金を集めなくなる」と言う。そうなると，「銀行の資金がショートして融資を行えなくなる」という理屈である。ただし，それは預金金利と市場金利の利ザヤがそのまま営業店の収益とされるいまの銀行収益性管理の方の課題である。

　第2に，振替金利にインセンティブ金利が適用されると，営業店の収益状況と本部の収益状況は逆になる。つまり，本来市場ではマイナス金利であるはずが，プラスのインセンティブ金利が適用されるために，営業店が預金を集めると収益がプラスになる。たとえば，キャンペーンの特別な定期預金を0.4％などで集めた場合，市場金利が－0.1％であった場合，そのままでは－0.5％（＝－0.1％－0.4％）のマイナスの利ザヤとなってしまうため，あえて0.5％などのインセンティブの振替金利が設定されるものである。

　業績評価はホストシステムで計算される収益性データだけで行われるべきではない。収益性データはあくまでも財務上の事実としての業績結果として認識されたうえで，バランスト・スコアカード（balanced scorecard：BSC）のような多面的かつ総合的な業績評価が行われるべきである。それにもかかわらず，財務的な視点である収益性データそのものにインセンティブを付加して架空の利益計上をする方法では，そもそもの前提となる財務上の事実としての業績評価が変更されるということになりかねない。

2.3 リスク調整方法の現状と課題

銀行管理会計では，信用リスク相当のコストを原価と同じように収益から差し引いて利益を測定する方法が一般的である。この収益性測定の方法には，①リスクプレミアム法と，②貸倒引当金繰入額の原価算入法の2つがある。

(1) リスクプレミアム法

リスクプレミアム法は，ファイナンスのリスク・リターンの考え方に基づく（石川他，2002）。同一条件の融資（金額，金利，返済頻度や融資期間）であっても，顧客の信用リスク量に対比させて利益を測定しパフォーマンスを評価する考え方である。

たとえば，回収率や保全率を無視して，信用リスクプレミアムが0％のA企業と30％のB企業があったとする。この場合の信用リスクプレミアムは期待損失率のことであるが，簡単に言えば倒産確率と考えてもよい。A企業が倒産する確率は0％，つまり絶対につぶれない企業とみなしているわけである。これら2社に，同一条件の融資（1億円，期間3年間，金利1％，年1回均等返済）を実行しているとする。原価も同一（60万円）とする。信用コストとは期待損失のことで，融資残高にたとえば倒産確率などの信用リスクプレミアムを乗じて計算される。すなわち，信用コストは式(1)のとおりとなる。

　　　　信用コスト＝融資残高×信用リスクプレミアム（％）　　　　　　　式(1)

それぞれの企業のリスク調整後の利益は，**図表21-1**のとおりとなる。**図表21-1**によれば，原価控除後の利益では両社とも変わらないが，リスク調整後利益では，信用リスクの少ないA社の方が利益は高く測定される。

[図表21-1]　リスクプレミアム法によるリスク調整後利益比較

	A社		B社	
	当年度	次年度	当年度	次年度
収益額	100万円	100万円	100万円	100万円
原価	60万円	60万円	60万円	60万円
信用コスト	0円	0円	30万円	30万円
リスク調整後利益	40万円	40万円	10万円	10万円

出典：筆者作成。

276　第3部　領域別の管理会計

　以上のようなリスクを勘案して収益性分析する方法はRAPM（risk－adjusted performance measurement：リスク調整後収益性測定）と呼ばれる。ただし，期間損益から信用コストをさらに差し引く方法は，次のとおり現在価値を求めているとする考え方がある。C_jはj期の融資残高として，C_0はいまの融資残高，C_1は1年後の融資残高とする。rを信用リスクプレミアム（％）として，1年後の融資残高を現在価値に割り引くと式(2)のとおりである。信用リスクプレミアムは1よりも相当に小さいので，変形すると式(3)のとおりとなる。

$$C_0=C_1 ／（1＋r）\qquad\qquad\qquad 式(2)$$
$$=C_1（1－r）／（（1＋r）（1－r））$$
$$=C_1（1－r）／（1－r^2）\qquad :1≫r^2≒0$$
$$=C_1（1－r）$$
$$=C_1－C_1＊r\qquad\qquad\qquad 式(3)$$

　したがって，本来のリスクプレミアム法は全期間の信用リスクプレミアムが割り引かれてリスク調整される方法（式(1)）であるが，1期間のみの割引計算として信用コストを差し引く方法（式(3)）に簡略化されていることがわかる。

(2)　貸倒引当金繰入額の原価算入法

　決算時に算定される貸倒引当金繰入額と貸倒償却額を当期の費用として原価項目に算入する方法である。これはまさに，財務会計の考え方に基づく方法であり，完全に決算と一致させるリスク調整方法である。

　貸倒引当金戻入額となる場合もあり，それは全体の決算と同様に店別や顧客別にも収益面でプラスに反映されることになる。一方，上述のリスクプレミアム法では，式(1)にあるとおり信用リスクプレミアムは収益にプラスになることはない。戻しが発生するのは，信用リスクを多く負担しなくてもよくなったので貸倒引当金を積み増す必要がなくなったということと，もう1つは営業店が努力して破たん先などからなんとか回収ができた場合である。

　したがって，この貸倒引当金繰入額の原価算入法は，融資担当者の活動と整合的であることから現場の納得感は高い。さらに，経営者にとっても全行決算と整合した形で，個々の顧客の利益による経営分析や戦略の策定が可能になる。さらに対外的にもIRの顧客セグメント別の業況説明においても全行決算と整合性の高い報告が可能になる。

第21章　銀行管理会計　277

　貸倒引当金繰入額の原価算入法によるリスク調整後利益の計算は，次の**図表21-2**のとおりである。**図表21-2**の前提は**図表21-1**と同様であるが，リスク調整が信用コストではなく，顧客ごとの貸倒引当金繰入（戻入）額により行われる。**図表21-2**では，B社では当年度に個別貸倒引当金が60万円発生した簡便な例題としている。次年度には，B社に個別貸倒引当金は積み増す必要はない。次年度ではすでにB社の貸倒引当金は期日まで積まれているので貸倒引当金繰入額は0となり，B社のリスク調整後の利益はA社と同様になる。融資担当者サイドからみれば，銀行決算では当期にすべてのB社の貸倒引当金が積まれて当期の損失は大きくなるが，次年度以降ではB社のリスクがすべて処理済みであり，新たな目線で前向きにB社の事業を判断することが可能になる。

[図表21-2]　貸倒引当金繰入額の原価算入法によるリスク調整後利益比較

	A社		B社	
	当年度	次年度	当年度	次年度
収益額	100万円	100万円	100万円	100万円
原価	60万円	60万円	60万円	60万円
貸倒引当金繰入（戻入）額	0円	0円	60万円	0万円
リスク調整後利益	40万円	40万円	△20万円	40万円

出典：筆者作成。

　このように，貸倒引当金繰入額の原価算入法は決算と一致しているうえ，次年度以降，常に前向きに顧客を評価していくことが可能になる。最近では，信用リスクが相当に減少しており，2016年3月期の各銀行決算をみてわかるとおり，ほとんどの銀行で貸倒引当金が戻ってきている。すなわち，信用リスクの減少分が利益にプラスに働いている。一方，リスクプレミアム法では，必ず信用リスクは利益に対してマイナスであり，かつすべてを処理するといった考え方ではないので毎期発生する。そのために，いまの段階では，現場の融資担当者はリスクプレミアム法よりも貸倒引当金繰入額の原価算入法の方が納得感は高い。

　以上のとおり，収益計算，原価計算，信用コストのそれぞれの現状と課題を分析した。次に，今後の方向性を実際の銀行のケースをもとにしてまとめてみ

278　第3部　領域別の管理会計

たい。

3　ケースによる研究

　4つの銀行をリサーチ・サイトとして，各銀行の経営企画部署への収益性分析に関するインタビューにより，上述の銀行管理会計の課題への対応状況についてヒアリングした。時間的制約や銀行側の守秘義務などにより銀行数は限られるが，地域の異なる銀行間で共通の方向性が認められるのか，それとも対立する見解があるのかなどの実際のケースによる研究は，管理会計研究や銀行経営実務へ十分貢献するものと判断できる。

3.1　リサーチ・サイト

　各銀行とも国内の銀行であるが，内部の経営情報にかかわるので，銀行名称など特定可能な情報については伏せる。
- A銀行（主要行）
  インタビュー対象：執行役員，財務部長，経営企画室室長，および担当者。
  頻度：6カ月間に1, 2回（0.5時間/回）の頻度。計7回実施。
- B銀行（大手地方銀行）
  インタビュー対象：経営企画部部長・副部長，担当者。
  頻度：1カ月に1, 2回（0.5時間/回）の頻度。計21回実施。
- C銀行（中堅地方銀行）
  インタビュー対象：総合企画部収益管理室（室長および担当者2名）。
  頻度：1カ月に1, 2回（0.5時間/回）の頻度。計9回実施。
- D銀行（中小地方銀行）
  インタビュー対象：総合企画部部長，次長，担当者。
  頻度：1カ月に1, 2回（0.5時間/回）の頻度。計17回実施。

3.2　インタビュー結果

　各銀行の管理会計構築・運営部署へリサーチを行って，収益計算，原価計算，ならびにリスク調整方法の3つの観点で銀行管理会計の課題への対応状況についてまとめた。

(1) A 銀 行

　主要行であるA銀行では，2000年代初頭からABCが適用されてきた。当初は，部門別，営業店別，顧客別などあらゆる管理目的にABCを適用するための大きなシステム投資が行われた。ただし，現状では顧客別原価計算にのみABCが適用されている状況である。すなわち，A銀行では，当初は部門別や営業店別にもABCを適用しようとしたが，本番稼働直前に顧客別原価計算にのみABCを限定的に適用することが決定された。

　それ以来十数年間，顧客別原価計算にのみABCが適用されてきたが，現状では，これまでのABCの課題が解決可能な原価計算への見直しが行われている。営業担当者によれば，もともと銀行の顧客別原価計算にABCが適用されると，顧客との取引が縮小される危険性が指摘されていたという。しかし，ABCが導入された2000年代当時は不良債権処理が最優先課題であり，顧客の選択が求められていたため，その判断のための顧客別収益性管理に対してABCが適合すると考えられていた。

　現状のA銀行では，すでに不良債権問題も解決しており，より積極的に顧客との取引を拡大することが求められている。そのためには，顧客との関係性を高める必要があるが，ABCでは取引関係が逆に縮小する危険性があるとのことであった。

　また，2000年代初頭にFTPが導入済みであった。以来，おもに営業店別の業績評価目的と，ALM目的の両方でFTPが適用されてきた。A銀行では，業績評価とALMの両方の目的に対して単一の振替金利では不可能であり，それぞれの目的に最適な振替金利を適用する方法で現状のFTPの課題を克服していた。

　最後に，A銀行のリスク調整の方法は，現状では貸倒引当金繰入額の原価算入法による営業店別の業績評価方法に変更済みであった。従来は，他行同様に原則的にはリスクプレミアム法が適用され，一部のみ貸倒引当金繰入額の原価算入法が適用されてきた。その後，貸倒引当金繰入額の原価算入法の方が，経営企画部内だけでなく営業店の支店長や担当者にも納得感が高くなってきたとのことである。その結果，銀行グループ全体の業績評価にも貸倒引当金繰入額の原価算入法の適用が決定した。

280　第3部　領域別の管理会計

(2) B 銀 行

　大手地方銀行のB銀行では，ちょうどシステム更改時期が近くなってきたので，まさに管理会計のシステムについても再構築されているところであった。とくに，原価計算と収益計算については，大きく見直しが行われていた。

　まず，原価計算では十数年運用してきたABCが発展的に改修されてRBC（relationship-based costing：関係性基準原価計算）（谷守，2015）が適用されている。RBCは関係性ドライバーにより原価計算対象にとって必要な資産を確保する「資産活用アプローチの原価計算」（谷守，2017b）を基礎にしている。ABCのコストドライバーでは主に取引量が適用されるのに対して，RBCは契約の状況，信用度合，取引期間などの関係性情報がコストドライバーとされる。たとえば，ABCでは取引量が増えるほど，原価がリニアに高くなるのに対して，RBCは契約の範囲内であれば取引量と原価は無関係とすることができる。

　次に，収益計算ではFTPによる営業店別収益が財務会計と一致するようにしたことである。従来からFTPが導入されていたものの，財務会計とは一致しないとの前提で，営業店別の収益計算が行われていた。日本の地域銀行では，市場からの資金の調達よりも，顧客の預金による調達がほとんどである。B銀行でも資金は市場金利で調達しているというよりも，預金利息を支払って資金調達していると考えることの方が強かった。そのため，市場金利で資金調達コストを仕切る方式であるFTPでは長く運用されていたとしても，納得感は高まらなかったという。

　そこで，営業店の収益計算ではALM損益を仕切る方式をやめて，実際の財務会計上の損益（＝融資利息－預金利息）で把握することに変更した。そのおかげで，これまでのFTPによる営業店別の収益計算では不可能であった営業店の統廃合を判断するための損益分岐点分析が可能になったとのことである。

　リスク調整方法では，A銀行同様にリスクプレミアム法と貸倒引当金繰入額の原価算入法を並行運用中である。営業店別の業績評価の観点では，貸倒引当金繰入額の原価算入法による損益が適用されている。B銀行の経営企画部担当者によれば，このまま信用コストと貸倒引当金繰入額の差が縮まないようであれば，財務会計と一致する貸倒引当金繰入額の原価算入法による損益の評価ウェイトをあげる予定であるという。

(3) C銀行

　中堅銀行であるC銀行の原価計算は，B銀行の状況と全く同様であった。ABCを10年以上適用してきたが，最近では十分な効果が得られないので，RBCに発展的に改良すべく変更中であった。

　収益計算では，FTPが導入されたばかりであったが，市場金利のみでスプレッド損益が計算されている。そのため，2016年2月のマイナス金利導入以来，営業店業績評価目的とALM目的の両方に適合する振替金利が存在しないといった課題が明らかになっている。今後の対応としてA銀行同様にそれぞれの目的に適合する振替金利を設定するか，B銀行のようにALM目的にのみFTPを適用し，営業店業績評価目的では財務会計と一致させる方式にすることを決定している。

　C銀行のリスク調整方式は，リスクプレミアム法による損益計算が適用されているのみであった。ただし，次年度より貸倒引当金繰入額の原価算入法も並行的に運用し，比較し評価していく予定とのことである。

(4) D銀行

　第二地方銀行であるD銀行では，B銀行やC銀行と同じくABCを長く適用してきた銀行であったが，ABCシステム更改の時期にあたり，ABCを発展的に改修し，RBCなどの別の原価計算導入を計画中である。

　また，D銀行では業績評価目的の収益計算に特徴があった。ALM目的では，他の銀行と同じようにFTPが適用されているのに対して，業績評価目的ではFTPではなく，旧来の本支店勘定利息方式に戻されていた。FTP導入当初は営業店業績評価にも適用したが，ALM目的にのみFTPが適用されなくなったとのことであった。

　その理由を尋ねたところ，現場である営業店の支店長や担当者の納得感が得られなかったからとのことであった。それは単にやり方を戻すとか，変えない方がよいといった慣れの問題だけではなく，現場での管理可能性，責任と成果の明確化，またはモチベーションの維持向上に基づく判断であるとのことであった。すなわち，営業店業績評価はあくまでも行内の評価分析の観点の計数管理であって，精緻さよりもわかりやすさ，結果よりも将来性やアクションへの変換容易性などの方が重要との考えからであった。

282　第3部　領域別の管理会計

　最後に，D銀行のリスク調整方法については，B銀行と同じくリスクプレミアム法と貸倒引当金繰入額の原価算入法を並行運用中であった。

　以上のとおり，リサーチ・サイトとした4つの銀行のインタビュー結果のサマリーを**図表21-3**にまとめた。

[図表21-3]　インタビュー結果

	収益計算	原価計算	リスク調整
A銀行	市場金利のFTPを収益計算に適用し，業績評価目的ではインセンティブ金利方式を維持する2本立て方式。	ABCを見直し，別の原価計算方法へ変更予定。	貸倒引当金繰入額の原価算入法に一本化済。
B銀行	ALM目的にはFTPを適用するも，営業店業績評価では財務会計と一致する収益計算に変更。	ABCを発展的に見直して，RBCを適用。	リスクプレミアム方式と貸倒引当金繰入額の原価算入法を並行運用中。
C銀行	ALM目的と営業店業績管理目的とも，市場金利のFTPを適用。最近のマイナス金利政策に対して課題が露呈。	ABCを発展的に見直して，RBCを構築中。	リスクプレミアム方式を適用。貸倒引当金繰入額の原価算入法の並行運用による比較・評価の予定。
D銀行	ALM目的では市場金利によるFTPが適用されるも，営業店業績評価では本支店勘定利息方式に変更。	ABCを発展的に見直して，RBCなどの別の原価計算導入を計画中。	リスクプレミアム方式と貸倒引当金繰入額の原価算入法を並行運用中。

出典：筆者作成。

4　銀行管理会計の方向性

　4つの銀行のケースからわかった事実をもとに，考察できる銀行管理会計の方向性は，次のとおり3点にまとめることができよう。

　第1に，FTPは現在のマイナス金利に十分対応できていない。実はマイナス金利政策前の超低金利誘導においても，FTPは十分に機能していなかった。4つの銀行すべてがFTPに限界があると述べている。一部の銀行では，FTP適用前の本支店勘定利息方式に戻していることから，ALMと収益計算の目的は明確に区分される方向であることがわかる。営業店業績評価にはFTPによ

る収益計算である必然性はないことと，財務会計や従来の本支店勘定利息方式での収益性計算でも目的適合性の観点から問題なしと判断する銀行もあるのは興味深い。

第2に，原価計算の方向性は少なくともABCは発展的な改修も含めた見直しの方向にあると言えよう。とくに，C銀行とD銀行は数年間ABCを運用するも早々に見直しを決定した銀行であったが，A銀行とB銀行では十数年以上もの間，ABCが適用されてきた。その両行が「ABCを見直したい」もしくは「ABCを見直し作業中」と回答したことは，今後の銀行業界におけるABC適用の状況は相当に変化することが予想される。

第3にリスク調整方法であるが，貸倒引当金繰入額の原価算入法を中心とする方向が読み取れる。しかし，リスクプレミアム法との並行稼働も現実的であり，銀行自身もまだ迷っていることが読み取れる。それは，もともと国内決算においては貸倒引当金が適用され，海外からの重要な金融規制であるBasel規制[注5]ではリスクプレミアム法が適用されており，それぞれ別々の仕組みがいまでも必要になっていることから，簡単には一方に決められないということであろう。ただし，今後IFRS（International Financial Reporting Standards：国際財務報告基準）の適用が一層進むのであれば，リスクプレミアム法へと切り替わる可能性もある。なぜなら，IFRSの金融商品会計ではすでにリスクプレミアムを考慮した公正価値（fair value）評価が適用されているからである。

5　まとめ

実際の銀行へのインタビューを通じて研究を行うことによって，銀行管理会計の今後の方向性は以下の3点のとおり結論づけられる。

第1に，現在のマイナス金利政策の下では，銀行管理会計の収益計算においてFTPの有用性が揺らいでいる。

第2に，原価計算ではABCが発展的改修も含めた見直しの方向にあり，Post-ABCの適用を検討もしくは構築している銀行があることがわかった。

第3に，リスク調整方式では当面は貸倒引当金繰入額の原価算入法が主体になっていくものと思われる。ただし，IFRS適用の状況によってはリスクプレミアム法の適用を行う必要がある。

284　第3部　領域別の管理会計

　以上のとおり，銀行管理会計は市場や経済状況に合わせて，実務的な観点から課題に対応されていることがわかった。今後は，FinTech（financeとtechnologyの融合を意味する銀行業界の造語）によって銀行業務は大きく変化することが予想されるが，銀行管理会計は過去の実績測定と分析だけでは十分に対応できなくなるだろう。IoTやAIなどの新しい技術を取り込んで，将来の不確実性が極小化されたフォワード・ルッキングな銀行管理会計になることが期待される。

[注]

注1　FTPとは，管理会計手法の1つである振替価格制度を金融商品に適用したものである。営業店で集めた預金を振替金利（市場金利や行内のインセンティブ金利）によって本部へ全額を振り替える方式である。融資については，本部から営業店へ融資用の資金を振替金利により振り替える仕組みとなる。

注2　本支店勘定利息方式とは，銀行内の本店と各支店との間で資金を移動（融通）させる方式のことをいう。本店と支店との間には資金の貸し借りが発生するので，銀行の場合には本支店勘定に利息が付けられる。この利息のことを本支店勘定利息という。本支店勘定利息の計算方法には総額法と差額法がある。

注3　ALMとは，金利や為替の変動リスクに対して，資産と負債を一元的かつ総合的に管理するリスクマネジメントのことである。金融機関にとっては，市場動向に対する損失発生のリスクが適切に予測されるので，最適なポートフォリオ管理が実現しうる。

注4　TIBORとは，東京の銀行間取引金利のことである。一般的には指定された複数の有力銀行（リファレンスバンク）から報告された金利を，全国銀行協会が毎営業日ごとに集計し発表している。

注5　バーゼル規制とは，バーゼル銀行監督委員会が公表している国際的に活動する銀行の自己資本比率（＝自己資本÷保有資産等のリスクの大きさ）や流動性比率等に関する国際統一基準のことである。国内外の多くの国における銀行規制として採用されている。

[参考文献]

石川達也・山井康浩・家田明（2002）「金融機関のリスク資本に関する考察」『金融研究（2002/9）』日本銀行金融研究所。

谷守正行（2015）「関係性をもとにした顧客別原価計算研究：銀行リテール・ビジネスにおける顧客別ABCの課題への対応」『原価計算研究』Vol.39, No.2,pp.1-12。

谷守正行（2017a）「銀行の顧客別管理会計の現状と今後：事例研究に基づく考察」『会計学研究』Vol.43,pp.53-73。

谷守正行（2017b）「資産活用アプローチの原価計算：資産活用型ビジネスからの知見とモデル化」『原価計算研究』Vol.41,No.2,pp.98-110。

（付記）　本章は，谷守（2017a）の調査結果をもとに加筆・修正したものである。

第22章

行政管理会計

1 はじめに

　近年の公的組織では，事前合理的な意思決定に基づく計画や予算を着実に実行すればよいという従来型のマネジメント・サイクルから，環境変化を前提として戦略的な改善努力を継続し，ミッションにつながる成果を高めるという成果志向のマネジメント・サイクルが重視されるようになってきた。そして，1990年代以降，ABC（activity-based costing）やバランスト・スコアカード（balanced scorecard：BSC）といった管理会計技法が公的組織へも導入されるようになった。これらの管理会計技法は，以前から公的組織にあった計画，予算，業績測定に関する技法ともさまざまな形で組み合わされている。本章では，公的組織での基本的な業績概念を整理した後で，公的組織の管理会計技法を戦略レベルと業務レベルに分けて説明していく。

2 基本的な業績概念

　公的組織では，ミッションをよりよく実現していくための業績管理が求められる。ミッションを実現するためには，活動のアウトカム（成果）を高めていかなければならない。活動はインプットからアウトプットを生み出す（**図表22－1**）。以下では，これらの基本的な業績概念について説明する。

2.1 アウトプットとアウトカム

　アウトプットとは，提供されたサービスの量であり，これを測定する指標がアウトプット指標である。たとえば，道路補修では補修された道路の距離，職

[図表22-1] 行政サービスの提供プロセスと業績カテゴリ

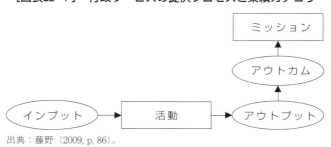

出典：藤野（2009, p. 86）。

業訓練では提供された講座数などがアウトプット指標になる。

アウトカムとはサービスが担っているミッション（使命）や目標がどれだけ達成されたかを表す。これを測定する指標がアウトカム指標である。上の例で言えば，道路補修では，アウトカムとして車での通過時間の短縮を目標としている場合，短縮された車での通過時間がアウトカム指標になる。同様に，職業訓練において多くの人にスキルを身につけてもらうことを目標としているのであれば，その講座の修了者数がアウトカム指標になる。

アウトカムはさらに中間的なアウトカムと最終的なアウトカムに分けられる。先の例で，車の通過時間の短縮や講座でのスキル習得などを中間的なアウトカムとすれば，最終的なアウトカムはその道路沿線地域の経済成長や講座修了者の再就職であろう。

2.2 効率性と有効性

活動の成果であるアウトプットとアウトカムに対して，活動のために使用される資源を表すのがインプットである。インプットは物量指標や財務指標によって測定される。物量指標には，たとえば，ある業務に対して職員が投入した時間数を示す事務量がある[注1]。財務指標は，投入された資源量を金額で表したコストである。コストは，人的な資源だけでなく消耗品，備品，設備，エネルギーなどの物的な資源を同一の尺度（金額）で表すことができる。

このインプットに対するアウトプットの割合として効率性，インプットに対するアウトカムの割合として有効性を測定することができる。たとえば，職業

第22章　行政管理会計　287

訓練プログラムにおいて，提供された講座数（アウトプット）が12，その講座の企画・運営に投入された事務量が120人日であったとすると，このプログラムの効率性は0.1講座／人日と示される。講座数の代わりに講座の修了者数（アウトカム）を使えば，同様の計算で有効性を示すことができる。

また，同じ講座数に対して事務量を100人日に節約できれば，効率性は0.12講座／人日に上昇したと言える。ただし，このように割合で示さなくても，アウトプットやアウトカムを所与とすれば，事務量やコストの減少だけをもって効率性や有効性の上昇を表すこともできる。

3　戦略レベルの業績管理

3.1　ロジック・モデル

ロジック・モデルとは，プログラム（および，そのなかで行われる活動）によってもたらされるアウトプット，中間アウトカム，最終アウトカムを示すことによって，どのような活動がどのような結果につながるかについての仮説を明らかにしようとするものである（Hatry, 1999）。たとえば，警察による地域住民への安全講習という活動を考えよう。この安全講習への「地域住民の参加」が第一段階の中間的なアウトカムである。また，この安全講習に参加することで，地域住民が警察に犯罪情報を提供するようになる。これが第二段階の中間的アウトカムである。さらに，その犯罪情報によって犯人の逮捕につながり，それは次第に犯罪を減少させる。犯罪が減少した結果，「地域住民がより安全になったと感じること」という最終アウトカムが高まる。この一連の因果関係仮説は，**図表22-2**のようなロジック・モデルとして描くことができる。各段階のアウトカムには，当該アウトカムを測定する業績指標を設定することができる。**図表22-2**では，ボックスのなかにアウトカム，その上下に業績指標を示している。

公的組織では，ミッションの実現に向けた計画のなかで，アウトカムに関係する業績指標の設定を求められることが多い。ロジック・モデルは，そうした計画において個々の業績指標がどのようにミッションの実現につながるのか，その論理を明らかにするのみならず，アウトカム指標を設定するポイントを判

[図表22-2] ロジック・モデル

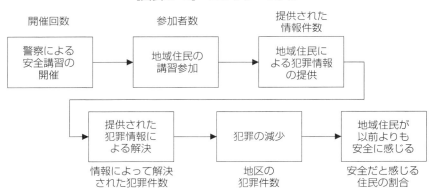

出典:Hatry(1999)。

断するうえでも有用である。

しかし,ロジック・モデルでは,アウトカム指標にどのような目標値を設定し,それをどのように達成していくか(どれだけのインプットによってどのように活動を進めていくか)というマネジメントのための情報が弱いことも多い(大西・日置,2016)[注2]。アウトカム指標の選定・設定を論理的に説明できるというロジック・モデルの利点を生かすためには,アウトカムを高める(アウトカム目標を達成する)公的組織の活動を可視化していく必要がある。そのためには,以下で述べる技法と関連づけていく必要もあろう。

3.2 業績予算

業績予算は,提供された資金(予算額)を利用して,どのようなアウトプットやアウトカムの目標を達成しようとするのか,その目標はどれだけ達成されたのか,に関する情報を示した予算であると定義される(Schick, 2003)。企業予算に「営業利益〇〇円」や「ROE〇〇%」という目標があるように,公的組織の予算においても,たとえば,「プライマリー・バランスの達成」や「国債発行額〇〇兆円以下」といった目標がありうる。しかし,企業予算と違うのは,そうした目標が,活動ごとの目標にカスケードされない,あるいは活動ごとの積み上げにならない点である。

第22章　行政管理会計　289

　そこで業績予算では，個々の活動について把握される業績指標（アウトプットやアウトカム）と関連づけることで，公的組織の予算に個々の活動とのリンクを組み込むことができる（藤野，2009）。なお，公的組織の予算は，財政民主主義のもとで支出の上限や区分を設定し，法的に行政府を統制するものである。業績予算では統制のための区分を活動別の区分に組み替える必要がある。

　活動別に区分された予算は，その活動に設定される業績指標と関連づけることができる。予算編成にあたって，業績指標の目標値を予算と関連づけることによって，その目標値の正当性を高めたり，目標達成へのコミットメントを強めたりすることができる。また，予算執行のなかで，業績指標の目標値の達成状況を実績値によってモニタリングしていくことができる。これにより，公的組織の管理者には，意思決定にあたり業績に与える影響を勘案するようになることが期待される。また，インプットとアウトプットやアウトカムの因果関係仮説を検証して，よりよい因果関係を探索する学習にも有益である。

　しかし，業績予算には，アウトカム指標の実績値が低い（高い）ときに，機械的に予算額を増額（減額）するという関係を組み込むべきではない。なぜなら，目標値の恣意的な引き下げや実績値を高めやすい業績指標の選択など，業績情報にバイアスがかかる可能性があるからである。業績予算は，業績情報を利用するインセンティブの付与を主眼とするものであって，予算の増減とは緩やかに関係させるような工夫が必要である。

3.3　BSC

　BSCは2000年前後からさまざまな公的組織で利用されてきた。第12章で述べたように，BSCはミッションを実現するための戦略目標を，財務，顧客，内部プロセス，学習と成長という4つの視点に体系づけるものである。しかし，公的組織では，この4つの視点に少なくとも2つの変更を加えることが多い（Kaplan and Norton, 2001）。第1に，民間企業のBSCは財務の視点を最上位に置く構造をもっているが，公的組織では顧客の視点を最上位に置く構造に変わることが多い。第2に，公的組織には，公的サービスの受け手になる市民と，その公的サービスに資金を提供する納税者および納税者から選ばれた議会が別々の利害関係者になる。そこで，顧客の視点がサービス受容者と資金提供者の2つ

290 第3部 領域別の管理会計

の視点に分けられることがある。

このように4つの視点の構造は変わるが，戦略マップで戦略目標間を因果関係で関連づけること，戦略テーマを設定すること，戦略目標を達成するためのスコアカード（指標，目標値，実施項目）を利用することといったBSCのフレームワーク（第12章参照）は，公的組織にも同様に適用することができる。公的組織でも，BSCによって，下位組織やその管理者たちをミッションの実現に向けて方向づけることができる。

戦略マップにおける戦略目標間の因果関係仮説は，ロジック・モデルとよく似ている。しかし，ロジック・モデルには4つの視点のような構造は用意されていない。BSCでは，戦略テーマが異なっていても，4つの視点は共通であり，これにより異なる戦略テーマがどのように関係するのかが理解しやすくなる。

BSCでは，戦略目標の達成を測定する業績指標と目標値が設定され，その目標値をどのように達成していくかという実施項目が明らかにされる。実施項目は，現場レベルでどのように戦略目標を達成するのかを明らかにする。これらの情報提供は，ロジック・モデルでは弱かった点である。

3.4　米国商務省経済開発局のケース

米国連邦政府では，GPRA（Government Performance and Results Act：政府業績成果法）に基づいて，各省庁は5年間の長期計画として「戦略計画（strategic plan）」を作成する。そこでは，まず各省庁の包括的なミッションが表明され，それをもとにアウトカム関連の業績目標（「戦略目標」と呼ばれる）が設定される[注3]。たとえば，商務省（Department of Commerce）の戦略計画では，ミッションのもとに3つの戦略目標が設定されている。それぞれの戦略目標は，「目的」と呼ばれる中間的なアウトカムに分解される。目的は内務省の組織単位である各局に割り当てられ，そこで複数の業績指標が設定される。

米国連邦政府の業績予算では，2002年から2008年にかけて，各省庁が予算編成にあたり，業績管理が適切に行われているかどうかを評価する共通フォームを作成し，大統領府予算局（Office of Management and Budget：OMB）に提出することとされていた[注4]。商務省では，経済開発局（Economic Development Administration：EDA）を1つの施策とみなし，①その施策の目的とデザイン，

②戦略計画の設定，③施策のマネジメント，④施策の結果とアカウンタビリティという4分野にわたる25の項目が評価された。個々の項目への回答は点数化され，ウエイトを加味して全体の総合評価となる。総合評価は点数に応じて，「効果的である」，「やや効果的である」，「ふつう」，「効果的でない」という4段階からなる。EDAは①80，②100，③90，④67で，総合評価は「やや効果的である」であった^(注5)。

大統領府予算局では，この評価結果を予算査定とは切り離していた。各省庁では評価結果とともに，業績管理に関する改善計画を提出することとされており，業績予算の目的は予算査定よりも業績管理の改善にあったことがわかる。たとえば，EDAでは，業績指標の目標値について予測モデルを洗練させることを改善計画で表明していた。

EDAでは，2001年の新局長の任命にあわせてBSCが導入された。上述の商務省の戦略計画では，EDAについて9つの業績指標を設定していたが，EDAではこの戦略計画をGPRAに基づいた外部報告と位置づけていた。EDAでは，組織内部の業績管理のためにはより詳細な業績指標が必要と考えていた。また，GPRAや業績予算で求められる報告も年1回だけであり，より適時のフィードバックが必要と考えていた。EDAでは本庁以外の各支局の管理者をミッションの実現に方向づけていく必要もあった。

EDAでは，本庁のBSCと各支局のBSCが作成され実行された。最上位に利害関係者（ホワイトハウス，議会，商務省など）の視点が置かれ，その下に顧客（各地の投資パートナーなど）の視点と財務の視点が配置された。本庁のBSCと各支局のBSCは，ほとんどの業績指標が共通であるが，各支局のBSCでは本庁も利害関係者の1つとしている。業績指標の数は30近くあった。

BSCの業績指標のなかには，戦略計画の業績指標も含まれていた。戦略計画は外部報告されるため，そこにある業績指標では目標値の設定がどうしても保守的にならざるをえないという。BSCでは，同じ業績指標であってもより挑戦的な目標値を設定するとともに，四半期ごとにフィードバックを得ることで，目標に向かう活動を改善していくことができる。

4 業務レベルの業績管理

4.1 ABC／ABM

　第11章で述べたように，ABCは，1980年代後半に，正確な製品原価を計算する新しい原価計算システムとして提唱された。その後，1990年代に入ると，ABCはABM（activity-based management）へと展開し，業務の効率と効果を高める原価管理のツールとして活用されるようになった。正確な製品原価算定を志向するABCとは異なり，ABMは活動の管理に焦点を当てる。活動の管理では，活動分析やコストドライバー分析を利用することによって，顧客に価値を提供しない非付加価値活動を識別し，業務の効率と効果を高めていく。さらに，そうした業務を組織に定着させるため，BSCなどの業績測定システムに組み込むのも有用である。

　このようなABCからABMへの展開のなかで，その適用領域が民間企業から公的組織へと拡大してきた。その背景には，財政危機に直面した公的組織に対して，市民や議会から行政サービスにコストがかかりすぎているのではないかという批判が強まったことがある。

　ABMは，米国をはじめ世界各国の公的組織に導入された[注6]。わが国でも千葉県市川市，柏市，三重県四日市市などの地方自治体への導入事例が比較的早くから知られていた。その後，米国連邦政府では，内務省のように，単発の業務効率化にとどまらず，定常的な計画設定や業績測定に組み込まれるようになってきた。後述するように，わが国の行政機関である部局Aの事例では，組織的かつ継続的な業務改善と一体になって進められ，さらには戦略や価値観への展開がみられた。

　また，特定の行政サービスを対象に行う官民競争入札（市場化テストとも言う）を担当する内閣府公共サービス改革推進室（現在，総務省行政管理局に所管替）では，ABMに相当する業務フロー・コスト分析を取り上げ，これを業務改善に活用するよう各省庁等に推奨してきた。平成24年4月には官民競争入札等監理委員会による手引きが作成され，その後も改訂されてきており，事例の集積も進みつつある（総務省HP）。

4.2 事務量マネジメント

事務量とは，ある活動（事務）に対して職員が投入した資源量であり，職員の時間記録によって把握される。この事務量をもとに，事務そのものの効率的かつ効果的なあり方を検討していくことが事務量マネジメントである。

事務量は事務の区分ごとに把握される。区分は大きな区分から小さな区分まで階層に分けられることが多い。事務量の業務改善への活用を最初に提唱した大西（2010）によれば，国税庁では大区分，中区分，小区分という3段階の業務区分が使われていた。たとえば，個人課税事務についてみると，大区分は事務監理，内部事務，審理事務，確定申告関係事務などからなり，このうち内部事務には総括事務，電算管理事務，予定納税事務といった中区分がある。総括事務はさらに8つの小区分に分けられる。

事務量がこのような区分で把握されていることから，事務量によってコストを事務に配賦することもできる。事務へのコスト配賦は，その事務のアウトプットのコストを算定する基礎になる。このような計算ロジックは，ABCと整合的である。しかし，事務量マネジメントをABCとして実施しようとすると，コスト算定の正確さに過度に注目してしまうことになりかねず，事務のあり方を改善する本来の目的がおろそかになりやすいという（松尾他，2016）。事務量をアウトプット・コストの計算に使うのは，組織間でのコスト比較などの必要な場合に限定するほうがよいとされる。

事務量マネジメントでは，事務量を迅速にフィードバックして，マネジメント・サイクルを早める（最短で日単位）ことができる。事務量を測定するための時間記録は事務日誌のようなものであり，正確性よりも適時の記録が望ましい。日々の記録となることで，現場の変わりゆくニーズにあわせて事務量を調整することができる。事務量マネジメントは，業務の効率と効果を高めるABMとして行われる。たとえば，ある時期に事務が集中する部門があったときに，他部門から事務量を融通するようにしたり，正規職員とアルバイト職員の分担を変えたりしたとする。これは事務を効率化するとともに，事務のスピードアップによってその価値を高めることにつながる。

事務量の削減を自動的にコスト（とくに人件費）の削減につなげるのは，現

294　第3部　領域別の管理会計

場の活性化を図るうえで望ましくないとされる（松尾他，2016）。事務量を削減することが人員削減につながることがわかれば，現場が協力しようとしなくなるためである。効果的な事務量マネジメントを行っている組織や部局には，インセンティブとして何らかの優遇措置を講じることが望ましい。

　事務量マネジメントはインプットの多くを人的資源に依存する行政分野に適している。行政サービスは人的資源を利用するものが多いため，教育，福祉・介護から税務，警察，消防に至るまで幅広い分野に適用できる。道路や港湾等のインフラ関連分野では人的資源の割合が相対的に低くなるとはいえ，施設の維持・管理には多くの人的資源が投入されている。こうしたことから，事務量マネジメントは，特殊なミッションだけに従事する防衛や警察・消防のごく一部を除いて，ほとんどの行政分野に適用可能であるといっても過言ではない。

4.3　業務改善における戦略と価値観の重要性

　ABMや事務量マネジメントによる業務改善では，個々の職員が行う活動（ミクロ）がどのように戦略や価値観（マクロ）と関係しているのか，さらにはどのようにミッションの実現につながっていくのかが明確になっていることが重要である。上で述べたロジック・モデルやBSCを利用して，業務改善からアウトカムの向上につながる因果関係仮説を明示することが考えられる。

　業務改善と戦略の関係については，業務改善は多くの職員を巻き込んで進める必要があり，戦略はその職員の努力を方向づけることができる。ここで，方向づけるというのは，やるべきことを詳細に決めてしまうことではなく，現場でのコミュニケーションを活発にして，より協力しやすい環境を整える（合意を形成しておく）ことである。現場レベルの改善をトップがすべて計画することはできない。効果的な業務改善には，提案制度やQCサークルとの組み合わせによって，職員のアイデアや気づきを喚起することが重要である。

　業務改善を価値観と関連づけるのは，業務改善によって削減された事務量を，価値観につながる業務へとシフトしていけるようにするためである。公的組織では現場の職員も専門職であることが多く，業務改善をそうした専門職の価値観と関連づけることでABMや事務量マネジメントの推進力を高めることができる。たとえば，学校の教員であれば生徒のために時間を使いたいという価値

第22章　行政管理会計　295

観をもっているであろう。その価値観につながるように間接的な業務を削減していくというのは合意を得やすく，業務改善へのモチベーションを高めるであろう。また近年では，ワーク・ライフ・バランスを重視する価値観も浸透してきており，業務改善をそのための手段として位置づけるのも効果的である。

4.4　部局Ａのケース

　ここでは，大西（2016）に基づいて，国の行政機関のある地方支分部局（部局Ａとする）における導入事例を検討する。部局Ａの事務は，特定の対象への公権力の行使をともなう特定事務と，幅広い関係者のニーズに対応する（公権力の行使をともなうこともある）その他の事務に分けられる。近年はワーク・ライフ・バランスの要請もあり，全体としての事務量を削減しなければならないなかで，部局Ａでは，デスクワークを中心にその他の事務が増加しつつあり，特定事務に振り向ける事務量の確保が課題となっていた。

　部局Ａの事務量マネジメントでは，最初に，事務の改善提案への積極的な取り組みを職員に呼びかけていった。その際には，ワーク・ライフ・バランスを図ることと特定事務の事務量を確保するという取り組みの趣旨が丁寧に説明された。その後，職員からの提案件数は例年の約２倍に増加したという。

　改善提案にあたっては，作業マニュアルなどの業務標準の改定に関連づけることが重視された。これは事務の改善効果を定着させるうえで効果が大きかった。また，アルバイト職員への事務のシフトや新規職員の研修にも業務標準が活用された。なお，部局Ａでは，正規職員とアルバイト職員の区別なく事務量を測定するようになった。事務量は部門横断的に共有され，部門間での繁閑調整や事務フローの効率化が進められた。これらの改善はいずれも職員からの提案に基づいて実現していった。

　事務量マネジメントの次の段階は，事務改善の積み重ねによって捻出された事務量をどのように特定事務に活用していくかを検討することであった。これは，関係者へのルールの徹底という組織のミッションを実現するために，どのような形で特定事務を進めていくかという因果関係仮説を考案していく戦略の検討でもあった。部局Ａでは，各事務所長レベルが地域ごとの状況にあわせて戦略を策定していくこととなった。戦略の策定にあたっては，個々の職員に戦

296 第3部 領域別の管理会計

略とのつながりを意識してもらえるように，事務量を共通の指標にして，個々
の職員の事務と戦略を関連づけるように留意された。

　部局Aでは，以下のような指標を用いて事務の効率化とその効果（特定事務
への活用）を測定していた。まず，効率化できる事務量（a）とそのうち他の事
務に投入できた事務量（b）を把握し，その割合（b/a）を転換率として算出す
る。次に，他の事務に投入できた事務量のうち特定事務に投入した事務量（c）
を把握し，その割合（c/b）を活用率とする。最後に，インプットからアウト
プットへの効率として（c/a）の割合を把握する。なお，部局Aでは，事務の
効率化をやみくもに職員数の削減につなげるのではなく，より効果の高い事務
を増やすことで国民のメリットを高めることが重視された。また，効率化され
た事務もすべて吸い上げるのではなく，一部は現場に還元する仕組みになって
いた。

　この部局Aの事例は，事務量という客観的な数値に基づく合理的な取り組み
である一方で，実行にあたっては，古くから共有されてきた価値観に訴えかけ
たり，職員のライフステージやキャリアパスに配慮したりというように，職員
の主観的な側面に働きかけている点も注目に値する。行政サービスを担う職員
の多くは，専門的な資格をもつ専門職であるため，その価値観を理解すること
が事務量マネジメントへの協力を得るために欠かせない。

5　ま と め

　本章では，公的組織で実践されてきた管理会計技法として，ロジック・モデ
ル，業績予算，BSC，ABC／ABM，事務量マネジメントを説明してきた。
これらの技法のなかには，管理会計技法としてなじみの薄いものもある。企業
では，管理会計が統合的なシステムとして設計・利用されており，管理会計が
しばしば共通言語に例えられる。本章で取り上げた管理会計技法は，いずれも
公的組織における共通言語となる可能性をもっている。今後の展開が期待され
るが，その際には，管理会計研究者と行政実務家との交わりが今以上に求めら
れよう。

　公的組織の管理会計には本章で取り上げなかった問題も残されている。近年，
公共のあり方が問われてきたことを受けて，公的なサービスを提供するのは公

第22章　行政管理会計　297

的組織だけではなくなってきた。非営利組織，ボランティア，企業，一般市民などが，新たな公的サービスの提供主体となりつつある。本章では，公的組織内部での管理会計の利用を想定してきたが，こうした多様な提供主体との協力が必要なときに管理会計にはどのような役割が期待されるのか，今後のさらなる研究が必要である。

[注]

注1　事務量の測定には人日という単位が用いられることもある。たとえば，2人の職員が2日間その業務に従事すれば4人日となる。

注2　アウトカムにいたる活動を段階的に示すモデルもロジック・モデルの類型の1つとされており，マネジメントの視点が欠落しているわけではない。

注3　米国連邦政府では，2010年にGPRAの修正法であるGPRAMA（GPRA Modernization Act：GPRA現代化法）が制定され，業績指標のなかからとくにアウトカムに関係するものを省庁優先目標（agency priority goals：APG）に選定している。APGの詳細は藤野（2017）を参照のこと。

注4　一連の評価手続きはプログラム評価順位づけツール（program assessment rating tool：PART）と呼ばれる。PARTは共和党のブッシュ政権のもとで導入されたが，オバマ政権の誕生とともに廃止された。

注5　BSCの導入も25の評価項目のうち10項目でポジティブな評価の根拠になっていた。たとえば，②の評価では，「BSCにおいて雇用創出に関する挑戦的な目標値を設定している」や「BSCはGPRAの指標だけでなく，個人の業績計画にもリンクする」という点が考慮されていた。

注6　さまざまな導入事例の詳細は櫻井（2004）を参照されたい。

[参考文献]

大西淳也（2010）『公的組織の管理会計—効果性重視の公共経営をめざして』同文舘出版。

大西淳也（2016）「国の地方支分部局Aの事例研究」，樫谷隆夫編著『公共部門のマネジメント—合意形成をめざして—』同文舘出版，2016年，pp. 61-84。

大西淳也・日置瞬（2016）「ロジック・モデルについての論点整理」『PRI Discussion Paper Series』No.16A-08。

櫻井通晴編著（2004）『ABCの基礎とケーススタディ』東洋経済新報社。

総務省「公共サービス改革（市場化テスト）」。http://www.soumu.go.jp/main_sosiki/gyoukan/kanri/koukyo_service_kaikaku/kouhyou.html（2017年6月13日閲覧）

藤野雅史（2009）「公的部門における管理会計の統合プロセス」『会計プログレス』No. 10, pp. 84-100。

藤野雅史（2017）「アウトカム業績情報を利用するための制度的枠組み—米国連邦政府の業績測定フレームワーク—」『産業経営プロジェクト報告書』Vol. 40, No. 2, pp. 31-41。

松尾貴己・藤野雅史・大西淳也（2016）「一般行政分野における計数的マネジメント」，樫谷隆夫編著『公共部門のマネジメント—合意形成をめざして—』同文舘出版，2016年，pp.

298 第3部 領域別の管理会計

20-60。

Hatry, H. P. (1999), *Performance Measurement: Getting Results*, The Urban Institute, (上野宏・上野真城子訳『政策評価入門―結果重視の業績測定』東洋経済新報社, 2004年)。

Kaplan, R. S. and D. P. Norton (2001), *The Strategy-Focused Organization: How Balanced Scorecard Companies Thrive in the New Business Environment*, Harvard Business School Press, (櫻井通晴監訳『キャプランとノートンの戦略バランスト・スコアカード』東洋経済新報社, 2001年)。

Schick, A. (2003), The Performing State: Reflection on an Idea Whose Time Has Come but Whose Implementation Has Not, *OECD Journal on Budgeting*, Vol. 3, No. 2, 71-103.

〈付録〉複利現価表　$\dfrac{1}{(1+r)^n}$

$n\diagdown r$	1%	2%	3%	4%	5%	6%	7%	8%	9%	10%
1	0.9901	0.9804	0.9709	0.9615	0.9524	0.9434	0.9346	0.9259	0.9174	0.9091
2	0.9803	0.9612	0.9426	0.9246	0.9070	0.8900	0.8734	0.8573	0.8417	0.8264
3	0.9706	0.9423	0.9151	0.8890	0.8638	0.8396	0.8163	0.7938	0.7722	0.7513
4	0.9610	0.9238	0.8885	0.8548	0.8227	0.7921	0.7629	0.7350	0.7084	0.6830
5	0.9515	0.9057	0.8626	0.8219	0.7835	0.7473	0.7130	0.6806	0.6499	0.6209
6	0.9420	0.8880	0.8375	0.7903	0.7462	0.7050	0.6663	0.6302	0.5963	0.5645
7	0.9327	0.8706	0.8131	0.7599	0.7107	0.6651	0.6227	0.5835	0.5470	0.5132
8	0.9235	0.8535	0.7894	0.7307	0.6768	0.6274	0.5820	0.5403	0.5019	0.4665
9	0.9143	0.8368	0.7664	0.7026	0.6446	0.5919	0.5439	0.5002	0.4604	0.4241
10	0.9053	0.8203	0.7441	0.6756	0.6139	0.5584	0.5083	0.4632	0.4224	0.3855

$n\diagdown r$	11%	12%	13%	14%	15%	16%	17%	18%	19%	20%
1	0.9009	0.8929	0.8850	0.8772	0.8696	0.8621	0.8547	0.8475	0.8403	0.8333
2	0.8116	0.7972	0.7831	0.7695	0.7561	0.7432	0.7305	0.7182	0.7062	0.6944
3	0.7312	0.7118	0.6931	0.6750	0.6575	0.6407	0.6244	0.6086	0.5934	0.5787
4	0.6587	0.6355	0.6133	0.5921	0.5718	0.5523	0.5337	0.5158	0.4987	0.4823
5	0.5935	0.5674	0.5428	0.5194	0.4972	0.4761	0.4561	0.4371	0.4190	0.4019
6	0.5346	0.5066	0.4803	0.4556	0.4323	0.4104	0.3898	0.3704	0.3521	0.3349
7	0.4817	0.4523	0.4251	0.3996	0.3759	0.3538	0.3332	0.3139	0.2959	0.2791
8	0.4339	0.4039	0.3762	0.3506	0.3269	0.3050	0.2848	0.2660	0.2487	0.2326
9	0.3909	0.3606	0.3329	0.3075	0.2843	0.2630	0.2434	0.2255	0.2090	0.1938
10	0.3522	0.3220	0.2946	0.2697	0.2472	0.2267	0.2080	0.1911	0.1756	0.1615

$n\diagdown r$	21%	22%	23%	24%	25%	26%	27%	28%	29%	30%
1	0.8264	0.8197	0.8130	0.8065	0.8000	0.7937	0.7874	0.7813	0.7752	0.7692
2	0.6830	0.6719	0.6610	0.6504	0.6400	0.6299	0.6200	0.6104	0.6009	0.5917
3	0.5645	0.5507	0.5374	0.5245	0.5120	0.4999	0.4882	0.4768	0.4658	0.4552
4	0.4665	0.4514	0.4369	0.4230	0.4096	0.3968	0.3844	0.3725	0.3611	0.3501
5	0.3855	0.3700	0.3552	0.3411	0.3277	0.3149	0.3027	0.2910	0.2799	0.2693
6	0.3186	0.3033	0.2888	0.2751	0.2621	0.2499	0.2383	0.2274	0.2170	0.2072
7	0.2633	0.2486	0.2348	0.2218	0.2097	0.1983	0.1877	0.1776	0.1682	0.1594
8	0.2176	0.2038	0.1909	0.1789	0.1678	0.1574	0.1478	0.1388	0.1304	0.1226
9	0.1799	0.1670	0.1552	0.1443	0.1342	0.1249	0.1164	0.1084	0.1011	0.0943
10	0.1486	0.1369	0.1262	0.1164	0.1074	0.0992	0.0916	0.0847	0.0784	0.0725

$n\diagdown r$	31%	32%	33%	34%	35%	36%	37%	38%	39%	40%
1	0.7634	0.7576	0.7519	0.7463	0.7407	0.7353	0.7299	0.7246	0.7194	0.7143
2	0.5827	0.5739	0.5653	0.5569	0.5487	0.5407	0.5328	0.5251	0.5176	0.5102
3	0.4448	0.4348	0.4251	0.4156	0.4064	0.3975	0.3889	0.3805	0.3724	0.3644
4	0.3396	0.3294	0.3196	0.3102	0.3011	0.2923	0.2839	0.2757	0.2679	0.2603
5	0.2592	0.2495	0.2403	0.2315	0.2230	0.2149	0.2072	0.1998	0.1927	0.1859
6	0.1979	0.1890	0.1807	0.1727	0.1652	0.1580	0.1512	0.1448	0.1386	0.1328
7	0.1510	0.1432	0.1358	0.1289	0.1224	0.1162	0.1104	0.1049	0.0997	0.0949
8	0.1153	0.1085	0.1021	0.0962	0.0906	0.0854	0.0806	0.0760	0.0718	0.0678
9	0.0880	0.0822	0.0768	0.0718	0.0671	0.0628	0.0588	0.0551	0.0516	0.0484
10	0.0672	0.0623	0.0577	0.0536	0.0497	0.0462	0.0429	0.0399	0.0371	0.0346

300　付　録

〈付録〉年金現価表　$\dfrac{(1+r)^n-1}{r(1+r)^n}$

$n\diagdown r$	1%	2%	3%	4%	5%	6%	7%	8%	9%	10%
1	0.9901	0.9804	0.9709	0.9615	0.9524	0.9434	0.9346	0.9259	0.9174	0.9091
2	1.9704	1.9416	1.9135	1.8861	1.8594	1.8334	1.8080	1.7833	1.7591	1.7355
3	2.9410	2.8839	2.8286	2.7751	2.7232	2.6730	2.6243	2.5771	2.5313	2.4869
4	3.9020	3.8077	3.7171	3.6299	3.5460	3.4651	3.3872	3.3121	3.2397	3.1699
5	4.8534	4.7135	4.5797	4.4518	4.3295	4.2124	4.1002	3.9927	3.8897	3.7908
6	5.7955	5.6014	5.4172	5.2421	5.0757	4.9173	4.7665	4.6229	4.4859	4.3553
7	6.7282	6.4720	6.2303	6.0021	5.7864	5.5824	5.3893	5.2064	5.0330	4.8684
8	7.6517	7.3255	7.0197	6.7327	6.4632	6.2098	5.9713	5.7466	5.5348	5.3349
9	8.5660	8.1622	7.7861	7.4353	7.1078	6.8017	6.5152	6.2469	5.9952	5.7590
10	9.4713	8.9826	8.5302	8.1109	7.7217	7.3601	7.0236	6.7101	6.4177	6.1446
$n\diagdown r$	11%	12%	13%	14%	15%	16%	17%	18%	19%	20%
1	0.9009	0.8929	0.8850	0.8772	0.8696	0.8621	0.8547	0.8475	0.8403	0.8333
2	1.7125	1.6901	1.6681	1.6467	1.6257	1.6052	1.5852	1.5656	1.5465	1.5278
3	2.4437	2.4018	2.3612	2.3216	2.2832	2.2459	2.2096	2.1743	2.1399	2.1065
4	3.1024	3.0373	2.9745	2.9137	2.8550	2.7982	2.7432	2.6901	2.6386	2.5887
5	3.6959	3.6048	3.5172	3.4331	3.3522	3.2743	3.1993	3.1272	3.0576	2.9906
6	4.2305	4.1114	3.9975	3.8887	3.7845	3.6847	3.5892	3.4976	3.4098	3.3255
7	4.7122	4.5638	4.4226	4.2883	4.1604	4.0386	3.9224	3.8115	3.7057	3.6046
8	5.1461	4.9676	4.7988	4.6389	4.4873	4.3436	4.2072	4.0776	3.9544	3.8372
9	5.5370	5.3282	5.1317	4.9464	4.7716	4.6065	4.4506	4.3030	4.1633	4.0310
10	5.8892	5.6502	5.4262	5.2161	5.0188	4.8332	4.6586	4.4941	4.3389	4.1925
$n\diagdown r$	21%	22%	23%	24%	25%	26%	27%	28%	29%	30%
1	0.8264	0.8197	0.8130	0.8065	0.8000	0.7937	0.7874	0.7813	0.7752	0.7692
2	1.5095	1.4915	1.4740	1.4568	1.4400	1.4235	1.4074	1.3916	1.3761	1.3609
3	2.0739	2.0422	2.0114	1.9813	1.9520	1.9234	1.8956	1.8684	1.8420	1.8161
4	2.5404	2.4936	2.4438	2.4043	2.3616	2.3202	2.2800	2.2410	2.2031	2.1662
5	2.9260	2.8636	2.8035	2.7454	2.6893	2.6351	2.5827	2.5320	2.4830	2.4356
6	3.2446	3.1669	3.0923	3.0205	2.9514	2.8850	2.8210	2.7594	2.7000	2.6427
7	3.5079	3.4155	3.3270	3.2423	3.1611	3.0833	3.0087	2.9370	2.8682	2.8021
8	3.7256	3.6193	3.5179	3.4212	3.3289	3.2407	3.1564	3.0758	2.9986	2.9247
9	3.9054	3.7863	3.6731	3.5655	3.4631	3.3657	3.2728	3.1842	3.0997	3.0190
10	4.0541	3.9232	3.7993	3.6819	3.5705	3.4648	3.3644	3.2689	3.1781	3.0915
$n\diagdown r$	31%	32%	33%	34%	35%	36%	37%	38%	39%	40%
1	0.7634	0.7576	0.7519	0.7463	0.7407	0.7353	0.7299	0.7246	0.7194	0.7143
2	1.3461	1.3315	1.3172	1.3032	1.2894	1.2760	1.2627	1.2497	1.2370	1.2245
3	1.7909	1.7663	1.7423	1.7188	1.6959	1.6735	1.6516	1.6302	1.6093	1.5889
4	2.1305	2.0957	2.0618	2.0290	1.9969	1.9658	1.9355	1.9060	1.8772	1.8492
5	2.3897	2.3452	2.3021	2.2604	2.2200	2.1807	2.1427	2.1058	2.0699	2.0352
6	2.5875	2.5342	2.4828	2.4331	2.3852	2.3388	2.2939	2.2506	2.2086	2.1680
7	2.7368	2.6775	2.6187	2.5620	2.5075	2.4550	2.4043	2.3555	2.3083	2.2628
8	2.8539	2.7860	2.7208	2.6582	2.5982	2.5404	2.4849	2.4315	2.3801	2.3306
9	2.9419	2.8681	2.7976	2.7300	2.6653	2.6033	2.5437	2.4866	2.4317	2.3790
10	3.0091	2.9304	2.8553	2.7836	2.7150	2.6495	2.5867	2.5265	2.4689	2.4136

索　引

［英文］

ABB（activity-based budgeting）……142, 154
ABC（activity-based costing）
………………………………………142, 224, 225
ABC 予算……………………………………142
ABM（activity-based management）
………………………………………………142, 151
ALM…………………………………………273
BSC（balanced scorecard）
………………………157, 175, 230, 240, 264
CFO…………………………………………………9
CVP 関係……………………………………33
CVP 分析……………………………………127
DCF 法………………………………………64
EOQ 分析……………………………………78
EVA（economic value added）…………112
FinTech……………………………………284
FTP…………………………………………273
IOCM（inter-organizational cost
　management）…………………………208
IRR……………………………………………66
IT ケイパビリティ………………………253
IT 投資評価…………………………………250
IT マネジメント…………………………249
J-SOX 法………………………………………8
OBA（open book accounting）…………214
PAF 法………………………………………81
PDCA…………………………………………4
PV……………………………………………67
QCD……………………………………………71
RAPM………………………………………276
RBC…………………………………………280
RepTrak システム………………………172
RI（residual income）……………………112
ROI（return on investment）……64, 111, 112
SCM（supply chain management）………204

SOX 法…………………………………………8
SWOT 分析…………………………………14
TDABC（time-driven activity-based
　costing）…………………………………150
transaction cost economics………………214
VE…………………………………………90, 94

［あ行］

アウトカム………………………………191, 286
アウトサイドイン・アプローチ…………194
アウトプット……………………………285
味の素㈱……………………………………40
アマゾン・ドット・コム…………………222
アメーバ経営………………………………83, 265
アラインメント…………………………163
意思決定……………………………………58
医療の質……………………………………262
インサイドアウト・アプローチ…………194
インタンジブルズ………………169, 186, 235
院内協力対価………………………………266
エンロン社……………………………………8
オープンブックアカウンティング………214
オフバランスの無形資産…………………188

［か行］

会計監査人……………………………………7
回収期間法……………………………………65
加重平均資本コスト………………………63
価値創造……………………………………195
価値創造プロセス………………………197, 254
活動…………………………………………145
活動基準管理……………………………142
活動基準原価計算………………………142
活動ドライバー…………………………144, 146
活動分析……………………………………153
株主価値………………………………………3
株主価値の創造…………………………185

カンパニー制 ······························103
かんばん方式 ·····························78
管理会計 ································2, 6
管理会計技法 ····························133
管理可能性 ······························105
機会原価 ·································61
企業 ····································2
企業会計 ·································5
企業価値 ·····················2, 29, 170, 243
企業価値創造 ····························242
企業実体 ·································6
企業の言語 ······························5
企業の目的 ······························2
忌避宣言権 ······························110
キャッシュ・コンバージョン・
　サイクル ·······························122
キャッシュフロー ·························62
供給連鎖管理 ····························204
業績管理会計 ····························5
業績予算 ································288
共有価値 ································196
許容原価 ································91
銀行管理会計 ····························271
クジラ曲線 ··················149, 225, 226
経営意思決定 ··························5, 58
経営計画 ································135
経営戦略 ································13
経営理念 ·································4
計画設定 ·································4
経済価値 ·································3
経済的付加価値 ····························112
原価維持 ································89
原価改善 ································97
原価企画 ································87
原価計算対象 ····························144
原価差異分析 ····························73
現在価値 ································62
現在価値指数法 ··························67
現在価値法 ······························67
構造的コストマネジメント ·················209
効率性 ································286

コーポレート・ガバナンス ·················7
コーポレート・レピュテーション ·······169
顧客価値 ·································3
顧客資産 ································220, 221
顧客生涯価値 ····················229, 232
顧客別原価計算 ··························279
顧客別収益性管理
　　　········221, 227, 229, 230, 232, 279
国民医療費 ······························260
国立大学病院管理会計システム ·········263
コストドライバー ···················19, 146
コストドライバー分析 ···················153
固定収益会計 ····················225, 227
固定損益計算書 ··················227, 228
固定予算 ································50
個別配賦法 ······························106
コンカレント・コストマネジメント ·····212
コントローラー ··························8
コントロール ······························5
コントロール・パッケージ論 ···········23
コンプライアンス ·························7

［さ行］

最低期待収益率 ··························63
財務会計 ·································5
財務担当重役 ····························9
差額原価収益分析 ·······················60
サプライヤー評価システム ···············212
参加的予算 ······························52
残余利益 ································112
時間当たり採算 ··························265
時間適用 ABC ····························150
事業部制 ································102
事業ポートフォリオ ·····················30
事業ポートフォリオ・マトリックス ·······15
資源 ································143, 144
資源ドライバー ··················144, 146
自己資本当期純利益率 ···················120
市場志向（マーケットイン） ···········89
視点 ····································160
資本 ····································196

索　引　303

資本回転率……………………122
資本コスト…………………63
事務量……………………293
事務量マネジメント……………293
社会価値……………………3
尺度……………………161
社内資本金タイプ………………104
循環型マネジメントシステム………162, 175
情報開示……………………194
情報資産……………………253
情報資産ポートフォリオ…………255
情報資産レディネス…………255, 257
情報利用……………………194
正味現在価値法…………………67
人的資源会計…………………236
人的資源管理…………………234
人的資産……………………234
信用リスク…………………275
診療報酬……………………262
遂行的コストマネジメント…………210
ステークホルダー…………………6, 170
ステークホルダー・エンゲージメント…198
責任会計……………………45
責任センター…………………45
是正措置……………………4
全部原価計算…………………128
戦略テーマ…………………160
戦略的 IT 予算配分……………257
戦略的管理会計…………………19
戦略的コストマネジメント…………19, 207
戦略の実施項目…………………161
戦略的人的資源管理……………240
戦略的レピュテーション・マネジメント
……………………173
戦略の策定と実行………………183
戦略マップ…………………200
戦略目標……………………160
相互作用的コントロール・システム………22
総資本事業利益率………………120
創発戦略……………………16
増分原価……………………61

増分分析……………………60
組織価値……………………3
組織間管理会計…………………203
組織間コスト調査………………214
組織間コストマネジメント…………208
損益分岐点分析…………………127

［た行］

脱予算管理…………………55
知的財産……………………188
中期経営計画…………………28
直接原価計算…………………36, 128
デュポン・チャート・システム…………121
統合法……………………92
統合報告……………………244
投資利益率…………………64, 111, 112
取引継続意向…………………221, 227
取引コスト経済学………………214

［な行］

内部監査……………………8
内部監査人…………………7
内部牽制組織…………………8
内部統制組織…………………7
内部報告会計…………………6
内部利益率法…………………66
成行原価（積上げ原価）……………91
日本的経営…………………206

［は行］

バランスト・スコアカード
……………157, 175, 230, 240, 264
非財務指標…………………157
非財務尺度…………………242
ビジネスエコシステム（事業生態系）……203
ビジョン……………………4
非付加価値活動…………………151
病院……………………260
標準原価計算…………………72
品質コストマネジメント…………80
フォワード・ルッキング…………284

振替価格‥‥‥‥‥‥‥‥‥‥‥‥‥107
プロジェクト計画‥‥‥‥‥‥‥‥‥‥5
プロセス指標‥‥‥‥‥‥‥‥‥‥‥191
プロダクト・マネージャー‥‥‥‥‥90
変動予算‥‥‥‥‥‥‥‥‥‥‥‥‥50

［ま行］

マネジメント・コントロール‥‥‥5, 20
ミッション‥‥‥‥‥‥‥‥‥‥‥285
ミニ・プロフィットセンター‥‥‥‥82
未利用キャパシティ‥‥‥‥‥‥155, 156
未利用の活動キャパシティ‥‥‥‥156
未利用の資源キャパシティ‥‥‥‥155
無形の資産‥‥‥‥‥‥‥‥‥‥‥188
無形のバリュー・ドライバー‥‥‥185
目標‥‥‥‥‥‥‥‥‥‥‥‥‥‥31
目標原価‥‥‥‥‥‥‥‥‥‥‥‥91
目標値‥‥‥‥‥‥‥‥‥‥‥‥‥161
目標利益（率）‥‥‥‥‥‥‥‥‥36

［や行］

有効性‥‥‥‥‥‥‥‥‥‥‥‥‥286
予算‥‥‥‥‥‥‥‥‥‥‥‥‥‥31

予算管理‥‥‥‥‥‥‥‥‥‥‥44, 135
予算スラック‥‥‥‥‥‥‥‥‥‥52
予算統制‥‥‥‥‥‥‥‥‥‥‥138
予算編成‥‥‥‥‥‥‥‥‥‥‥137

［ら行］

ライフサイクルコスティング‥‥‥‥77
ラインカンパニー制‥‥‥‥‥‥‥84
ライン採算制組織‥‥‥‥‥‥‥‥85
リーン・マネジメント‥‥‥‥‥267
利益計画‥‥‥‥‥‥‥‥28, 45, 126
利益図表‥‥‥‥‥‥‥‥‥‥‥127
リスク・リターン‥‥‥‥‥‥‥275
レディネス‥‥‥‥‥‥‥‥‥‥190
レピュテーション指標‥‥‥‥‥172
レピュテーション・マネジメント‥‥168
ローリング予算‥‥‥‥‥‥‥‥51
ロジック・モデル‥‥‥‥‥‥‥287

［わ行］

ワック‥‥‥‥‥‥‥‥‥‥‥‥‥63
割引キャッシュフロー‥‥‥‥‥‥64

≪編著者紹介≫

櫻 井 通 晴（さくらい　みちはる）
専修大学名誉教授。商学博士。㈱インテリジェントウェイブ監査役。
早稲田大学大学院商学研究科博士課程修了，ハーバード大学ビジネススクール・フルブライト上級客員研究員（1989-90年）。放送大学客員教授（1990-94年），日本原価計算研究学会会長（2001-03年），公認会計士第二次試験委員（1992-95年）・第三次試験委員（1998-2000年），電気事業審議会委員（1999年），産業構造審議会委員（2006年），ＮＴＴドコモ監査役（2004-07年）等を歴任。
主な著書として，『管理会計〔第六版〕』（同文舘出版，2015年），『原価計算』（同文舘出版，2014年），『コーポレート・レピュテーションの測定と管理』（同文舘出版，2011年），『バランスト・スコアカード〔改訂版〕』（同文舘出版，2008年），『ソフトウエア管理会計〔第2版〕』（白桃書房，2006年），『アメリカ管理会計基準研究』（白桃書房，1981年），『経営原価計算論─新しい原価計算体系の探究─』（中央経済社，1979年）など多数。

伊 藤 和 憲（いとう　かずのり）
専修大学商学部教授，博士（経営学）。玉川大学工学部講師，助教授，教授を経て，現職。
日本公認会計士協会学術賞（2015年），日本管理会計学会文献賞（2015年），日本原価計算学会著作賞（2015年）を受賞。
主な著書として，『BSCによる戦略の策定と実行─事例で見るインタンジブルズのマネジメントと統合報告への管理会計の貢献─』（同文舘出版，2014年），『ケーススタディ 戦略の管理会計』（中央経済社，2007年）など。主な論文として，「管理会計における統合報告の意義」（『會計』Vol.185，No. 2，pp.160-172，2014年），「バランスト・スコアカードの現状と課題：インタンジブルズの管理」（『管理会計学』Vol.20，No. 2，pp.109-122，2012年）など多数。

ケース 管理会計

2017年11月20日　第 1 版第 1 刷発行
2024年 4 月25日　第 1 版第10刷発行

編著者	櫻　井　通　晴
	伊　藤　和　憲
発行者	山　本　　　継
発行所	㈱中 央 経 済 社
発売元	㈱中央経済グループ パブリッシング

〒101-0051　東京都千代田区神田神保町1-35
電話　03（3293）3371（編集代表）
　　　03（3293）3381（営業代表）
https://www.chuokeizai.co.jp

© 2017
Printed in Japan

印刷／三英グラフィック・アーツ㈱
製本／誠　　製　　本　　㈱

＊頁の「欠落」や「順序違い」などがありましたらお取り替えいたしますので発売元までご送付ください。（送料小社負担）

ISBN978-4-502-24641-8　C3034

JCOPY〈出版者著作権管理機構委託出版物〉本書を無断で複写複製（コピー）することは，著作権法上の例外を除き，禁じられています。本書をコピーされる場合は事前に出版者著作権管理機構（JCOPY）の許諾を受けてください。
JCOPY〈https://www.jcopy.or.jp　e メール：info@jcopy.or.jp〉

これからの管理会計研究の発展のために！

インタンジブルズの管理会計

櫻井通晴 [編著]

日本の企業文化にマッチした独自の理論からインタンジブルズを戦略的にマネジメント。とりわけ企業価値に多大な影響を及ぼすコーポレート・レピュテーションの研究を中心にすえている。（A5判・288頁）

ケーススタディ 戦略の管理会計
── 新たなマネジメント・システムの構築

伊藤和憲 [著]

戦略のマネジメント・システムを管理会計の側面からアプローチ。戦略マップやBSCを中心に扱うが，戦略策定の議論，BSCのカスケードの議論，予算管理や目標管理とのリンケージも考察する。（A5判・238頁）

分権政治の会計
──民主的アカウンタビリティの国際比較

M.エザメルほか [編著] ／藤野雅史 [訳]

権限委譲のような政治的コンテクストのもとで，資源会計や予算などの会計情報を利用することによって，アカウンタビリティを高められるかどうか，高めるにはどうするかを検討する。（A5判・256頁）

中央経済社